2018 年中央支持地方高校改革发展专项——科研平台和专业
能力实践基地建设类项目—珠峰研究院建设项目经费

111 基地"金融安全与发展学科创新引智基地"（B18043）

HIGH PLATEAU ECONOMIC DEVELOPMENT:
THEORY AND PRACTICE

高高原经济发展
理论与实践

杨 丹　等著

人民出版社

序

　　党的十九届五中全会提出我国进入新发展阶段，贯彻新发展理念、加快构建新发展格局是全面建设社会主义现代化国家的主攻方向。在中央第七次西藏工作座谈会上，习近平总书记提出深化对西藏工作的规律性认识、形成新时代党的治藏方略的要求。西藏作为高高原地区，拥有独特的地形、地貌、地质、气候、气象、水文、植被、生物多样性等自然地理特征，其经济区位因子构成、经济形态形成与演变、经济空间集聚和分散等都具有独特性，在新时代研究高高原地区经济发展问题，需要一个新的学科理论与实践体系来支撑。

　　《高高原经济发展理论与实践》突破了过去两维平面的分析框架，加入海拔高度这一新维度，形成三维立体的地理经济观，书中指出海拔高度是决定高高原地区经济增长和相应经济现象的关键因素，将海拔高度产生的地理特征和经济特性放入经济发展的分析框架中，深入探讨了高海拔因素在高高原地区经济发展上的作用、高高原地区经济发展中包容性和亲贫困的功能特性、政府在高高原地区经济发展中的重要作用；深刻阐释了高高原经济的含义和理论基础，并以此解释高高原地区经济行为；清晰呈现了从高高原地区资源禀赋结构所决定的比较优势及经济发展阶段，到高高原地区产业甄别和诊断，再到在中国特色社会主义市场经济体制下政府因势利导发挥有为作用的清晰框架。

书中聚焦高高原地区发展不平衡不充分问题，紧扣中央第七次西藏工作座谈会精神，展开高高原地区经济发展实践研究。按照"优化发展格局为切入点，要素和设施建设为支撑，制度机制为保障"的精神要求，以西藏自治区为分析对象，研究高高原地区的地理特征、要素丰裕程度、经济驱动力、经济发展的多功能特征、经济发展的民族特征等问题。运用新结构经济学的产业甄别与诊断思路和方法，将产业分为追赶型、国际领先型、转进型、换道超车型四类，对各类产业发展进行统筹谋划，分类施策。对基础设施、就医、就业、就学、养老、社会保障等日常生活息息相关的民生改善情况，以及人才、物质、软硬基础设施建设等所需的政策保障等内容进行针对性研究。

书中致力于高高原经济理论和实践的创新性研究，是追求社会科学理论自主创新、繁荣发展哲学社会科学的体现。书中面对高高原地区经济发展的现实问题时，摆脱简单照搬或套用国外理论，而是以特定时点和高高原地理特征下的要素禀赋结构作为分析的切入点，研究不同发展阶段作为经济基础决定生产力水平的产业和技术的决定因素，以及作为影响交易费用的基础设施和各种制度安排；然后提出在市场经济中靠政府的因势利导，创造条件做大做强高高原地区具有比较优势的产业来实现经济的高质量发展。

高高原经济学是一门年轻的新学科方向，是新结构区域经济学的一个分支。高高原经济学根据时间、层次、传统等多个维度相互转化原理，研究高高原地区经济发展规律、预测经济发展趋向、进行经济空间布局、实现经济可持续发展，并坚持了市场机制下政府作为经济活动和经济发展方向的投资者、监管者、协调者以及指导者的重要补充作用。本书是对新结构经济学创新应用的很好范例，也是北京大学新结构经济学研究院西藏分院建设的重要成果之一。自 2017 年 9 月在西藏大学设立北京大学新结构经济学研究院西藏分院以来，以杨丹教授为领军人物的研究团队在西藏经济社会发展、新结构经济学运用等方面做了大量重要的探索性工作。相信本书能为地理自然条件独特的高高原地区的经济发展提供新思路与新参考。

林毅夫教授

第十三届全国政协常委、经济委员会副主任

国务院参事

北京大学新结构经济学研究院院长

目　录

前　言

当今世界经济发展要求关注地理条件，重视贫困人口和政府作用。新结构经济学的形成和发展，为地理自然条件独特、经济发展落后、政策保障不力的高高原地区提供了新的发展思路，并由此衍生出高高原经济学这一学科分支的研究。

高高原经济发展理论在西藏地区的应用将进一步推动新时代中国本土理论体系建设，更好地促进西藏经济社会转型发展，为环喜马拉雅地区未来发展提供指导。根据中央第七次西藏工作座谈会精神，需要深化对西藏工作的规律性认识，贯彻新发展理念，聚焦发展不平衡不充分问题，以优化发展格局为切入点，以要素和设施建设为支撑，以制度机制为保障，统筹谋划、分类施策、精准发力，加快推进高质量发展。

本书以高高原地区的宏观和微观经济主体为研究对象，综合新经济地理学、发展经济学和新结构经济学等理论，旨在建立一套适用于指导高高原地区经济发展的经济学体系，并在有为政府、市场、社会三个维度下，结合高高原地区的资源禀赋和比较优势，形成确定该地区产业选择、产业布局、企业发展、民生改善、政策体系的应用框架。

全书分为上、中、下三个篇章：上篇（第一至四章）为高高原经济发展理论。该篇阐释了高高原经济学的含义和理论基础，并以此解释高高原地区经济行为，指导高高原地区经济决策。高高原经济发展理论重视地区的资源禀赋结构及经济发展阶段，通过对追赶型产业、国际领先型产业、转进型产业、换道超车型产业的甄别和诊断，帮助地方政府发挥因势利导作用，促进高高原地区的经济发展。

中篇（第五至十章）为西藏高高原经济发展实践。通过将高高原经济发展理论同西藏地区的资源禀赋和经济发展阶段结合并加以运用，确定西藏的优势产业选择和布局，为其提供更好的政策保障，进而促进西藏地区的经济发展与民生改善，也为其他高高原地区提供借鉴。

改革开放以来，特别是中央第六次西藏工作座谈会以来，在党中央坚强领导下，全国援藏行动从人才、技术、资金、项目等多方面提供支持，西藏经济实现了全面提升和跨越式发展。经济总量不断扩大，投资拉动成效显著，基础设施日渐完善，产业加快发展、结构优化，改革开放成绩卓著。但也还存在着经济水平较低、形成援助依赖、自我发展能力仍有待提高等问题。本书从自然资源、人力资源、软硬基础设施、人文资源各方面对其要素禀赋结构进行系统性分析，进而分析优势产业与产业结构等，并分别对追赶型产业、国际领先型产业、转进型产业、换道超车型产业进行甄别和诊断。

西藏的经济社会发展越来越好，民生满意程度也越来越高。调查结果显示，拉萨市民对居民生活、公共服务、公共安全、生态文明四个主要方面的民生主观满意度都较高，但各方面也都还存在需要改善的地方。基于此，西藏各级政府需要因地制宜、因势利导，制定发展战略和对策，从人才、物质、软硬基础设施建设等方面探讨具体的政策举措。通过对西藏地区的分析，得出其对于高高原地区经济发展的借鉴意义，即明确经济发展内涵、合理利用资源禀赋、甄选区域特色产业、强化生产要素保障和释放制度改革红利。

下篇（第十一至十二章）为高高原特色产业与典型企业发展案例分析。该篇为高高原地区经济主体的发展规划和实际运营提供了借鉴。其中第十一章基于高高原地区的资源禀赋优势，主要分析了西藏地区食饮品行业、藏医药行业、旅游文化产业以及民族手工产业的发展现状。第十二章进一步分析了这些行业中典型企业的发展问题、发展策略以及政府发挥的因势利导作用。

本书是团队合作的结果。在杨丹教授主持下，西藏大学、西南财经大学的老师和学生们精诚合作，共同完成了本书的写作。具体分工如下：西南财经大学中国西部经济研究中心的伍骏骞负责第一章和第十章，西藏大学经济与管理学院的徐爱燕、肖志杨负责第二章，西藏大学经济与管理学院的巩艳红、马双双、孙雪丽、薛倩、尤彩丽、庞洪伟负责第三章、第五章和第六章，西南财经大学工商管理学院的胡国平、彭楠、郭宁、冉胜男负责第四章和第七章，西藏大学经济与管理学院的徐爱燕、王月昇、杨东林负责第八章，西南财经大学中国西部经济研究中心刘思岑负责第九章；西南财经大学工商管理学院的李文勇，西藏大学经济与管理学院的徐爱燕、陈振扬、李芳慧，西南财经大学社会发展研究院的杨帆、王昭维，西藏大学财经学院的唐亚军共同完成第十一章和第十二章。

我们深知所做努力仍不够，不足之处望读者指正。

第一章

绪 论

西藏作为中国不可分割的一部分，其经济社会的发展一直是政界和学界关注的重点。本书试图开启高高原经济发展理论与实践探索，力图实现西藏成为高高原经济发展研究和实践的引领者的未来愿景。本章首先从创新全球化经济理论的需要、本土理论体系构建的需要和西藏发展理论支撑需要的"三大需要"着手梳理高高原经济学的研究背景，然后对高高原、高高原经济现象和高高原经济发展理论三个核心概念进行界定。在此基础上，提出高高原经济学主要的研究范围、研究内容和研究方法。

第一节 研究背景

一、创新全球化经济理论的需要

经济全球化重塑了世界经济地理，一方面带来"世界是平的"，各国模糊其经济边界、打破行政分割、进入世界市场，形成具有规模经济和比较优势的产业生态圈；另一方面，全球化也让大家感受到"世界是不平的"，各国经济差距不断扩大，经济发展日益不平衡（伍骏骞，2014）。当前，既需要突破国界、种族的界限，更需要共同致力于一个

更加开放、包容、普惠、平衡、共赢的命运共同体。经济全球化过程及
趋势传递了对地理经济的关注、对发展的关注、对政府作用的关注。

（一）对地理的关注

经济世界的不平衡让空间经济问题受到广泛关注，以亨德森（Hen-
derson）、藤田（Fujita）、克鲁格曼（Krugman）① 等为代表人物的新经济
地理学的兴起，将空间概念引入到主流经济学的分析框架中，使经济集
聚回归到科学的经济学研究框架。新经济地理学也被称为"空间经济
学"，是研究经济活动发生在何处，为什么发生在此处的理论。它被认
为是经济学研究中收益递增和不完全竞争的第四次革命，甚至被认为是
经济学最后的前沿（Krugman，1998）。

随着经济全球化和信息化的不断发展，"世界是平的"的理念越来
越贴近现实世界。但是地理距离、运输成本等因素仍然对经济增长起到
了重要的作用。新经济地理学仍然是研究经济集聚现象、区域或产业经
济增长等内容不可或缺的重要理论基础。一是劳动力等要素的流动仍然
十分频繁，但劳动力的流动受到很大的限制和约束，距离对货物运输、
劳动力流动和信息传递产生了较大的影响；二是面对面的交流仍然有其
优势，信息化无法完全替代生产和服务面对面的交流；三是新经济地理
学理论也在不断发展和改善，距离也更加强调经济距离而不是简单的地
理距离。回顾历史可见，从地理大发现到工业革命，从涌动的"民工潮"
到"世界是平的"，人类的经济增长和社会发展史既是不断追寻集聚福
利的奋斗史，也是不断征讨距离专制的斗争史。要素投入和技术进步被
认为是经济增长的主要驱动因素，但早在 20 世纪初，学者就已认识到
经济集聚（agglomeration）的重要价值，亦即工业组织将专门工业集中
在特定地方。经济的这种集聚能够降低成本、提高工资，并推进劳动生
产率，经济活动的集聚与经济增长间存在相互促进关系。新经济地理学

---

① 克鲁格曼因为对经济集聚研究的突出贡献获得了诺贝尔经济学奖。

（New Economic Geography）进一步指出，经济集聚能够以外部性为纽带促进经济增长，从而减少贫困。

值得关注的是，新经济地理学强调了二维平面的地理作用，然而"海拔"作为地理要素的重要组成部分却往往被忽视。实际上，海拔在经济地理方面具有重要的作用，这是从三维立体视角来审视经济社会的发展。海拔的差异将直接影响一个区域的经济社会发展。例如，高高原地区的高海拔特征，直接导致了要素投入成本的高企，传统低海拔地区的要素投入方式在高高原地区已经不能适应。与自然条件联系密切的农业生产就更受到海拔的影响。这也决定了高高原地区的产业发展既要延续传统低海拔地区的发展路径，又需要考虑高高原地区海拔的差异性，因势利导地甄别其自身独特的产业发展路径。

（二）对发展的关注

经济全球化更加明确了贫困不是一种命运。随着 20 世纪 80 年代各国贫富差距加大的问题越来越严重，各国政府、社会机构和学术界开始致力于探索可持续的反贫困道路。传统上通过瞄准贫困人口实现减贫的政策方案，一直面临着"不完全信息"问题导致的"瞄准偏误"困扰，使得"应被扶贫的未能受助"而"无需扶贫的被过度扶贫"。这一困境让理论研究者和实践工作者逐渐认识到，通过经济增长才是最为现实同时也是最为恰当的减贫手段。这一理论所强调的是通过经济增长，实现全社会经济总量增加，进而为贫困人口带来福利的"涓滴效应"。1990 年的世界发展报告提出普遍增长，强调社会利益均等化。随后，许多国家和国际机构更加聚焦对贫困阶层的关注，提出了有利于穷人的增长方式，即亲贫困增长。亲贫困增长的理念强调通过促进穷人主动参与经济增长的过程中，使穷人获得收益。在这个过程中有必要采取瞄准贫困问题的特定政策措施，而不是坐视或期望经济增长本身能自动惠及贫困人口（蔡荣鑫，2009）。进入 21 世纪，亚洲开发银行提出了包容性增长的理念，强调机会平等的增长。对于高高原地区，其发展又在自然资源、劳动力、人力资本等禀赋，市场规模、基础设施等方面有独特性。这一独特性决定了传统的发展路径需要结合高高原地区的独特性，充分考虑高高原地区发展过程中的艰巨性和其在发展过程中的外部性，将这种独特性和异质性转变为经济发展的特色，而不是成为经济发展的约束。

（三）对政府作用的关注

在第二次世界大战后，东亚是世界上最为贫穷的地区，人多、自然资源少，曾被认为是世界上最不具发展希望的地区。然而日本在战后迅速恢复，20 世纪 60 年代日本成为第一个非白种人的高收入经济体。20 世纪 70 年代，中国台湾、中国香港、韩国、新加坡等新兴工业化经济体迅速崛起，这四个国家（地区）也被称为"亚洲四小龙"。作为一个底子薄、人口超 10 亿又处于转型期的国家，中国从 1978 年年底开始改革开放，到 1993 年，取得 15 年年均 9.7% 的高速增长。这样的成绩在人类经济史上前所未有，林毅夫、蔡昉和李周于 1994 年出版了《中国的奇迹：发展战略与经济改革》，分析了中国转型期经济增长奇迹背后的道理，预测了这个奇迹是否有可能持续，探讨了如何深化改革才可以将之继续保持下去（林毅夫，2014）。这也成为新结构经济学的雏形，新结构经济学强调了有为政府和有效市场在经济发展过程中的重要作用。

新结构经济学理论的产生，被视为经济学的第五次革命的代表，这也加强了对结构约束的关注。因为结构经济学理论认为发达国家的产业结构是合理的，因而发展中国家采取发展方式更多是向发达国家的产业结构靠近。然而，从中国等发展中国家的发展历程可以发现，完全照搬发达国家的产业结构并不可行，不能直接模仿发达国家资本密集的产业结构演变及发展过程。从要素约束、制度背景和技术条件去因势利导甄别产业发展路径，形成合理的产业结构才是实现"中国奇迹"的关键所在。因此，新结构经济学修正和发展了结构经济学理论，对在时间、空间、层次统一的结构方法解释经济现象，提出经济主体与经济客体的对称结构关系的根本动力。

经济全球化的发展加强关注地理要求、重视贫困人口和重视政府作用。高高原经济学的产生正是这三大维度的考量，综合新经济地理学、发展经济学和新结构经济学相关理论，结合高高原地区的资源禀赋和比较优势，从而产生高高原经济发展理论。

二、本土理论体系构建的需要

（一）中国发展曾引起了全球各国的关注

马可波罗提到"苏州太大了，周长将近 40 英里；它的居民太多了，数都数不过来"。杭州"毫无疑问是世界上最好、最雄伟的城市……见到这么多人在这个城市中，任何人都会认为，基本不可能找到这么多食物来养活他们"。亚当·斯密形容"中国一直是世界上最富裕的国家之一，它的土壤最肥沃，最适合耕作，工业最发达，人口也最多"。"中国比欧洲任何部分都要富裕得多……"早于英国 500 多年，大约在 11 世纪，中国已经具备英国工业革命的基本条件。第一，首屈一指的经济规模。西方从帝国到分崩离析，而中国大多数时间都是一统的大帝国，劳动分工是经济发展的动力之一，分工越细，生产力的水平就会越高；但是分工的规模又取决于市场规模大小；中国曾经在经济规模与技术上均领先于西方。第二，领先的技术水平。有四项技术让欧洲走出黑暗时代，这四项技术分别是火药、指南针、纸张和印刷术。火药打破了封建贵族城堡，建立了统一的全国市场，市场规模大，分工更细，经济持续发展；指南针促进了"地理大发现"，使得西方殖民者可以掠夺殖民地，从而掠夺到粮食，扩大人口；纸张和印刷术让知识传播与积累的成本大大降低。当时中国的科技水平实际上处于世界的前沿位置。中国的钢和铁在生产上远远领先西方，11 世纪时铁是整个欧洲产出的 5—6 倍。第三，活跃的市场经济。中国在春秋战国时期就已经开始推行土地私有化，允许土地自由买卖，劳动力自由流动。商品市场活跃，战国时期就已经有了期货市场和投机行为，投机的原理已经被发现。第四，繁华的城市。在前现代社会，中国是最富有最城市化的国家。11 世纪至 18 世纪初，西方基本上是一个农业社会，而我国是一个富有的、发达的工业经济。不管从技术上还是从制度上，中国都已经具备了工业革命的条件。

（二）鸦片战争后逐渐落后于世界

中国的落后，不是中国下降，而是西方上升。由此开始了一个"谜"——李约瑟之谜：为何在前现代社会中国在科学技术上遥遥领先于其他文明？为什么中国现在不领先于世界其他部分？或者为什么科学和工业革命没有在近代的中国发生？这也开启了近代思考中国成败和构建中国理论体系的序幕。李约瑟从科学方法的角度得到的答案是：中国人不懂得用数字进行管理。这对中国儒家学术传统只注重道德而不注重定量经济管理是很好的批评。林毅夫（1992）解释认为传统社会的技术发明主要靠工匠的经验积累。由于中国人口多所以工匠数量多，发明成功的可能性就大得多。中国历史悠久，积累的发明总量也就多。但 15 世纪之后，欧洲出现了以重复实验、试错改错为特征的技术发明方式，发明速度大大加快，而中国的人口规模不再具有优势，结果科学技术就大大落后于欧洲了。

（三）中国改革开放后经济的腾飞

中国似乎一蹶不振，内外交困、一穷二白，各国开始认为中国成为沉睡中的狮子时，中国却实现了"中国奇迹"。自工业革命以来，西方发达国家用了 200 多年的时间才实现大多数人摆脱贫困的经济发展过程。日本将这一过程需要的时间缩短到 100 年，亚洲新兴工业化国家和地区又将这个过程缩短到不到 40 年①。改革开放以来，中国将这一过程进一步缩短。通过一系列从农村到城市的制度创新和市场化改革，实现了自中华人民共和国成立以来最快的经济增长，达到"亚洲四小龙"

---

① 引自林毅夫为《发展经济学》（速水佑次郎，2003）所写的序言。

在快速发展时期的增长速度（林毅夫等，2014）。自改革开放以来，中国 GDP 增速一直高于高收入国家、低收入国家和中等收入国家的平均水平，如图 1-1 所示。中国人民奋斗的历史和现实雄辩地证明，贫困不是一种命运，以中国特色社会主义伟大旗帜为指引，一方面靠市场和企业，另一方面靠政府因势利导，通过有为政府和有效市场的双重作用，把比较优势变成竞争优势，能够创造举世瞩目的"中国奇迹"，实现中华民族伟大复兴的中国梦。中国特色的发展模式开始受人关注，而且似乎西方经济学的理论体系并不能很好地解释中国的发展。

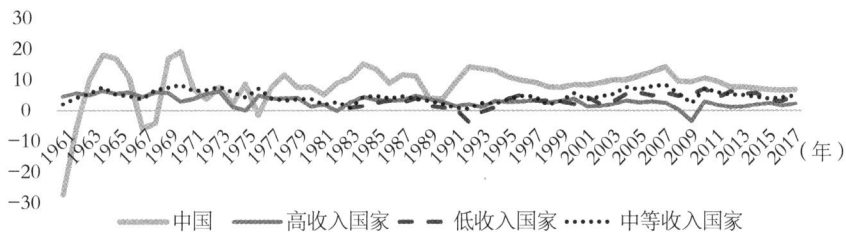

图 1-1　各类国家 GDP 年均增速对比

数据来源：世界银行公开数据库。

（四）新时代下经济问题的本土化研究

中国特色社会主义进入新时代，伴随着"一带一路"建设的不断推进，中国不仅自身实现了快速稳定的发展，更是以一个大国的姿态与世界各国共同致力于建设人类命运共同体。2018 年，中国成为世界第二大经济体、第一大工业国、第一大货物贸易国、第一大外汇储备国。中国实现了高铁、移动支付、电商和共享单车等"新四大发明"的大规模应用。这些成就按照传统的经济学理论难以去解释，按照西方的制度构建也难以实现的。我国成就突出，在面对危难和发展不平衡、不充分时，也能够化险为夷、转危为机、否极泰来。例如，汶川等地在遭受2008 年大地震后，中国举全国之力赈灾，并且通过具有中国特色的对口援建计划，实现了灾区的重建。中国的发展需要中国各族人民牢固树立中国特色社会主义道路自信、理论自信、制度自信、文化自信等"四个自信"。中国能取得举世瞩目的发展成就，一个重要原因就是，解放思想、实事求是，既不照搬过去的理论，也不硬套国外现成的理论，而是走自己的道路（林毅夫，2018）。从中国改革开放的经验以及过去40多年发展来看，目前的主流经济学理论拿到发展中国家来用，基本上不能避免"淮南为橘，淮北为枳"的问题。究其原因是发达国家的理论总结于发达国家的经验，理论模型不自觉地把发达国家的条件作为理论的明的或是暗的前提，这就非常需要我们自己总结发展中国家的现象，进行理论创新（林毅夫，2019）。

在中国特色社会主义的新时代，不仅要吸纳国外经典的理论，更要结合中国的时代背景、资源禀赋、制度特色和经济社会发展阶段，发出中国声音，更好地总结中国的经验，提出新的理论，形成新的话语体系（林毅夫，2018），创造"中国智慧""中国方案"，构建中国本土的理论体系，树立中国理论自信，讲好中国故事。这一理论体系不仅将解释中国现今的发展，服务与中国未来的发展，还将成为世界发展中国家摆脱贫困、不断发展的可借鉴的理论体系。

新时代下，本土经济理论体系构建需要扎根中国，彰显"四个自信"。高高原经济学扎根于中国藏区，具有中国本土深度，是新时代中国本土理论体系探索的重要组成。通过研究，将会更好地推进西藏全面建成小康社会的进程，也将指导环喜马拉雅地区的未来发展。

三、西藏发展理论支撑需要

（一）作为研究样本的西藏

作为高高原地区代表的西藏，是高高原经济学的重点研究样本。西藏在独特的资源禀赋基础下，在独特的发展空间格局条件下，在确保生态环境良好前提下，要着眼解决发展不平衡、不充分，走出一条具有中国特色，西藏特点的高质量绿色发展（庄严，2018）。可以说，把握好了西藏经济的发展，一定程度上就能较好把握高高原地区经济的发展。

回顾西藏发展历史，早在 3800 年前的象雄文明时期，西藏就开始了探寻自己的发展道路，形成牧场兴旺发达、农田肥沃盛产黄金的部落联盟聚居区。这是西藏文明最早打破地理条件和自然环境约束，从原始的打猎方式跨越到可持续的农牧业的技术创新。1951 年，西藏和平解放。西藏各民族人民结束了遭受帝国主义、殖民主义侵略的历史。1959 年，中国共产党领导西藏各族人民进行民主改革，开启西藏从黑暗走向光明、从落后走向进步、从贫穷走向富裕、从专制走向民主、从封闭走向开放的新时代。这是西藏的发展通过制度改革，打破了封建农奴主土地所有制及农奴和奴隶对封建农奴主的人身依附关系，激发了内生发展动力。1965 年，西藏自治区成立，初步建立起基层人民民主政权组织和个体所有制经济制度，拉开西藏地区社会主义革命和建设事业的序幕。20 世纪 70 年代，西藏同全国各省（区、市）一道进入改革开放新时代，伴随着中央西藏工作座谈会召开，落实了针对西藏的一系列民族政策。西藏经济的发展也开始得益于一系列民族政策和援藏政策的红利释放。西藏自古以来的发展历程，就是一个建立在已有的资源禀赋或者要素相对稀缺程度上，充分挖掘现有阶段的比较优势，不断推进技术创新和制度创新的过程（杨丹等，2019）。

（二）西藏经济发展的阶段及特点

西藏经济发展大体经历了三大阶段：第一阶段，西藏的经济发展将首先以"李嘉图式增长"为主，即经济增长的根本是要素投入的增加，西藏的发展也通过劳动力、资金和土地等要素驱动，但受制于区位劣势、资源禀赋约束和制度障碍，经济发展的初级性、依赖性、粗放性特征仍然存在。西藏通过综合考虑"空间、规模、产业"三大结构，突破西藏经济的分散化、粗放型发展方式，根据不同区域的资源环境承载能力、已有开发强度和发展潜力，统筹谋划人口分布、经济布局、国土利用和城镇化格局，初步形成功能分布合理的主体功能区，形成以要素驱动为主、初具带动性的旅游、特色农业等主导产业和具有一定规模的服务业产业集群，旅游、农业、服务业等产业形成融合态势，各产业在西藏内部各区域分工明确，产业特色化、差异化发展初具成效。

第二阶段，西藏经济发展从"李嘉图式增长"为主向"斯密式增长"为主的跨越，即西藏经济发展将从数量扩展和要素驱动的增长方式向通过结构调整和资本深化实现质量提升的增长方式跨越。在多功能理论框架下，通过市场价格机制配置要素可能会阻碍产业生态功能、社会功能和政治功能的发展。因此，在该阶段中更加凸显有为政府和因地制宜的产业政策的重要性，政府的作用将进一步激发经济增长的活力。因此，通过适应和引领经济发展新常态，坚持市场在资源配置中起决定性作用，充分发挥政府作用，破除经济发展的体制机制障碍，在更小空间范围层面形成科学的主体功能区空间划分和功能定位。产业空间分布得到进一步优化，产业结构调整优化，传统行业通过"腾笼换鸟""机器换人""品牌塑造"和"产业融合"等方式向高附加值、高科技行业、新兴战略行业转型升级，传统产业深入融合发展，逐步从以要素驱动为主向创新驱动转变，主导产业带动能力进一步提升，专业化产业集群和相关产业生态圈初具规模，产业发展的生态功能、社会功能、政治功能和文化功能得到进一步凸显。

第三阶段，西藏的经济将实现"熊彼特式经济增长"，即通过技术创新和制度创新，实现经济的进一步发展。另外，西藏经济的发展也将进一步实现诱导性技术创新和诱导性制度创新：第一，实现由区位劣势向区位优势转变。"一带一路"建设背景下，经济由过去向东部地区、面向日、美、欧三大经济体的海洋型开放，转变为向东、西双向，新增面对西部、西南部地区，面向中欧、东南亚、非洲的全方位立体开放。在过去的经济发展中，西藏往往被贴上区位劣势标签，然而，在"一带一路"建设不断推进的过程中，西藏将彻底转变原来的区位劣势，成为中国"一带一路"建设背景下向西和向西南开放的窗口。通过交通等基础设施的不断发展以及"互联网＋"推进的互联互通，西藏地区将进一步缩短与国内外各地区的经济距离。第二，实现资源禀赋约束向资源地区特色发展。西藏地处青藏高原地区，自然条件较为恶劣，这种背景下，将诱导出技术的创新，伴随着智能制造、"互联网＋"和大数据等新兴产业在西藏的发展，以及青藏高原综合科学考察事业带动的"政产学研"的全面发展，自然资源条件对劳动力的约束将通过"机器换人"等方式得以解决。而西藏高原的地理特征和资源禀赋约束将逐步转变成为中国独一无二的资源特色，旅游资源、人文资源、矿产资源等得以深入开发。第三，实现制度约束向制度创新红利转变。通过形成推动高质量发展的指标体系、政策体系、标准体系、统计体系、绩效评价、政绩考核，创建和完善制度环境，不断深化要素市场化配置改革。西藏经济发展将突破原来封闭式的制度框架，打破"地方本位"思想和政治逻辑，着力消除不同区域间的市场壁垒、贸易壁垒以及行政壁垒，更加立足全国探索制度创新。西藏将通过融入全球经济分工，加强区域合作，打破经济分割，进一步重塑西藏产业经济地理，完善产业发展的组织化和推进产业的专业化、差异化发展；用好对口帮扶制度，形成经济发展"飞地"、与其他省份共建合作产业园等方式，充分释放西藏制度改革红利。因此，在西藏经济跨越式发展的战略目标基础上，逐步打破制约经济增长的区位劣势、资源约束和制度障碍。前两个阶段的发展，是西藏已经经历或正在经历的发展阶段，而第三个阶段是西藏中长期或长期将经历的发展阶段。

总之，西藏作为高高原地区，具有与其他地区不同的三大特点：第一，地理因素在其经济社会发展中将发挥重要作用。因此，需要考虑海拔高度，以及海拔高度产生的地理特征和经济特征对经济发展的影响。这就需要思考在自然资源禀赋约束和禀赋变迁条件下的产业发展。第二，西藏经济发展具有多功能性。西藏地区由于资源禀赋和区位条件相对落后，往往是贫穷地区，同时也是民族地区。因此，经济发展并不仅仅是增加收入，而是将发挥多种功能。经济发展要实现经济的包容性增长和亲贫困增长，经济发展成为社会稳定、民族团结的有力支撑。这就需要进一步思考产业发展战略。第三，政府在西藏经济发展中具有重要作用。由于西藏经济发展的多功能性，以及经济发展带来的外部性决定了西藏经济发展过程中存在"市场失灵"的现象，需要更加发挥政府的作用。另外，在西藏等高高原地区，政府作用还体现在区域之间的协调发展，发达地区政府通过对口援藏的不断深化，实现了对西藏的支持。

（三）高高原经济发展理论为西藏发展提供指导

高原不是生命的禁区，1968年第19届奥运会在海拔2240米的墨西哥城举办之后，高原训练法就引起了体育界的力量创新（庄严，2018）。然而，在经济学研究方面，不管从经济历史观、经济发展观还是西藏经济的特殊性来看，已有的研究缺乏针对以西藏为代表的高高原经济学的理论框架和理论解释。西藏特殊的自然地理、历史文化和发展基础，既是当前发展的制约，也是转化为高质量发展的独特优势和潜力空间。必须紧紧抓住新时代新机遇，牢牢把握高质量发展要求，充分发挥资源优势、区位优势、生态优势、文化优势和政策优势，扎实推动质量变革、效率变革、动力变革（庄严，2018）。因此，高高原经济发展理论的构建就显得十分必要。高高原经济发展理论将成为以西藏为代表的高高原地区经济发展的指导，西藏也将成为高高原经济发展理论践行者和引领者。

总之，不管是从全球化发展的广度、中国新时代阶段的背景还是西藏发展实践的需要，都表明以西藏为代表的高高原地区需要构建自己的经济发展理论体系。

第二节 概念界定

一、高高原

高原是指海拔高度在 500 米以上，面积广大，地形开阔，周边以明显的陡坡为界，比较完整的大面积隆起地区。"高高原"一词如果没有特别的解释，可能会被人认为是"高原"的笔误，然而"高高原"实际上有其重要的含义①。高高原是海拔高度大于 2438 米的地区，对于这一类地区最早的关注源于"高高原机场"，是指海拔高度在 2438 米或 8000 英尺及以上的机场。

高高原机场海拔高，空气密度和大气压力小，地形复杂，太阳辐射和向背阳地形受热不均匀，这些因素导致高高原机场运行有如下特点：第一，相同的起飞、着陆重量，飞机的真空速要比平原大得多，在高高原机场运行，发动机的推力明显减小，这两个不利因素叠加在一起，使飞机在高高原机场起飞距离及着陆距离显著增加。第二，高高原机场发动机推力减小，空气动力变差，飞机的机动能力降低，飞机的爬升和越障能力变差，飞机空中加速、减速所需距离增长，转弯半径增大。第三，高高原机场海拔高，由于高空风通常很大，接近地面的空气因太阳照射导致向阳和背阴方向的受热不均匀，加上地形对风的阻挡、加速，使得高高原机场经常出现大风，风速、风向变化也很大，极易形成乱流、颠簸和风切变。第四，高高原机场昼夜温差大，气象复杂多变，有明显的时间差异，还存在地域性和局部性特征。不同的高原机场有着各自不同的特点，如浮尘、扬沙、雷雨、暴雪、浓积云、雷雨云、低云、浓雾、低能见度、结冰、低温等，对飞行很不利，对安全构成很大的威

---

① 资料来源于中国民用航空总局飞机标准司：《中华人民共和国民用航空规章：高原机场的运行管理及相应要求（2006）》。

胁，对航班的正常性影响较大。例如，九寨黄龙机场气象条件变化之迅速，可以在 2 分钟内能见度从 10 千米下降到只有几百米。而且跑道西侧山沟里面的云飘到跑道上就是低云，影响视线。林芝米林机场两侧山口有侧风，易发生风切变，导致颠簸。又如阿里昆莎机场周围植被稀少，白天气温上升迅速，高温导致飞机载重能力严重下降，只能上午起降。第五，高高原机场往往又是地形复杂机场，机场周围净空条件差，导航设施设置困难，导致飞机起降、复飞操纵难度大。我国多数高高原机场需要编制专门的单发复飞程序。另外，高高原机场可用的机动空域和机动高度很少，飞机空中调配较为困难。例如，邦达机场周围的山都是 4000 多米、5000 米以上的高山。10 千米范围内有 5300 多米的高山，20 千米范围内有接近 6000 米的高山。复飞程序极其复杂，很多地方要同时限制高度和距离。第六，由于受地形的遮蔽和反射，高高原机场无线电波产生多路径干扰；地面通信作用距离短，信号微弱；机场甚高频全向信标台 / 测距仪作用距离、覆盖范围较小，指示不稳定，仪表着陆系统在某些方位会有假信号产生。第七，飞行员及乘客会存在高原反应。第八，由于高高原机场存在以上诸多困难，再加上飞机在高高原机场飞行操纵难度加大，机动性能较差，飞行员在高高原机场飞行易产生畏惧心理。

除了高高原机场之外，以我国为例，按照《中国区域经济统计年鉴》测算，全国 420 个地级及以上城市或地区政府所在地的海拔高度，由于观测年份内经历了数次市、区的重新规划、拆分和合并，本书以 2013 年的市、区行政规划为标准，对历年的数据进行了相应的加总和拆分处理后发现，海拔①高于 2000 米的城市有 20 个。其中，海拔高于 2438 米的城市有 16 个，海拔高于 3000 米的城市有 11 个，而海拔最高的那曲地区，平均海拔高达 4507 米，如表 1-1 所示。考虑到海拔高度，以

---

① 此处为某一区域的平均海拔。

及因为海拔高度产生的经济学含义，本书将海拔高于 2438 米的地区定义为高高原地区。

表 1–1　中国海拔高于 2000 米的地区

地区	海拔（米）
海东市	2118.0
西宁市	2261.2
丽江市	2393.2
阿里地区	2406.0
黄南藏族自治州	2502.0
阿坝藏族羌族自治州	2617.0
海南藏族自治州	2886.0
甘南藏族自治州	2897.0
海西蒙古族藏族自治州	2994.0
林芝市	3000.0
海北藏族自治州	3103.0
迪庆藏族自治州	3294.0
昌都市	3306.0
甘孜藏族自治州	3393.5
山南市	3572.0
拉萨市	3658.0
玉树藏族自治州	3696.0
果洛藏族自治州	3730.0
日喀则市	3836.0
那曲市	4507.0

二、高高原经济现象

高高原是一个地理学的概念，突出了海拔高度在 2438 米以上区域的地理特征：地形特征、气候特征、自然环境（土壤、植被、水文、生物、矿产、生态等）。另外，地理特征越来越受到经济学家的关注，特别是经济主体的区位因子，包括运输费用、劳动费、集聚和分散等。这种对地理要素的关注，让经济理论作用就像一张地图（林毅夫，2012）。以新经济地理学理论为代表的经济学理论，恰恰可以将整个经济现象展现到一张图景上，并对图景的不同分布、结构和演化进行了合理的抽象、简化和解释。世界银行在《2009 年世界发展报告：重塑世界经济地理》中开创性地提出了 3D(density-distance-division，密度—距离—分割)的分析框架，强调了这三个要素对重塑世界经济地理的重要性，报告指出经济活动越密集，选择和机遇就越丰富。

然而，在经济学理论中对地理要素的关注是将重点放在一个二维平面的研究范畴。世界银行在《2009 年世界发展报告：重塑世界经济地理》中也提到经济集聚支配着世界经济地图。经济的繁荣以空间集聚的现象支配着世界经济地图。世界 50% 的生产活动集中在 1.5% 的陆地区域（世界银行，2009)，GDP 前 20 位的国家集中了全世界 81.3% 的 GDP。如果将世界各国的 GDP 作为柱状图的高度绘制分布图，我们看到世界经济的图景是参差不齐的，有的如摩天大楼高耸入云，有的仅仅略高出地平面，几乎看不出高度。伴随着经济空间重塑，世界经济重心也在变迁：从罗马帝国到 20 世纪中叶，随着欧洲和北美地区迅速的工业化进程，经济重心向西移动；此后，随着亚洲和其他地区新兴市场的崛起，经济重心中开始转回东部和南部：1980 年，经济重心移到大西洋中部；2008 年，经济重心转移到赫尔辛基和布加勒斯特以东。科尔（Quah，2011）通过预测全球近 700 个地区的经济增长，认为 2050 年全球经济重心将在印度和中国之间，而这一经济重心恰恰可能位于高高原经济发展研究的重点区域——西藏。

与之相对应，对于高高原经济学而言，由于其对海拔高度的关注，形成了一个三维的图景。如果说以新经济地理学为代表的经济学理论是经济学理论的地理平面观，那么，高高原经济学就是经济学理论的地理立体观。

因此，本书对高高原经济现象的定义为高高原地区在要素丰裕程度、经济驱动力、经济发展的多功能特征、经济发展的民族特征、经济发展的地理特征、政府与市场边界的划定等方面展现出的与非高高原地区不同的经济现象、经济形态和经济行为。

三、高高原经济发展理论

高高原经济学将其理论体系构建为高高原经济发展理论。从关键词来看，"高高原"强调其研究对象是基于"高高原"区域的经济现象，强调了在特殊的地理环境和地理条件下，研究经济发展，正如前文所述，这一研究将延续新经济地理学关于空间的内容，又不仅仅将这一地理空间局限于平面范围，而且将平面的分布、距离等要素进一步融合海拔高度等空间要素，形成经济地理研究的立体观。"发展经济理论"不仅仅是"经济理论"强调了"发展"二字，更多的是将延续发展经济学脉络，关注发展中国家和地区如何从贫困走向富裕。经济发展理论是在经济增长基础上，以发展中国家经济发展为研究对象，研究一个国家经济与社会结构现代化演进过程的理论。而在这发展过程中，特别是从贫困走向富裕的过程中，离不开政府的核心作用，因为完全依靠价格机制的市场可能存在失灵，特别是因为经济发展带来的外部性，以及经济发展过程中造成的区域不平衡、发展不充分现象，不能靠市场解决，这就需要有为政府的出现，政府和市场的关系是相辅相成的，市场有效要以政府有为为前提，政府有为要以市场有效为依归，两者缺一不可。这是我国改革开放取得成功最主要的经验，也是新结构经济学的核心内容（林毅夫，2018）。本书对高高原经济发展理论的定义为运用发展经济学、新经济地理学和新结构经济学的相关原理，结合西藏等高高原地区的时代背景、资源禀赋和经济社会发展阶段，充分考虑海拔高度的经济学含义，以此解释高高原地区经济行为，指导高高原地区经济决策。

第三节 研究内容与方法

一、研究范围

高高原经济发展理论的研究对象重点为高高原地区的微观和宏观经

济主体。首先，高高原地区既是一个地理范围，只要海拔高于 2438 米的高原地区我们都视为高高原地区。另外，高高原地区又是一个行政范围，指的是针对高原地区中，行政区划内平均海拔高于 2438 米的行政区域（含省、市、县、乡、村），当然，考虑到行政区域的经济含义以及衡量的精准度的问题，特别是省一级范围内海拔差异较大，我们的研究对象重点是针对市级及以下的行政区域。其中高高原经济发展理论研究的微观对象是针对单个经济单位，如家庭、厂商等。高高原经济发展理论研究的宏观对象以整个（行政）区域的国民经济为研究对象，研究经济中各有关总量的决定及其变动。

二、研究内容

在新经济地理学、发展经济学和新结构经济学相关理论框架下，高高原经济发展理论将重点从以下几个方面构建。

第一，地理因素在高高原地区经济发展中的作用分析。青藏高原是中国最大、世界海拔最高的高原，被称为"世界屋脊""第三极"，青藏高原一般海拔在 3000—5000 米之间，平均海拔 4000 米以上。西藏高原位于青藏高原的主体区域。不同于其他地区，海拔高度是决定高高原地区经济增长和产生相应经济现象、做出经济决策的重要因素，因此，高高原经济发展理论将海拔高度，以及海拔高度产生的地理特征和经济特征的变化放入经济发展理论分析框架中，用以解释高高原地区经济发展现象。

第二，高高原地区经济发展的多功能性研究。高高原地区由于资源禀赋和区位条件相对落后，往往是贫穷地区，以西藏为例，也是民族地区。因此经济发展并不仅仅是增加收入，而是发挥多种功能。经济的发展一方面要实现顺应经济发展的一般理论，另一方面，由于高高原地区自然社会的特殊和特色背景，经济发展要实现经济的包容性增长和亲贫困增长，经济发展成为社会稳定、民族团结的有力支撑。

第三，政府在高高原地区经济发展中的作用分析。收入增长和减贫的问题一直受到广泛关注，各国政府部门、社会机构和学术界长期致力于探索一条可持续的反贫困道路。减少贫困主要有两条手段：瞄准 (targeting) 贫困人口和经济增长。对于高高原地区而言，要实现从贫穷走向富裕就需要一方面通过经济增长使全社会经济总量增加，而经济繁荣带来的福利能够像涓涓细流一样惠及每个贫困人口，形成"涓滴效应 (trickle down effect)"；另一方面通过收入再分配的方式，将财政收入的一部分分配给贫困人口。这都需要有为政府的介入，因为正如计划经济总是达不到其预期效果的原因一样，如果没有完全充足的信息，没有对全局完全控制的能力，瞄准政策或手段将造成"应该扶贫的没有被扶贫"（F-Error），"不应该扶贫的被过度扶贫"（E-Error），导致偏离了预期的减贫效果。从根本上来讲，这些看似灵丹妙药的瞄准政策或手段违背了经济主体对激励做出反应的经济学原理 [伊斯特利（Easterly），2001]。另外，在西藏等高高原地区，政府作用还体现在区域之间的协调发展，伴随着对口援藏的不断深化，发达地区政府对西藏的支持，也是在分析高高原地区经济发展理论中需要考虑进入的一个要素投入或者其他地区对西藏经济发展的空间溢出效应。

总之，高高原经济发展理论的研究内容将包括地理因素在高高原地区经济发展中的作用分析、高高原地区经济发展的多功能性研究和政府在高高原地区经济发展中的作用分析三个维度。

三、研究方法

正如前文所述，高高原经济发展理论是综合新经济地理学、发展经济学和新结构经济学相关理论，结合高高原的资源禀赋和比较优势而产生的。因此，在研究过程中，也将采用相对应的研究方法。

（一）新经济地理学

新经济地理学建立在规模报酬递增和不完全竞争的假设基础上，将

Dixit-Stiglitz 的垄断竞争模型（D-S 模型）发展为 Dixit-Stiglitz-Krugman 垄断竞争模型（D-S-K 模型），用于解释经济集聚现象。与传统经济增长理论强调"地理第一天性"的要素供给对经济增长的影响不同，新经济地理学强调的是地理第一天性和地理第二天性的共同作用。新经济地理学理论主要包括了三个方面：

第一，规模报酬递增。规模报酬递增是新经济地理学区别与新古典经济学的一个重要假设。Krugman（1991）认为规模报酬递增本质上是一个区域和地方的现象，具有密切经济关联的产业由于地缘的接近，产生了由于规模经济带来的成本节约。

第二，空间集聚。空间集聚与规模报酬递增密切相关。Krugman（1991）认为产业集聚是由于价格指数效应（price index effect）和本地市场效应（home market effect）两种力量联合作用产生的。具体而言，价格指数效应阐述了由于运输成本的存在，工业企业集聚的区域消费者价格指数较低，因此，如果存在名义工资率相同的集聚区域和非集聚区域，企业集聚区域的工人将获得更高的实际工资率。这将促进工人向集聚区域流动。对企业而言，它们也可以通过支付相对较低的名义工资率便能吸引到劳动力。这被认为是一种前向关联（forward linkage），即与产出相关联。本地市场效应指由于运输费用的存在，企业倾向于将工厂建在市场需求较大的区域，即市场潜能大的区域。企业的集聚将导致劳动力数量在该区域的增加，这种劳动力数量的增加就等于消费者数量的增加，这将提高对当地制造业产品的需求，而制造业产品的需求增加又将导致企业的进一步集聚（库姆斯等，2011），这是一种后向关联（backward linkage），即与投入相关联。另外，罗森塔尔和斯特兰奇（Rosenthal，Strange，2004）认为寻租行为也是产生集聚的一个原因。与集聚力量对应的是两个分散力量：市场拥挤效应（market crowding effect）和非流动效应（immobile factors effect）。市场拥挤效应强调了企业集聚将导致激烈竞争，非流动效应强调了劳动力对土地和当地资源（如制造业产品的需求）的依赖性。

第三，路径依赖。Krugman（1991）认为企业的集聚可能发端于历史渊源或偶然事件，然后通过循环累积因果效应使集聚进一步强化和调整，这就是集聚的初始的优势因"路径依赖"而被放大（滚雪球效应）的过程，进而产生马歇尔（Mashall，1920）所述的"锁定（lock-in）"效应（Krugman，1991）。这一过程证实了集聚带来的"中心—外围"的区域经济增长格局的客观存在。当然，分散力量在与集聚力量的角逐中，也可能产生预期和自我实现机制，即分散力量或特殊事件的产生，使企业家看好另一个区域，并根据这个预期采取"用脚投票"的集体行动，使得产业集聚中心转移或新的中心产生（梁琦，2008）。

（二）发展经济学

发展经济学是 20 世纪 40 年代后期，在西方国家逐步形成的一门综合性经济学分支学科，它以发展中国家的经济发展为主要研究对象。第二次世界大战后，世界上出现了众多的发展中国家。于是在一些发展中国家出现了对发展问题较有研究的经济学家，发达国家也有一些激进经济学家试图去解释发展中国家的经济问题，这就产生了发展经济学。20世纪 50 年代，发展经济学的主流是新古典学派，以索洛—斯旺模型为代表的新古典增长模型，建立在规模收益不变、生产要素的边际收益递减和生产要素之间的可替代性三个假设前提下，利用新古典生产函数开发了一个新视角。该模型认为，经济增长是资本积累过程，对经济总体的增长贡献来自劳动、资本和技术进步。由此推导出无论从任何一点出发，长期内一国经济都会逐渐向平衡增长路径收敛至其均衡的"稳态"，离均衡状态越远收敛强度越大，即经济不发达的国家将比发达国家以更快的速度增长，进而缩小实现不同国家的收入差距，实现经济的趋同。索洛（Solow，1957）通过对美国工人人均产出的增长率研究，提出了令当时和现代研究者为之震惊的结论：从长期来看，物质投资并不是经济增长的源泉，唯有外生的技术进步不断提高，才能保证经济持续的增长。在此基础上，Solow（1957）认为这种技术进步是收入增长中无法用劳动和资本投入解释的部分，因此，这种技术进步，即全要素生产率被视为是"残差"或者"黑箱"。在 20 世纪 40 年代末期至 60 年代，发展经济学主要强调资本积累的重要性，强调计划的重要性，强调工业化的重要性。20 世纪 60 年代中期以后，发展经济学开始更多地采用了新古典学派理论的观点和方法，更多地采用了经验分析的方法，较全面地注意到影响发展的各种因素，进一步研究了增长和发展的目标。

（三）新结构经济学

新结构经济学的基本原理旨在揭示结构变迁、结构转型、结构变迁与转型中政府作用的"三大规律"。新结构经济学的主要假设是：一个经济体在每一个时点上的经济结构包括技术、产业和软硬基础设施的结构均内生于要素禀赋结构。要素禀赋结构在每个时点上是给定的，但其随着时间可以变化。新结构经济学认为，最优产业结构内生于禀赋结构所决定的具有比较优势的产业，进而如果有合适的软硬基础设施，交易费用也会最低，从而将比较优势转化为竞争优势。

在此基础上提出了新结构经济学的禀赋结构的供给原理、禀赋结构的需求原理、禀赋结构的相对价格原理、最优生产结构原理（或新结构经济学的比较优势原理）、生产结构的供求原理、结构变迁循环累积因果原理、自生能力原理、最优转型速度原理、结构变迁与转型中政府作用的定位原理、结构变迁与转型中政府作用的最优干预原理这"十大原理"。

用于产业政策方面，新结构经济学认为成功的产业政策应该针对具有潜在比较优势的产业。所谓潜在的比较优势，是指在经济体中，某个行业要素生产成本低，有要素生产成本的优势，但其交易成本过高，以至于无法在本国或国际市场上竞争。政府一旦帮助这些企业协调解决外部性问题，从而降低风险，减少交易成本，则这些企业具有自生能力，相关产业也有能力竞争。由此根据目标行业与全球技术前沿的距离，将对应产业的产业政策分为四种类型：第一，追赶阶段的产业政策和多样化的产业政策；第二，国际领先型产业的产业政策；第三，失掉比较优势产业的转进型产业的产业政策；第四，换道超车型产业的产业政策。

用于县域经济分析方面，林毅夫等（2018）提出了新结构经济学的县情（禀赋条件）—战略（比较优势）—战术（因势利导）分析框架①。县情是一个县的禀赋条件。新结构经济学认为，一个地方发展什么产业，技术处于什么层次，最核心的取决于其自身要素禀赋及其结构。战略，即如何根据当时当地的禀赋条件制定符合本地比较优势的战略定位和战略架构。只有符合当时当地的禀赋条件所决定的潜在比较优势的发展战略，才能充分利用本地的资源禀赋，而只有当地的资源禀赋充分利用，才能获得更高的回报，进而积累资源禀赋的速度才快，吸引外来资源的能力才最强，从而促进转型升级的速度才最快。战术，即政府如何根据发展战略定位和战略方向以及战略架构落地具体的因势利导措施。

另外，除了上述三个研究方法之外，本书还将融入统计分析、计量分析等实证方法，以及规范研究方法。统计分析方法能够较直观的判断和对比不同个体或区域的各经济变量的大小、结构、变化趋势、可能的相关性等特征。计量经济学方法是经济理论研究和实际经济分析一种主流的实证方法。它是以识别因果效应为核心，是检验经济理论假说的主要工具（王美今和林建浩，2012）。上述两类方法都可以归属于实证研究方法，着重回答"基本事实是什么"问题，不涉及价值判断。但是，经济学分析绝对不能走入"为了模型而模型"的误区，高高原经济学的

---

① 在林毅夫等（2018）专著中是重点针对县域经济分析，所以分析框架是县情—战略—战术，本书重点分析西藏整个自治区的情况，因此修改为区情—战略—战术框架。

分析还需要基本的价值判断作为补充，提出"应该怎么样"的规范性命题。本书将结合规范研究，作为实证研究的补充，希望能够对政府部门政策制定提供具有一定借鉴意义的建议。

第二章

高高原经济发展的基本理论

经济理论既可以用来解释经济现象、预测经济发展趋势，也可以为政府面临的经济问题提供政策指导，任何理论都要与特定的社会经济环境相适应，能否科学合理解释并预测一个地区的经济现象，关键在于该地区的具体经济环境是否与该理论的前提假设相匹配。高高原地区特殊的地理环境造就了特殊的资源禀赋、历史文化和经济发展模式，若单纯依靠高高原地区自身的禀赋优势来吸引资源、发展市场经济，那么"用脚投票"的结果只会使高高原地区与低海拔地区的经济差距越来越大。基于此，本章试图运用新经济地理学、发展经济学和新结构经济学理论分别从地域、可持续性和要素结构三个方面来阐释高高原经济理论与高高原地区的特殊经济发展问题。高高原地区经济的发展要充分考虑地区优势，人与自然的和谐持续发展，独特的自然、社会等要素禀赋。因而，研究高高原地区的整体区位要素、提出适合高高原地区发展的指导性经济理论具有重大意义。

第一节　新经济地理学理论

新经济地理学又名空间经济学。由于世界经济全球化与区域一体化的发展，主流经济学理论在解释现有经济现象时遇到越来越多的问题。因此，以克鲁格曼为代表的西方经济学家又重新回归到经济地理学视角，以边际收益递增、不完全竞争与路径依赖为基础，拓展分析经济活动的空间集聚与全球化等经济现象，借此开创了"新经济地理学"。

一、新经济地理学理论思想

和采用报酬不变与完全竞争假设的传统经济理论和经济地理研究不同，新经济地理学研究以报酬递增和不完全竞争理论假设为基础。按照规模报酬不变和完全竞争的假设，传统经济地理学理论预测，在区域之间不存在基本差异的情况下，经济活动最终将沿空间均匀分布。产品和市场的竞争为厂商舍近求远的区位抉择提供了解释。但是，不同层次的经济活动在空间上的高度集聚，在现实世界却屡见不鲜，甚至连20世纪初的马歇尔也不曾回避这一现象。由于规模报酬不变是马歇尔新古典经济学说的基本假设之一，他只好用"外部经济"一词来笼统地解释各种生产活动的集聚。这种外部经济表现为公司水平的规模报酬不变，而社会性的报酬递增。在规模报酬不变的假设下，外部经济虽然可以在一定程度上解释产业集聚，但是，人们却仍不清楚这种外部经济源于何方。而且，问题并不仅仅在于用外部经济解释产业集聚本身，越来越多的经济学家感到，对规模报酬不变和完全竞争假设的有效性其实大有进行一番反思的必要。

然而，在相当长的一段时期，报酬递增和不完全竞争对经济学家们来说都是难以驾驭的。直到1977年狄克斯特和斯蒂格利茨将张伯伦的垄断竞争概念用数学模型形式化之后，关于报酬递增的研究才真正在经济学界掀起一场实质性的革命。按照D—S模型的假设，消费种类和生产分工程度内生于市场规模。一方面，一个经济中的消费者喜好多样化消费，因而，消费品种类越多，效用水平越高；另一方面，消费品的生产具有厂商层次上的规模经济，而资源的有限性导致规模经济和多样化消费之间的两难冲突。如果人口规模或可用资源增加，则有更大的市场空间来平衡上述冲突，厂商为满足消费需求实行进一步分工既能实现规模经济，消费者又能有更多的品种选择，效用亦随之上升。D—S模型也为解决复杂的经济地理问题提供了一个不可多得的分析框架。在一个引入了报酬递增和不完全竞争的世界，经济活动的演化不再是线性的，而是由非线性动态所支配的。经济活动的空间集聚所呈现出的循环累积因果关系，不就是一幅活生生的非线性的蛛网图吗？假定存在足够强的规模经济，任何厂商都会选择一个单个的区位来为一国的市场提供服务。为使运输成本最小，它无疑会选择一个有大的当地需求的区位。然而，恰恰只有大多数厂商都在那儿选址经营的某个区位才会有大的当地需求。因此，一个产业带一旦建立，在没有外部扰动的情况下，这一循环将会长期持续下去，这就是布赖恩·亚瑟所谓的集聚的路径依赖（path-dependent）特性。从某种意义上来说，产业集聚很可能始于一种历史偶然。如果专业化生产和贸易是由报酬递增而非比较利益所驱动，则什么样的产业在什么样的区位形成集聚一般来说是不确定的，而是"历史依赖（history-dependent）"的。但是，不管属于什么样的原因，某种专业化生产与贸易格局一旦建立，从贸易获得的好处将累积循环，从而使得这一格局因进一步强化而被锁定（locked-in）。因此，在新经济地理学研究中采用报酬递增和不完全竞争假设乃是最自然不过的事情。

二、新经济地理学的产生、发展与演变

新经济地理学是一门比较年轻的学科，但是其发展却经历了很长时间。了解其发展历史，有助于从另一个角度理解地理经济学，并且对我们高高原经济理论研究具有很好的启发意义。

（一）产生

1. 背景

国际形势方面。20世纪80年代之后，全球化、区域化、信息化及

经济活动组织形式的柔性化、多样化和虚拟化等，使得以公司（企业）为主体的经济组织对经济的影响逐渐超过政府，新技术和知识在经济活动中的作用越来越大，全球各经济组织之间的相互影响和联系达到空前紧密的状态。因此，全球化、创新化得到了更多学者的重视，并将制度、文化、外部经济、规模经济与集聚经济等概念逐渐加入地理经济学的研究中，由此出现了"新经济地理学"。高高原经济发展理论也将重点借鉴新经济地理学开展研究。

理论研究方面。20世纪90年代初，许多世界著名经济学家、历史学家，如保罗·克鲁格曼、迈克尔·波特（Michael E. Porter）、罗伯特·巴罗（Robert J. Barro）和安东尼·J.维纳布尔斯（Anthony J. Venables）等，促使经济学和地理学实现新的融合，并倡导利用空间经济学的计量方式来分析并研究经济活动的集聚过程与空间过程。保罗·克鲁格曼针对上述过程，在《地理学与贸易》（1991）一书中对"新经济地理学"做出界定，并在《发展、地理学和经济理论》（1995）、《空间经济学》（1999）等书中对"新经济地理学"进行了专门系统的研究。

2. 新经济地理学出现的原因

由于经济的发展和人们对经济现象的认识与分析的能力不断进步，新经济地理学应运而生。具体来看，一是传统经济学理论已不能解释愈加复杂的经济现实。自20世纪60年代后，在世界经济全球化和区域差异化的影响下，出现了经济理论对经济发展情况的解释与研究愈加力不从心甚至出现相悖的情况。如经济发展体现出知识的共享性、外溢性与扩散性等特征，在经济投入领域中，以知识为支撑的边际效益递增理论逐渐代替了边际效益递减理论。为此主流经济学家开始关注"空间"问题。二是空间经济的研究为地理经济学的研究奠定了基础。在地理经济学出现以前，学者对空间经济做了很多研究，但是由于没有考虑收益递增和不完全竞争，最终没有提出相对较为科学的理论。复杂科学的兴起、全球化 r 发展、投入边际递增思想逐渐被经济学界接受，以及相应的理论、模型的建立和发展，计算机技术的进步和发展，都为"空间经济"的研究奠定了理论和技术上的基础，并由此出现了"新经济地理学"。

（二）发展

继新贸易理论、新产业组织理论、新增长理论之后，"新经济地理学"被称为当代西方经济学研究领域的"第四次浪潮"。新经济地理学的基础理论假设是：完全理性的经济决策者以及均衡理论；两个次要理论假设分别是规模报酬递增理论和不完全竞争理论。它通过边际效益递增——不完全竞争模型对于空间经济结构与变化的过程进行了不同角度的研究，并把地理经济分析融入主流经济学的范畴中。新经济地理学构建了能够反映出与经济活动相关的地理现象理论模型，同时还强调运用此模型对比较典型的案例进行分析。认为在报酬递增、贸易成本与市场外部性的影响下，生产者更多会选择临近市场的生产地点；反之，由于生产者过于集中，彼此都是产品和要素市场的有力竞争对手，激烈的市场竞争会迫使一些生产者搬离原有的生产地点。由此可知，生产者只能服务于特定规模的市场，但市场的特定规模限制了生产者的专业化分工以及产品的分类，难以发挥市场的外部性。随着各地区贸易成本差距缩小，服务于不同市场规模的生产者之间的竞争开始减少，合作增多，使得不同规模的市场开始彼此整合。

实现区域的一体化，在更大的市场规模下，厂商、生产要素等实现了汇聚，这不仅促进了市场规模的扩大，而且刺激了产品种类的细化和生产的专业化分工，也帮助更多的新进入生产者降低生产成本，开发新类型产品。此外，市场的一体化使产业聚集的程度越来越高，本地要素和商品价格逐渐上升。如果某些对生产特别重要的要素在各地区之间不能流动，则会导致价格区域差异，进而迫使生产者转移投资，伴随着劳动力转移，最终导致产业从核心发达地区向其他不发达地区扩散。从全球实践来看，产业扩散并非如物理形式般从核心向周边辐射，而是很直接地由一个国家向另外一个国家扩散。我们可以发现，通过这种扩散和聚集，经济活动的空间会受到全球化的极大影响，与此同时，世界经济会在很长时间内持续着"核心—周边"的结构模式。新经济地理学理论表明，在全球化过程的中间阶段，某些产业高度集聚在少数发达国家，而不同国家间的这种经济发展程度的差异将会导致产业结构与人均收入差距不断拉大。

（三）演变

鉴于新经济地理学核心模型在许多方面显得过于简单，今后研究的一个可行路线是将核心模型中的基本要素和观点与国际经济学和区域经济学中关于成熟的贸易和区位理论结合在一起，除了考虑新经济地理学中要素流动性、规模报酬递增、运输成本等关键因素之外，新经济地理学从以下几个方面演变发展：扩展理论研究范围，加强实证研究、探讨新经济地理学的福利和政策含义。

1.扩展理论研究范围

新经济地理学所受的批评之一就是对集聚的向心力和离心力的因素考虑过于简单，今后不仅要研究关联效应，而且对厚实的市场、知识溢出和纯外部经济性也要加以研究，但前提条件必须要建立一个基于商品和服务的生产、贸易联系效应的更一般的垄断竞争模型，新经济地理学的进一步发展在很大程度上取决于这种基于空间因素的垄断竞争市场的一般均衡模型的构建。目前新经济地理学已经建立了关于效用和生产函数、运输技术等因素的具体函数形式，下一步的工作是要建立一般均衡模型函数的选择集，目前已经有学者（Ottaviano，Tabuchi and Thiss，2002）在做这方面的工作，并建立了基于垄断竞争的"中心—外围"线性模型。

另外，还要加强知识溢出效应在新经济地理学中的研究。集聚、知识外部性与增长之间具有密切联系。在短期内，人们的地理邻近甚至面对面交流有助于知识的扩散和获取，但从长远来看，相同知识背景的人们由于地理邻近而集聚将会使他们的知识趋于同化，因此时间将会削弱知识的外部性。许多学者如 Marshall（1920）、Jacobs（1969）、Lucas（1988）都认为：在一个城市或产业区，大量不同类型的人集聚在一起（尤其是具有不同知识和技术的专业技术工人的集聚），将有助于知识的扩散、创新和积聚，从而促进经济增长。但这只是短期的效应，如果要长期促进经济增长，必须要有新的知识要素的注入，否则未必成立。因此，对一个城市和产业区的知识外部性要建立动态分析框架，具有不同知识背景的劳动力在不同区域间的流动在这一框架中发挥关键作用，因为不同的知识和信息得以在不同的区域间传播和维持。这样的动态分析框架将有助于新增长理论的发展，因此，建立知识外部性分析的微观基础是进一步发展新经济地理学的关键，也是新经济地理学未来的研究方向之一。

2. 重视实证研究

一般认为，存在规模报酬递增和不完全竞争的经济模型具有很强的非线性，是很难用于实证研究的。另外，为了建立理论上容易处理的数学模型，往往需要做出一些假设，而这些假设又很难去放松，但如果用现实世界中的数据做实证研究时，却又需要修正这些假设，所以我们就不难理解为什么新经济地理学被批评过于注重数学模型而缺乏定量的实证研究了。不过，新增长理论模型和新贸易理论模型的实证研究表明：经验研究有助于对一些似是而非的观点提供一些典型事实和约束条件，可以用来判断在哪些因素之间存在真正的关系，同时也可以用来指出模型在哪些方面还需要进一步拓展。

3. 重视政策含义的探讨

正如新增长理论在 20 世纪 80 年代后半期经过理论发展之后，实证研究越来越受到重视一样，加强实证研究也是新经济地理学未来的研究方向之一，未来的研究将会沿着"一般到具体"的路线，从高度抽象的简单模型到解决具体问题的模型，在此过程中理论模型将会逐渐被修改和完善，实证研究的增多将会使新经济地理学的政策问题得到更多的关注，探讨福利和政策含义将是新经济地理学新的研究趋向。

第二节 发展经济学理论

高高原地区因其独特的气候条件和自然环境而呈现出发展的独特性与局限性，因而不能照搬现有的经济发展模式。高高原地区普遍地处边疆地区，往往呈现出幅员辽阔、人口稀疏且分布不均衡、农牧区人口和经济结构差别大、基础设施建设难度大、高水平人才缺乏、投入大而产出少等特点。因此，经济发展水平滞后，经济发展难度大。本部分将发展经济学分三个阶段进行梳理，其中提到了 R. 哈罗德（Roy Forbes Harrod）和 E. 多马（Evsey David Domar）在 20 世纪 40 年代提出的哈罗德—多马增长模型（Harrod-Domar model），罗格纳·纳克斯（Ragnar Nurkse）的贫困恶性循环理论（vicious circle of poverty），阿尔伯特·赫希曼（Albert Otto Hirschman）的不平衡增长理论，内生增长理论（the theory of endogenous growth），可持续发展理论（sustainable development theory），等等。进而用发展经济学的这些理论来指导高高原地区经济理论研究与发展的实践。

一、发展经济学理论思想

发展经济学是研究经济发展规律、经济发展与社会发展相互关系规律、以经济发展为基础的社会发展规律的经济学。真正的发展经济学是无法仅仅靠线性思维方式的，要求用"主客体对称分析"替代"纯客体线性分析"、用"复杂系统论分析"替代"还原论分析"、用"五维空间分析"替代"平面二维分析"、从"边际效益分析"提升到"边际效率分析"、用"规范分析"替代"实证分析和边际分析"、用"价值经济学"替代"价格经济学"、用"国民福利体系"替代"GDP 增长体系"、用"价值机制"

替代"价格机制"成为市场的核心机制、用"社会主义市场经济"替代"资本主义市场经济"、用科学发展替代增长。总而言之，在西方国家，20世纪40年代中后期，发展经济学原本是综合性经济学的一个分支学科，因与时俱进而兴起、并演变成为一门独立的新学科，是研究较贫困落后的农业型国家或者发展中国家怎么解决发展困境、实现国家和地区工业化、然后步入发达国家领域的经济学科。

二、发展经济学的产生、发展与演变

经济发展理论兴起于第二次世界大战。西方经济学家在古典增长理论沉寂了大约100年之后，又针对发展中国家的增长和发展问题进行深入研究。R.哈罗德和E.多马在20世纪40年代提出了著名的哈罗德—多马的增长模型。该理论的初衷是将凯恩斯的短期分析和静态分析延伸至发达国家的经济长期动态增长的分析中，不过后来的学者认为这种模式更适合发展中国家，这种模式的建立被认为是发展经济学兴起的标志。

发展经济学理论有一个完整的演化过程。根据经济发展理论及其影响的指导，发展经济学家不断探寻经济发展理论，提出和研究不同的理论，形成发展经济学理论的各个阶段。

（一）第一阶段：形成与繁荣时期

在这个阶段，20世纪40年代后期至60年代中期，摆脱殖民压迫的发展中国家强烈希望迅速发展本国经济。西方经济学家根据发达国家早期发展阶段的经验，结合了西方经济学的一些原则，分析发展中国家的经济状况，形成了一系列研究成果，为发展经济学的形成奠定了坚实基础，被称为早期发展经济学。由于发展中国家与发达国家的异质性，古典经济学和凯恩斯主义经济学并不适用于发展中国家，其后，主流经济学家以发展中国家的经济结构为基础，寻求发展对策，从而形成了经济发展的结构主义方法。

早期发展经济学家通常使用结构分析方法将经济分解为若干组成部分，并围绕经济增长提出各种发展思路。在这个阶段，他们的想法更侧重于发展中国家当代要素在经济增长和发展中所扮演的角色，并提出改善结构的对策。

现阶段发展经济学的主要理论观点集中于资本积累、工业化与国家计划。具体来看，主要有以下几个方面：

1. 资本积累

发展中国家的劳动力资源十分丰富，但资本要素极其缺乏，因此，增加资本积累对加快经济发展至关重要。强调资本积累重要性的原因主要体现在以下两个方面：首先，在实践中，马歇尔计划（The Marshall Plan）① 通过资本流入成功地帮助重建欧洲经济。其次，在理论上，哈罗德—多马模型将静态凯恩斯投资理论推导为动态增长模型，该模型被认为适用于发展中国家。在理论的具体分析中成果丰硕，诸如威廉·刘易斯（William Arthur Lewis）以较低的农业工资水平支持现代化产业部门资本积累的模式、罗格纳·纳克斯（Ragnar Nurkse）的"贫困恶性循环"理论、罗森斯坦·罗丹（Paul Rosenstein-Rodan）的大推进方案、阿尔伯特·赫希曼（Albert Otto Hirschman）的不平衡战略所涉及的投资与国民收入比率的转变的作用，等等。

在强调国内资本积累的同时，霍利斯·钱纳里（Hollis B. Chenery）等人根据发展中国家国内资本稀缺的现状，提出了"两缺口模型"，即对于国内储蓄不足，需要外国资本流入来弥补的战略思想。当然，这种只重视物质和资金资本的理论也同时体现了它的局限性。由于影响发展中国家的因素是多种多样的，因而一个国家或地区要谋求真正的发展，就必须顾及影响其发展的各方面因素，如人力资本等。

---

① 马歇尔计划是战后美国对外经济和技术援助最成功的计划，也称为欧洲复兴计划。该计划为 1949 年建立北约组织（North Atlantic Treaty Organizatio, NATO）以及欧盟的前身即欧洲经济共同体创造了条件，并为西欧的联盟和经济复苏做出了贡献。

2. 工业化

所有发达国家都是工业化国家。因此，经济学家认为发展中国家必须摆脱贫困，赶上发达国家，并从不同角度探讨了工业化的各种方式和策略。

早期发展经济学家认为工业化是发达国家的一个主要特征，发展中国家应首先实现工业化。罗格纳·纳克斯、罗森斯坦·罗丹和威廉·刘易斯等强调工业化在经济发展中的巨大作用。一方面，工业化可以减少进口，减少外汇限制；另一方面，工业化是吸收农业剩余劳动力和提高农业生产力的有效途径。与此同时，工业化反映了发展中国家实现经济独立的民族情绪。

许多发展经济学家还以幼稚工业保护论、贸易条件恶化论和依附论等理论论证了发展中国家工业化的必要性。然而，单纯以国民生产总值（GNP）增长为追求目标的工业化过程的实践，即"发展等于工业等于经济增长"的观念模式的实践，也使许多发展中国家虽然实现了经济增长，但许多发展中的问题并没有得到解决。特别是众多农村地区居民没有从这种增长中受益，仍然处于贫困状态。于是有些发展经济学家对工业化战略提出怀疑和批评。如西奥多·舒尔茨（Theod-ore W. Schultz）以农村相对贫困论的两个重要理论观点批评当时的工业化理论。第一，农业并不是发展中国家发展过程中的一个负担，而是与工业一样，可以对发展做出积极贡献，并构成整个经济发展的基础。第二，经济发展主要取决于人的整体素质，而不是单纯依靠该国家或地区存在的自然资源的丰歉或资本存量的多寡。

冈纳·缪尔达尔（Karl Gunnar Myrdal）也指出，经济发展是整个社会文化发展的一个要素，发展还应包括公民在社会政治地位的提升和自身文化素质的提高，不能仅以 GNP 和经济增速来衡量社会发展水准。

3. 国家计划

强调"国家"在经济发展中的主导作用，特别强调"国家计划"是发展经济学家在现阶段谈论的主题。在经历了经济增长之后，中国的"十一五"规划也开始考虑发展问题。

J. 丁伯根（J. Tinbergen）认为发展中国家由于市场结构和功能不完整、市场信号不准确、市场监管不力等因素，导致社会评估和其他投资项目的私人差异。市场的作用不能适应发展的需要，是因为发展中国家存在贫困的恶性循环和低水平的均衡陷阱。要摆脱这种循环或陷阱，必须有一个关键的最小努力、一个大的进步和一个起飞过程。这一过程可以是外部经济的平衡增长，可以降低成本，增加需求，也可以关注主要稀缺资源得到充分利用的不均衡增长。这些发展措施是不言而喻的，必须在计划的安排中很好地实施。因此，政府必须积极干预经济。

这一阶段发展经济学的主要特点是：

（1）反映古典主义的倾向。新古典经济学特别强调市场的作用，在此期间，发展经济学家否认新古典经济学适用于发展中国家，并强调了国家干预和规划的重要性。

（2）强调内向型发展战略。现阶段的发展经济学家不支持传统的国际贸易理论和自由贸易政策。他们认为，国际贸易中的比较优势理论是静态分析，它关注的是贸易的静态利益，而不关注国内工业化产生的间接动态利益。此外，这一时期更激进的学者提出了中心—边缘理论和依赖理论，他们认为由于国际经济秩序不合理，发展中国家在国际贸易中处于剥削的地位。因此，他们主张采取进口替代的工业化发展战略，实施贸易保护政策。

（3）建立宏大的理论体系。在这个阶段，发展经济学在理论体系建设方面取得了很大进展。1943 年罗森斯坦·罗丹发表的论文《东欧和东南欧国家工业化的若干问题》、1944 年尤金·斯塔利（Eugene Staley）发表的《世界经济发展》和 1947 库尔特·曼德尔鲍姆（Kurt Mandelbaum）发表的《落后地区的工业化》是发展经济学的里程碑文献。1950 年由劳尔·普雷维什（Raúl Prebisch）和辛格·汉斯（Sänger Hans）共同提出的普雷维什—辛格假说，威廉·刘易斯于 1954 年提出的二元结构模型成为现阶段最具影响力的理论模型之一。1957 年，罗森斯坦·罗丹在其原始论文的基础上提出了"大推进理论"。罗格纳·纳克斯受亚当·斯密有关"分工受市场广度的限制"命题的影响提出了"贫困恶性循环"理论。在 20 世纪 50 年代，阿尔伯特·赫希曼提出了"不平衡增长理论"。此外，在这个阶段产生重大影响的发展理论也在探索长期增长问题，其中代表性理论有，R. 哈罗德和 E. 多马的"哈罗德—多马增长模型"，霍利斯·钱纳里关于受储蓄和外汇限制的发展中国家增长的"两个差距理论"，西蒙·史密斯·库兹涅茨（Simon Smith Kuznets）分析了国民经济在增长过程中的结构变化和"倒 U 形曲线"（inverted U curve）理论揭示的发展过程中收入不平等的趋势，冈纳·缪尔达尔利用"循环累积因果关系"（circular and cumulative causation）理论探讨了不平等问题，以及纳尔逊（R. R. Nelson）关于"低水平均衡陷阱理论（low level equilibrium trap）"，等等。

（二）第二阶段：新古典主义的复兴时期

从 20 世纪 60 年代中期到 80 年代初期，被称为新古典主义的复兴时期，在此期间人们重申了被早期发展经济学家所否定的一些理论。20 世纪 50 年代，接受结构主义政策建设的发展中国家在 GNP 增长方面是高于同期发达国家的，但自 70 年代开始，这些国家面临重重困难。工业化带来了社会财富的增长，与此同时，由于这些地区人口数量急速增长，社会失业率也在逐步增加；片面强调工业化进程，导致第一产业发展被忽略，社会经济和日常生活持续发展受到影响；经济增长的成果影响有限，大部分城市和农村人口的生存环境和财富收入并没有随经济增长而改善，人口素质也未随之提升。与此相反，那些在 60 年代注重市场调节、采取外向型经济的国家和地区（如"亚洲四小龙"）经济持续高速增长，且普遍高于实行内向型经济的国家。而带头转向出口鼓励的东南亚几个国家和地区，在扩大劳动密集型制造品出口方面取得了巨大的成功，并带来了经济的普遍繁荣。如经济较为外向的国家马来西亚和泰国，在20世纪60年代中期，与经济较为内向的缅甸和印度尼西亚相比，取得了较大的经济成就。与出口悲观主义相反，世界贸易规模以空前的速度不断增长，从而也提高了世界对发展中国家市场和各类出口产品的需求。

20世纪60年代末期以后，发展经济学在总结经验的基础上，不断完善前期理论，拓宽研究领域，其特点是重视农业、市场、收入分配、国际贸易的作用以及发展项目评估研究等方面。具体来看有以下几个方面：

1. 重新确定多元化发展目标

前一阶段发展经济学家基本上是把GNP的增长作为发展的首要目标，甚至是唯一目标。但是大多数发展中国家的实际情况显示，虽然经济增长了，但收入分配和贫困问题却未得到解决，失业问题也严重存在，这叫"有增长无发展"。结果出现了重新解释发展问题和重新定义发展目标的新思维趋势。许多学者开始关注收入分配公平、减少绝对贫困人口、满足基本需要、保障就业和乡村发展等问题。例如，艾尔玛·阿德尔曼（Irma Adelman）、霍利斯·钱纳里等人从各国经济的具体分析和相互比较中，认为发展的目标不应是单一的，而是在各个目标不可能同时完成的情况下，应当重视目标之间的轻重权衡与交替取舍。实现公平分配、满足基本需要日益成为发展的主要目标，经济增长"涓滴效应"已不再符合经济现实。据此，世界银行提议通过增长计划进行再分配，联合国国际劳工组织制定了"基本的人类需求"战略。

2. 重新强调市场机制的作用

自20世纪60年代后期以来，许多经济学家认为，糟糕的计划和过度的政府干预是资源配置效率低下和经济增长缓慢的根本原因。他们提出应当重视市场的作用，并建议政府培育和利用市场—价格体制，以促进生产发展和经济进步。至于如何把政府和市场结合起来，各学者的观点不尽相同。

3. 重视农业和农村的发展

20 世纪 60 年代发展经济学家寻求如何促进农业的发展，认为工业和农业是互相支持和发展的，在政策上更应该重视两者的协调发展。要通过各种政策鼓励农业生产，降低生产成本，提升农业生产率，从而提高农民从农产品中获得的收入，同时政府还应鼓励出口农作物的生产，完善农产品运输基础设施、渠道，推动农业科学研究和社会化服务。

4. 提倡外向型发展战略

此阶段一些发展经济学家强调外向发展战略，认为出口与经济增长有密切的因果关系，即鼓励出口的工业化战略。出口增长有利于发挥比较优势，提高生产技术水平，带动出口国就业增长和收入增加。经济学家还把一些国家和地区取得的发展成就归功于新古典主义国际经济理论在实践中的应用。

5. 强调人力资本对经济发展的作用

经济学家批评过去的发展理论过分关注物质资本的趋势，指出国家产出增长总是高于物质资本等生产要素的增长。人力资本投资是解释两种增长率之间差异的主要原因。许多发展中国家由于缺乏人力资本或缺乏人力资本投资而面临困难，人力资本投资已成为增长的限制因素。因此，发展中国家应重视人力资本投资，培养更多的高素质劳动者和企业家。

6. 研究方法从宏观分析转向微观分析

20 世纪 60 年代中期以后，发展经济学家开始从宏观分析转向微观分析，并注重各发展中国家的具体国情，从整体研究转向国别研究。他们更多地采用经验分析法，注重发展中国家的详细措施；搭建理论框架评估社会项目，创设成本—效益分析法；一部分经济学家聚焦国家发展类型，试图勾勒出各种类型的发展模式；还有一些经济学家深耕发展中国家市场的供给和需求弹性等领域。

（三）第三阶段：进一步发展时期

1.强调发展的制度因素

在20世纪80年代中期，针对发展中国家存在的问题，发展经济学家试图引进制度经济学的一些观点和方法来研究此方面问题。他们认为，发展中国家普遍存在的问题：首先，实际国民生产总值的增长率很难保持稳定的速度；其次，低投入和高产出难以保证生产过程，两者分别关系着经济增长的持续和如何提高生产效益问题，这些问题与制度结构有关。他们认为，对于发展中国家来说，资本是稀缺的，但更加缺乏的是制度规范。解决发展中国家经济发展缓慢和经济效率低下的重要措施，就是进行新的制度设计，以较小的经济和社会成本，进行企业制度和政府经济管理制度等方面的改革。在此期间，苏联和东欧社会主义国家以及中国和其他国家从计划经济向市场经济的转变极大地刺激了经济学家对经济发展中制度因素的研究的热情。

2.新增长理论兴起

20世纪80年代中期以来，保罗·罗默（Paul M. Romer）和罗伯特·卢卡斯（Robert E. Lucas，Jr.）等经济学家提出了各种增长模型。这些模型在技术进步中是内生的，因此被称为内生增长理论或新增长理论。该理论的核心是政府可以通过对人力资本和技术研究投资、对产生知识的部门和个人提供激励来刺激经济增长。对于发展中国家而言，新增长理论的重要意义在于它对外开放是有益的，它可以从国际贸易和技术引进中获得知识溢出的好处。此外，人力资本比物质资本更重要，可以促进长期经济增长。

3.重视环境与可持续发展问题

20世纪是人类物质文明急速发展的时期，地球生态环境和自然资源遭到消耗与破坏，可持续的经济生产模式和消费模式亟待提出和完善。纵观人类发展的三次大变革：一是社会生产力的大幅提高实现经济规模扩大和物质财富前所未有的增长，加速了人类文明的进程；二是人口爆炸式增长，造成资源紧张；三是伴随着物质财富的极大繁荣，自然资源遭到过度开发和消耗，污染问题、生态平衡问题、资源枯竭问题已经成为全人类共同的挑战。

　　追求可持续发展要求人类经济发展基本实现"低能耗、低排放、无污染"水平，重视环境和可持续发展不再对立，而是互动、互补和相互促进，形成良性循环。一方面，可持续发展需要优化生态环境。1992年，联合国发布的《里约宣言》称："为了维持发展，环境保护应该是发展过程中不可或缺的一部分，不能单独考虑这个过程。"众所周知，解决生态问题需要必要的技术和财政支持。对发展中国家而言，可持续发展的首要任务是加速发展，这是可持续发展的核心要求。只有经济发展，才能解决贫富悬殊、社会保障和生态危机等问题。另一方面，可持续发展也需要改善环境效益。坚持走可持续发展道路的国家或地区的进程必定是优化环境系统的过程。重视环境是可持续发展与传统发展模式之间区别的一个主要指标。事实证明，在可持续发展取得进步和成就的各个领域中，生态环境取得的综合效益也随之得到提高。

　　重视环境和实现可持续发展是辩证统一、相辅相成的。从国际和国内发展的成功实践来看，这一切都证实了一个事实：要实现可持续发展，必须以良好的环境为基础；要优化生态环境，必须保证经济的发展。因此，在贯彻落实生态文明建设的过程中，我们不能忽视这一点，必须予以关注；以牺牲环境为代价，只获得暂时的经济发展，但却会埋下巨大的隐患。所以，只有统筹推进"五位一体"总体布局，才能真正实现可持续发展。

第三节　新结构经济学理论

　　我国著名经济学家林毅夫（2012），在总结第二次世界大战结束以来经济发展思潮的演变以及各个国家经济发展经验中，提出开辟第三波经济发展思潮的新途径——"关于经济发展过程中结构及其变迁的一个新古典框架",简称"新结构经济学"。本节通过对新结构经济学的理论思想、产生、发展与演变等方面的介绍,分析以新结构经济学作为高高原经济发展理论基础的内在逻辑。

一、新结构经济学理论思想

国际学术界关于产业政策的研究存在两种不同的理论模式,一是后新古典经济学,二是演化经济学。前者在发展经济学领域表现为新结构经济学,后者表现为演化发展经济学,二者基于比较优势和技术赶超两种完全不同的理论基础。其中,新结构经济学有关政府作用的理论以新古典经济学所强调的市场失灵为基础,在研究现代经济增长的本质及其决定因素时采用新古典经济学的分析方法,因此,取名"结构经济学"更为合理,但区别于发展经济学的第一波思潮"结构主义",故取名"新结构经济学"。

(一)要素禀赋结构决定比较优势

新结构经济学以要素禀赋结构为切入点,认为一个经济体在每个时间点上的要素禀赋结构决定了其产业和技术结构,以及与之相适应的基础设施。从供给侧角度去解释,一个经济体每个时点的要素禀赋同样决定了该时点该经济体可支配的资本、劳动和自然资源的总量,进而决定了这个经济体在该时点的总预算。

在特定的时间内,一个地区经济体的总预算和生产要素间的相对价格由要素禀赋结构决定,要素的相对价格决定技术和产业的生产成本差异。如果选择的技术和产业与要素禀赋结构特性相适应,企业就能降低生产成本形成比较优势。推而广之,所有产业和技术都符合生产要素结构所决定的比较优势,那么要素生产价格将达到最低,从而大大提高该经济体的竞争力,因此与要素禀赋结构所决定的比较优势相适应的产业结构形成该时点上的帕累托最优。总的来说,要素禀赋及其结构决定了特定地区特定时间节点上一个经济体的优势产业、技术、自生能力以及最优产业结构。

（二）有效市场、有为政府与产业政策

随着要素禀赋结构的升级，原有经济体在产业和技术方面的比较优势与新节点的要素禀赋结构不再适应，这就要求经济体要不断地进行技术创新、产业升级，相关的基础设施和制度建设也应该不断完善。发展中国家凭借后来者优势，可以向发达国家学习发展经验和先进技术，避免走同样的发展弯路。经济发展是产业结构、技术水平、社会基础设施和上层制度结构等持续不断迭代匹配的过程，"有效市场"和"有为政府"在经济发展中同样重要。由于企业追求利润最大化，以利益为出发点并基于要素禀赋结构所决定的比较优势来选择发展的产业和采用的技术。该理论有两个前提必须坚持：一是价格体系必须能反映经济体要素的相对丰裕程度；二是市场必须是完全竞争市场，即"有效市场"。

政府在产业升级和经济发展过程中应着重扮演好自身的角色，对先行者进行激励，因为大多数企业不会主动探索符合新的比较优势的产业和技术，产业和技术的升级必然要求基础设施也做出相应的升级。新结构经济学倡导在识别具有比较优势的产业方面使用"产业甄别和因势利导"的框架。"产业甄别和因势利导"框架并不等于由政府凭空规定一个国家或地区产业结构，而是根据国家或地区的比较优势和企业自身条件共同决定。政府所起的作用：一是对先行者的外部性提供激励补偿，企业主要以新产品的发明来进行技术创新和产业升级［熊彼特（Schumpeter），1934；阿吉翁和豪伊特（Aghion，Howitt），1992］，但是试图升级的单个企业则需要承担巨额的研发成本和巨大的风险，而研发本身所创造出来的活动却能使经济中的其他企业受益［琼斯和罗默（Jones，Romer），2009；罗德里克（Rodrik），2004；哈里森和罗德里格兹—克拉里（Harrison，Rodríguez-Clare），2010］，这里的矛盾就需要提供相应的激励机制，如通过资助科研院所里的基础研究、鼓励新发明、保护专利、减免税收等，补贴单个企业的研发活动，降低其研发成本，激发其研发动力；二是对软硬基础设施的完善，降低企业交易费用，使潜在比较优势变为真正的比较优势，使相关产业具备相对竞争优势，比如政府需要在教育、金融、法律等制度安排和硬性基础设施建设方面同时做出相应改进，使企业能在新升级产业中调整至最合适的生产规模，以利用规模经济效应成为成本最低的生产者（Harrison，Rodríguez-Clare，2010）。

新结构经济学理论强调，发展中国家的产业升级是一个与比较优势变化相一致的渐进过程。比较优势是物质人力资本积累和要素禀赋结构变化的反映，要确保企业在新产业中具备自生能力，否则企业成本的提高必将导致企业竞争优势的缺失（林毅夫，2014）。总之，该理论认为，在产业升级过程中，政府的作用是为新产业的发展提供信息支持，通过制定激励措施，为先驱企业补偿外部性。在经济发展中，政府为产业升级提供相关的软硬件配套设施，完善相关法律法规，提供道路等硬件设施，在相关方面做好辅助作用与领导作用，进而降低企业成本，为市场交易提供方便。

（二）新结构经济学的产生、发展与演变

新结构经济理论是为了解决先前经济理论难以解决的经济问题而提出的，它的产生源自对经济发展历史经验的总结归纳，对社会经济现象的重新分析以及对现有经济理论的再思考。新结构经济学是在总结过去数十年中各国经济增长成功经验与失败教训的基础上，通过对不同阶段经济思想的反思而提出来的。

1. 新结构经济学的产生

第二次世界大战后，多数国家获得经济与政治独立，进入战后经济重建阶段，世界经济发展进入新的历史时期。20世纪末，日本、新加坡、瑞士等一些国家经济快速增长甚至达到发达国家水平，但是这种增长只是特例，并没有在所有发展中国家普遍发生。20世纪后半叶，收

入达到中等以上收入水平的国家只占世界的三分之一，大多数中等收入国家陷入了"中等收入陷阱"。在这样的经济背景下，急需新的理论来总结少数成功国家的经验，提出新的发展理论框架来帮助其他发展中国家走出困境，实现经济持续发展，新结构经济学就是在这一背景下提出的。新结构经济学产生主要有三个方面因素的影响。

一是第一波经济发展思潮——结构主义，提倡政府干预主张的失败。自从 1776 年亚当·斯密《国民财富的性质和原因的探究》（*An Inquiry into the Nature and Causes of the Wealth of Nations*）一书出版以来，对经济发展的贡献度就已经成为经济学家关注的重要课题。第二次世界大战以后，发展经济学受到经济学界的普遍关注，并成为经济学的一个新的独立分支，第一代发展经济学的主流思想强调政府干预，也被称为"第一波发展经济思潮"。第一波经济发展思潮的主要观点就是政府进行干预，以弥补市场失灵。罗森斯坦·罗丹（Rosenstein-Rodan，1943）认为市场有着难以克服的缺陷，政府在经济发展方面是一个强有力的补充手段。其次，普雷维什和辛格（Prebisch，Singer，1950）认为发展中国家应通过进口替代过程发展本国制造业。早期的发展经济学家大多数受凯恩斯主义影响，所以提倡政府直接控制市场，他们还认为发展中国家与工业化国家有着不可消除的差异。在这一时期，大多数低收入的发展中国家遵循了该理论支撑的政策，以这些政策建议为指导，实行刻板的直接的政府干预政策来发展本国经济。但是从世界范围内的实践结果来看，这一理论的成果并不尽人意，这些低收入国家并没有缩短与发达国家的距离，居民收入也没有明显增加，更有甚者出现经济下滑现象，其重要原因是，它们违背了自身禀赋结构所决定的比较优势，导致市场活力缺失，不能合理利用本国生产要素。第一波经济思潮的失败为新结构经济学的形成提供了借鉴经验。

二是第二波经济发展思潮——新自由主义的低效率。第一波经济发展思潮的失败催生了新一轮的经济发展思潮——新自由主义，被称为第二波经济发展思潮，代表人物弗里德里希·哈耶克（Friedrich August von Hayek）、米尔顿·弗里德曼（Milton Friedman）、詹姆斯·布坎南（James M. Buchanan, Jr.）等着重强调政府干预失灵，主张采取非结构性思路实现经济的持续发展。非结构性思路强调市场在资源配置和提供经济发展激励方面的基础性作用，并以此为基础提出的经济政策建议忽略不同国家经济要素禀赋的结构性区别，实行千篇一律的放宽管制自由经济政策。多边机构和政府有关机构是这一经济理论的主要倡导者，它们在该思潮影响下制定的经济政策影响了发展中国家经济发展。这些政策反映了第二波经济发展思潮的主流思想，提倡经济自由化、私有化。但这些经济政策在促进经济持续稳定增长和创造就业方面的效果同样没有达到预期。尽管主流经济学理论预言了发展中国家经济与发达国家经济差距将会缩小，但事实并非如此，除了少数国家外，大多数低收入发展中国家经济状况与发达国家之间的差距不但没有缩小，反而逐渐扩大。结果导致经济学家重新考虑"是政策错了还是预期错了，还是两者都错了"这一问题。这也为新结构经济学经济要素禀赋理论的提出提供了借鉴经验。

三是少数快速持续发展国家的成功经验。新结构经济学的主要提出与提倡者林毅夫曾说过，"新结构经济学的理论来自对中国自身以及其他发展中国家发展和转型成功经验的总结，这个理论体系来自对过去实践经验的总结"。回顾第二次世界大战后经济取得高速持续增长的国家和地区，包括中国大陆、中国香港、中国台湾、日本、新加坡、韩国以及西欧少数国家，这些国家和地区在20世纪后半叶的经济发展模式并没有遵循第一波或第二波经济发展思潮的理论基础与政策主张。这一历史事实成为经济学家重新思考经济发展主流思想的前提。如20世纪七八十年代开始转型的中国、越南及印度洋中的非洲小岛国毛里求斯等，都采取了在主流经济学思潮看来是最糟糕的渐进双轨式转型，并且都取得了惊人的经济增长速度。可以发现，工业革命以来，完成工业化的发达国家、成果追赶上发达国家的发展中国家以及经济持续高速增长不断缩短与发达国家距离的发展中国家，在就业结构和第一、第二、第三产业都经历了意义深远的成功结构转型。这些成功特例为新结构经济学产生提供了现实基础，新结构经济学的倡导者林毅夫正是从成功国家和地区过去几十年的产业结构升级中总结经验，重新审视主流经济思潮的理论缺点，提出各国应考虑自身经济禀赋结构、根据自身结构优势、合理发挥市场与政府作用的新一轮的经济发展思潮。

在总结以前经验教训的基础上，以林毅夫为主的经济学家提出了一种以新古典主义方法来研究经济结构的决定因素及经济结构发展过程的理论，即新结构经济学。新结构经济学的倡导者试图为第三波经济发展思潮开辟道路。该理论认为一个经济体的经济结构主要由该经济体所在节点所在地区的要素禀赋结构决定，持续的经济发展与结构升级主要由要素禀赋结构所决定的比较优势及其变化和持续的技术创新共同推动。此理论的提出与发展，不仅弥补了传统占主流地位经济理论的不足，而且为发展中的低收入国家实现经济持续高速稳定增长提供了新的政策制定依据。

2. 新结构经济学的发展与演变

新结构经济理论的提出和发展不是一个独立的阶段，更不是建立在完全否定前有理论的基础上，相反，它经历了一个不断融合、发展和再创造的过程。现有的新理论、新知识都源自过去数十年中不同背景、不同学科的思想家、经济学家的共同努力，新结构经济理论正是在一波又一波的理论思潮中吸收前有理论合理部分发展而来的。对经济结构变迁、经济结构分析的研究与理论早已有之，新结构经济学的发展与演变可以在与以前的经济结构变迁文献、旧结构经济学的比较中得以体现。

第一，早期经济结构变迁文献。早期讨论经济结构变迁的文献大多与罗斯托（Rostow，1990 [1960]）和格申克龙（Gerschenkron，1962）有关。为了解释经济发展的内在因素与选择更好的发展战略，罗斯托把世界各国分为五种类型：一是传统社会，特征是产品未被用以交换，停留在以物易物层面，以农业经济为主并且劳动密集；二是具备增长所需的前提条件的社会，特征是资本在农业经济中的使用有所增加，采矿业有所发展，储蓄和投资有了增长；三是处于经济起飞状态的社会，特征是投资水平和工业化水平得到进一步提升，资本有所积累，农业相对于其他产业劳动力占比有所下降；四是走向成熟的社会，特征是资本明显积累，高附加值产业快速发展，资本密集型产业占比扩大，高技术水平产业创造更多资本；五是高消费社会，特征是产出水平很高，服务业在国民经济中占主要地位。罗斯托认为，所有的发展中国家都要经历一个相似的发展水平序列，不同国家的发展路径进行普遍化是可能的。

第二，旧结构经济学与新结构经济学。发展中国家与发达国家之间经济结构的差异是旧结构经济学的理论基础，旧结构经济学认为发展中国家和发达国家是两种不同的经济体，有本质区别。政府可以起到积极作用，这与新结构经济学相一致。但是，旧结构经济学更强调政府干预的效果，注重政府直接干预经济结构的调整，提倡政府利用直接经济政策促进产业结构升级。旧结构经济学推崇政府直接用行政干预手段和价格管控来促使市场发展到高级别的资本密集型产业，这种经济政策与要素禀赋结构所决定的比较优势是相违背的；而新结构经济学更强调市场在资源配置中的核心作用，政府更多的是发挥协调作用，解决经济增长中出现的外部性问题，完善软硬件基础设施，为产业升级创造良好的环境。旧结构经济学认为发展中国家存在的市场失灵是造成其不能发展先进的资本密集型产业的主要原因；与之相反，新结构经济学认为，发展中国家不顾及本国的要素禀赋与比较优势，直接发展先进的资本密集型产业是不可能取得成功的，因为发展中国家的要素禀赋结构内生地决定了其比较优势并不适合发展这些先进的资本密集型产业。

第三，当前新结构经济学。我国著名经济学家林毅夫（2012）提出开辟第三波经济发展思潮的新途径——"关于经济发展过程中结构及其变迁的一个新古典框架",简称"新结构经济学"。该理论认为:首先,经济发展是一个连续的过程,并不能机械地分为五个序列,也就是说,经济的升级阶段没有明显的阶段边界,一切都是循序渐进的过程;其次,根据不同的要素禀赋,各国的比较优势并不相同,各国应该根据自身要素结构发现有自己特色的比较优势,从而制定不同的和非线性的产业发展战略方式,与早期结构变迁的文献相比,更加注重各国自身的特征,反对普适的经济发展战略,主要强调在低收入的发展中国家利用自身既定的要素禀赋比较优势;最后,发展中国家和发达国家只不过是处于同一经济发展谱线上的不同阶段,只要发展中国家能根据自身的要素禀赋结构,利用自身比较优势,采取适合自身的经济政策,是可以实现经济持续高速发展并缩短与发达国家的距离。

新结构经济学产生和发展的主要目的是追求经济的发展,为低收入的发展中国家取得高速可持续的经济社会发展提供政策制定的理论根据,进而缩短与发达国家的距离,实现全人类的共同发展。从新结构经济学中推导出来的具体政策还需要进一步研究,有望在各国的实践中进一步发展和完善。新结构经济学是用时间、空间、层次统一的五维空间结构方法来解释经济现象、认识经济结构、把握经济规律、揭示经济本质的一门学科。新结构经济学理论对于研究高高原地区的经济现象具有重要的指导意义。首先,与其他低海拔地区相比,高高原地区有独特的自然、社会等要素禀赋,这与新结构经济学所强调的一个经济体的要素禀赋结构是既定的,产业选择应该符合要素结构比较优势相吻合;其次,长期的文化积淀使高高原地区仍然保留着传统的经济社会习俗,这与新结构经济学强调经济发展水平并非是隔离的独立阶段相印证;最后,高高原地区长期贫困,配套设施不足以促成完善市场的形成,这更与新结构经济学强调市场是资源有效配置的基础机制,政府需要在市场机制外发挥积极协调作用,为产业升级创造良好的软硬件基础设施条件的理论相一致。基于以上分析，新结构经济学理论可以作为高高原经济发展的指导理论。

第四节　高高原经济学理论

高高原经济发展理论的研究对象重点为高高原地区的微观和宏观经济主体。首先，高高原地区是一个地理范围，即海拔高于 2483 米的高原地区。另外，高高原地区也是一个行政范围，指的是针对高原地区中，平均海拔高于 2483 米的行政区域（含省、市、县、乡、村）。当然，考虑到行政区域的经济含义以及衡量的精准度问题，特别是省一级范围内海拔差异较大，我们的研究对象重点是针对市级及以下的行政区域。其中高高原经济发展理论研究的微观对象是针对单个经济单位，如家庭、厂商等；高高原经济发展理论研究的宏观目标以整个（行政）地区的国民经济为研究对象，研究经济中相关总量的决策和变化。

一、高高原经济学理论思想

高高原经济学将其理论体系构建为高高原经济发展理论。从关键词来看，"高高原"强调其研究对象是基于"高高原"区域的经济现象，强调了在特殊的地理环境和地理条件下，研究其经济发展。正如前文所述，这一研究将延续新经济地理学关于空间的内容，不仅将这一地理空间局限于平面范围，而且将平面的分布、距离等要素进一步融合海拔高度等空间要素，形成经济地理研究的立体观。"发展经济理论"不仅仅是"经济理论"强调了"发展"，更多是将延续发展经济学脉络，关注发展中国家和地区如何从贫困走向富裕。经济发展理论是研究在经济增长基础上，以发展中国家的经济发展为研究对象，研究一个国家或地区经济与社会结构现代化演进过程的理论。而在这一发展过程中，特别是从贫困走向富裕的过程，离不开政府的核心作用，因为完全依靠价格机制的市场可能存在失灵，特别是因为经济发展带来的外部性以及经济发展过程中造成的区域不平衡、发展不充分现象，不能完全靠市场解决，这就需要"有为政府"的出现，政府和市场的关系是相辅相成的，市场有效要以政府有为作为前提，政府有为要以市场有效作为依归，二者缺一不可。这是我国改革开放取得成功最主要的经验，也是新结构经济学的核心内容（林毅夫，2018）。

本书将高高原经济发展理论定义为运用新经济地理学、发展经济学和新结构经济学的相关原理，结合高高原地区的时代背景、资源禀赋和经济社会发展阶段，充分考虑海拔高度的经济学含义，以此解释高高原地区的经济行为，指导高高原地区经济决策。

二、高高原经济学的研究内容

在新经济地理学、发展经济学和新结构经济学相关理论框架下，高高原经济发展理论将重点从以下三个方面构建。

第一，分析地理因素在高高原地区经济发展中的作用。不同于其他地区，海拔高度是决定高高原地区经济增长和产生相应经济现象、做出经济决策的重要因素，因此，高高原经济发展理论将海拔高度，以及因海拔高度产生的地理特征和经济特征的变化纳入经济发展理论分析框架中，用以解释高高原地区经济发展现象。

第二，研究高高原地区经济发展的多功能性。高高原地区由于资源禀赋和区位条件相对落后，往往是贫穷地区，也是边疆民族地区。因此，经济发展并不仅仅是增加收入，而是需要发挥多种功能。因为高高原地区特殊的自然条件和社会条件，其经济发展一方面要实现顺应经济发展的一般理论，另一方面必须要实现经济的包容性增长和亲贫困增长，确保贫困群体能够平等参与经济活动并从中获得更多好处，为社会稳定、民族团结提供强有力的支撑。

第三，分析有为政府在高海拔地区经济发展中的作用。收入增长和扶贫问题受到社会各界关注，如何解决贫困是当前社会急需解决的问题和难题。减少贫困主要有两个手段：瞄准（targeting）贫困人口和经济增长。高高原地区要实现从贫穷走向富裕，一是需要通过经济增长使全社会经济总量增加，经济繁荣的好处可以使每个贫困人口受益；二是需要政府将部分财政收入通过收入再分配手段转移分配给贫困人口。在这个过程中需要有为政府的干预，因为正如计划经济没有达到预期的效果一般，如果没有足够的信息，并且没有能力全面控制情况，将导致实施目标政策或手段后，出现"应该扶贫的没有被扶贫"（F-Error）或"不应该扶贫的被过度扶贫"（E-Error）等严重偏离预期减贫效果的问题。究其原因，是因为这些看似灵丹妙药的目标政策或工具实际上违反了响应激励措施的经济主体的经济原则（Easterly，2001）。另外，政府在高高原地区的作用还体现在区域之间的协调发展方面，伴随着组团援藏、对口援藏的不断深化，发达地区对高高原地区的全方位支持，也是在分析高高原地区经济发展理论中需要考虑的单因素投入或其他区域对高高原地区经济发展的空间溢出效应。

总而言之，高高原经济发展理论的研究内容需要考虑地理因素在高高原地区经济发展中的作用、高高原地区经济发展的多功能性、有为政府在高海拔地区经济发展中的作用三个维度。

第三章

高高原地区禀赋结构与经济

世界十大高原地区平均海拔在 2790 米以上，平均海拔超过 3000 的高原只有四个，即青藏高原、帕米尔高原、玻利维亚高原及厄瓜多尔高原，由于地理位置及资源禀赋等原因的制约，经济发展大多相对落后。本章主要通过地区分布、要素资源、人文以及开放视角下的高高原经济关系四个方面研究四大高高原地区经济发展状况，同时对高高原地区资源禀赋结构与经济发展进行系统的分析。

第一节　世界高高原地区分布与经济发展概况

青藏高原、帕米尔高原位于亚洲，青藏高原平均海拔 4000 米以上，面积达 250 万平方千米；帕米尔高原平均海拔 4500 米以上，面积 10 万平方千米；玻利维亚高原、厄瓜多尔高原位于南美洲，玻利维亚高原平均海拔 3800 米，面积 35 万平方千米，厄瓜多尔高原平均海拔 3000 米，面积 15 万平方千米。世界四大高高原地区自然环境独特，生态系统脆弱，资源丰富，但整体开发利用程度较低，经济发展普遍相对落后。

一、青藏高原

（一）地理分布

青藏高原位于亚洲，平均海拔 4000 米以上，是世界海拔最高的高原，也是世界最年轻的高原，仍处于不断隆起状态，被称为"世界屋脊"。青藏高原位于北纬 26°00′—39°47′，东经 73°19′—104°47′之间。东部与秦岭山脉和黄土高原接壤，南接喜马拉雅山脉，西部紧接帕米尔高原和喀喇昆仑山脉，北边是昆仑山、祁连山、阿尔金山。其东西长度达到 2800 千米，南北长度 300—1500 千米。青藏高原西南边缘小部分位于外国，中国境内主要包括：青海、西藏、甘肃以及云南的一部分、四川西部以及新疆南部。其中，青藏高原 78% 的面积分布在青海和西藏。

（二）经济发展概况

青藏高原由于特殊的地理位置及历史原因，经济发展相对落后。改革开放以来，在我国全国上下大力支援下，青藏高原地区经济总量不断扩大，产业结构不断优化，农业、工业以及服务业协调发展，为发展当地特色经济奠定了坚实的基础。农牧业和工业的发展充分体现了青藏高原的特色经济，而服务业中的各个产业还有很大的发展空间。其中，特

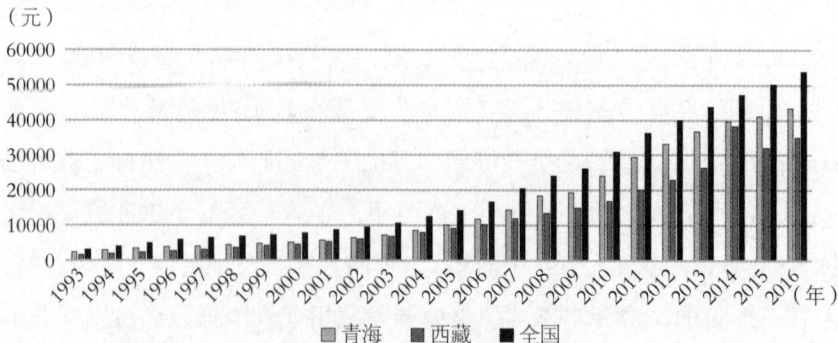

图 3-1　1993—2016 年青藏高原主要省份与全国人均 GDP 比较

数据来源：国家统计局。

色农牧业主要包括种植业以及高原牧业；特色工业包括清洁能源产业、民族特需品产业、绿色食品加工以及矿业；服务业主要集中在文化产业以及旅游业。在产业发展带动下，人民经济生活水平显著提升，但高原总体经济发展水平相对处于较低水平。作为青藏高原主体部分的青海、西藏，人均 GDP 水平多年持续显著提升，但是与全国平均水平相比，仍存在较大差距，如图 3–1 所示。

二、帕米尔高原

（一）地理分布

帕米尔高原地处我国最西边，平均海拔 4500 米以上，面积达到 10 万平方千米。横跨中国、阿富汗以及塔吉克斯坦三个国家。帕米尔高原是阿尔卑斯—喜马拉雅山带和帕米尔—楚科奇山带的山脊，亚洲众多山脉皆汇集于此，如天山山脉、喜马拉雅山脉以及昆仑山脉等。一座座山脉连绵起伏，高耸入云，极为壮观。

帕米尔高原主体被萨雷阔勒岭一分为二，包括东帕米尔高原和西帕米尔高原。东帕米尔高原位于中国境内，地形平坦广阔，两条东南—西北走向的山脉和一组湖盆河谷为其主体部分。主要包括阿克陶县西部 3 个乡镇以及塔什库尔干塔吉克自治县。西帕米尔高原大部分为高山深谷，地形落差大。若干条西南—东北走向的山脉谷底构成其主体部分，主要包括塔吉克斯坦境内的戈尔诺－巴达赫尚自治州，以及阿富汗境内的瓦汗走廊地区。

（二）经济发展概况

东帕米尔地区即中国帕米尔，主要包括塔什库尔干塔吉克自治县全县和阿克陶县西部 3 个乡镇。东帕米尔高原的农作物主要为各种豆类、马铃薯以及大麦等。其高海拔地区以牦牛、羊类等牧业为主。近年来，在中央政府大力支持下，以塔什库尔干塔吉克自治县为主的东帕米尔地区特色农牧业得到快速发展，并树立了农畜产品"帕米尔"品牌，高原稀有作物玛咖种植取得成果。通过招商引资，鼓励和支持企业不断发展壮大，全力推进优势资源转换战略。西帕米尔高原主要包括塔吉克斯坦境内的戈尔诺－巴达赫尚自治州，以及阿富汗境内的瓦汗走廊地区。塔吉克斯坦东部的戈尔诺－巴达赫尚自治州面积 6.37 万平方千米，占塔吉克斯坦国土总面积的 44.5%，全州人口只占到全国总人口的 3.3%，全州可播种面积仅为全州总面积的 2.3%。农业是戈尔诺－巴达赫尚自治州的主要经济产业。该州的西部地区主要是种植业，主要种植谷物、蔬菜、瓜类作物和马铃薯。东部地区以畜牧业为主，主要有大尾羊和牦牛。工业处于发展阶段，主要有轻工业、食品工业和建材工作等部门。阿富汗境内的瓦汗走廊地区人烟稀少，大部分地区属于干旱缺水的沙漠，仅有极少量的耕地，居民基本靠天吃饭，经济发展极其落后。

三、玻利维亚高原

（一）地理分布

玻利维亚高原位于南美洲，平均高度 3800 米，面积 45 万平方千米。中部为山谷地区，农业发达，许多大城市集中于此。高原北部土地肥沃，为人口聚居区；南部是干燥的沙漠地带，人烟稀少，只散布着一些因开发矿产而形成的小镇。

玻利维亚高原不仅高而且平坦，主要位于玻利维亚西部地区，占玻利维亚国土面积的 28%。玻利维亚地处高原，平均海拔高于 3000 米，平均海拔堪称"世界之最"。玻利维亚共有 9 个省，其中属于高高原地区的有：拉巴斯省、科恰班巴省、丘基萨卡省、奥鲁罗省、波托西省。另外，潘多省为玻利维亚西北部亚马孙雨林；贝尼省大部分为亚马孙河上游冲积平原，人烟稀少；圣克鲁斯省大部分为平原低地；塔里哈省西部为安第斯山东坡，东部属格兰查科平原。

（二）经济发展概况

玻利维亚整体经济对外依赖较深，是拉丁美洲主要的矿产品出口国，国际市场上矿产品价格稍有波动就会影响玻利维亚经济。玻利维亚当地旅游业不发达，基础设施不健全。其工业化发展业较为落后，以产品加工业为主，主要涉及食品、烟酒以及纺织等领域。以有色金属冶炼工艺闻名于世，其平托冶炼厂排名世界第三位。粮食产量较低，主要依靠进口来满足国内大部分需求。主要农作物包括咖啡、古柯以及甘蔗、大豆等。畜牧业发达，产量高。

四、厄瓜多尔高原

（一）地理分布

厄瓜多尔高原位于安第斯山脉北部，在厄瓜多尔境内，赤道附近。平均海拔为3000米，面积为15万平方千米。它的高度仅次于青藏高原、帕米尔高原、玻利维亚高原，居世界第四位。最高点为钦博拉索山，海拔为6310米，是离地心最远的地方。位于厄瓜多尔中部的安第斯山脉把其分为多个盆地，其中最著名的是昆卡盆地和基多盆地。这里火山众多，是地震多发地带。世界最高的活火山之一科托帕希火山就位于此。

（二）经济发展概况

厄瓜多尔的经济结构单一，经济长期主要依赖于石油、农牧业及渔业，经济发展对外依赖程度较高。

厄瓜多尔的农业主要分布在安第斯山脉的山间河谷地带，以种粮食作物为主；畜牧业主演分布在安第斯山脉中部，以饲养家禽、牲畜为主。这里气候良好，草质鲜美，污染源少，牲畜不易受到病虫侵害，故肉质和奶制品质量上乘，发展潜力巨大。

第二节　高高原地区要素资源与经济

世界高高原地区要素资源禀赋具有一定的共性，海拔高、气温低，矿产资源储蓄量丰富，资源禀赋优势明显，水能、生物、矿藏、旅游等资源优势日益显现。高原特色农牧业、种植业发展前景广阔；独特的生态自然环境，适合大力发展境内外旅游产业，第三产业旅游业、文化产业等产业发展前景巨大。但高高原地区生态环境脆弱，基础交通设施普遍相对落后，人口分布密度低，普遍信仰宗教，劳动资源缺乏，这些资源禀赋因素又严重制约着高高原地区的经济发展。

一、青藏高原

青藏高原地区整体太阳辐射强烈，日照多，气温低，气温日差较大；干湿分明，夜间多雨；冬季漫长多风，气候寒冷干燥；夏季温凉多冰雹。草地多分布在高山地带，盛产适宜在高原生存的藏羚羊以及牦牛。当地青稞产量最大，还有红景天、人参果以及食用菌等珍稀药材。

青藏高原地区周围高山环绕，海洋水汽难以到达，以干旱、半干旱气候为主，冰川积雪融水为内陆河流主要补给源。青藏高原是许多大型河流的发源地。例如，长江、黄河、雅鲁藏布江、印度河、怒江等。同时，由于河流大多注入洼地或洼地，形成了众多的湖泊，有大小湖泊1500多个，如著名的青海湖、纳木错等。丰富的太阳能资源、地热资源、水能资源，使得该地区具有发展绿色产业的较大前景。

青藏高原有着广阔的地域以及丰富的物质。已被发掘的矿产达到120种，规模和矿储量都较为可观，价值高于1800万亿元。中华人民共和国成立以来，青藏高原地区的交通得到了较大改善，陆路以及航空皆可抵达，交通运输体系初步形成。进出西藏的公路包括青藏公路、青康公路、中尼公路、滇藏公路、川藏公路、新藏公路等；青藏铁路于2006年通车运行；西藏通航机场共有5个，58条国内外航线通航城市近40个，交通基础条件明显改善。但与全国其他地方比较仍然相对落后，目前只有一条进出青藏地区的铁路线路，公路路线除青藏公路路况相对较好外，其他路段均有一定挑战性。

二、帕米尔高原

帕米尔高原属严寒的大陆性高山气候，南北走向的萨雷阔勒岭将帕米尔高原分为东、西两部分。东帕米尔高原主要为大陆性气候，冬季寒冷漫长，温差大。由于海拔高，阻挡了湿润气流，导致年降水量极少，约为 75—100 毫米。西帕米尔高原多山脉，气候垂直变化大，降水量丰富但地区差异显著，气温比东帕米尔高原高，落差不明显。

由于地形差异大，帕米尔高原有着极为丰富的自然景观。这里牧场广阔，植被丰富。具体分部为：蒿类和盐生灌丛主要分布在高原底部以及山谷；刺垫状植物群落主要分布在海拔 3200—3600 米；棱狐茅、针茅草原地带主要分布在 3600—3800 米；高山寒漠植物主要分布在 3800—4300 米；4300 米以上为永久积雪带。高山寒漠景观、耐寒、耐旱的矮小灌木及垫状植物以及蒿草主要分布在东帕米尔高原。河谷地带可种植小麦、青稞等。

帕米尔高原是现代冰川作用的一个强大中心，这里有 1000 多条山地冰川，覆盖面积近 1 万平方千米。雪线高度在西帕米尔为 4000—4400 米，东部可达 5000—5500 米。山地冰川使一些荒漠河流得到水源。喀拉湖位于帕米尔高原北部，湖面海拔 3954 米，是世界高湖和内陆盐湖之一。

帕米尔高原地区矿产资源丰富，西帕米尔高原的戈尔诺—巴达赫尚自治州是锡、锌、铅、钨、钼以及盐、石棉、煤、宝石、碧玉、水晶、滑石、各种大理石、花岗石的重要产地；东帕米尔高原的塔什库尔干塔吉克自治县已勘探出的金属矿有 24 种，非金属矿 30 种。

在海路尚未开通之前，帕米尔高原是东西之间来往交流的必经之路。古代丝绸之路在进入塔里木盆地以后，分为南、北两道，向着不同的目的地延伸，而到了葱岭后又交汇一处，直达古丝绸之路上著名的石头城，这使塔什库尔干塔吉克自治县成了东路的终点和西路的起点。

帕米尔高原地区基础设施落后，塔什库尔干塔吉克自治县山高谷深，公路等级低，交通不便利。途经此地的314国道是我国对外开放的重要通商口岸，落后的基础设置严重制约了我国对外交流以及当地经济发展。西帕米尔高原地区的戈尔诺－巴达赫尚自治州对外联系主要有四条路线，分别是霍罗格—奥什、霍罗格—杜尚别、霍罗格—塔什库尔干（中经库里玛口岸）、霍罗格—瓦罕走廊—阿富汗边界。

三、玻利维亚高原

玻利维业高原大部分面积处下玻利维亚境内，因而以玻利维亚的主要特征来介绍玻利维亚高原。玻利维亚属山地气候，是世界上主要古柯生产国。当地以种植古柯为主，古柯是印第安农民的主要收入来源。而制作可卡因的主要原材料就是古柯，因此，玻利维亚成为拉丁美洲地区主要的毒品种植和生产基地。

玻利维亚多深山峡谷，矿产、水资源都很丰富，是世界上有名的产锡国。主要矿藏有锡、锑、钨、银、锌、铅、铜、镍、铁、黄金等，石油、天然气等藏量也很丰富。这里盛产的锡和钨闻名于世。这里有世界上大型的锡矿和锌矿，分别是亚亚瓜锡矿以及马蒂尔德锌矿。钨矿主要分布在拉乔利亚、卡米以及埃斯莫拉卡等地区。玻利维亚至秘鲁接壤地区内几乎大部分河流都可产出砂金，其上游有众多大型金矿。

玻利维亚有着极其丰富的自然资源，却异常贫困，因此得名"坐在金椅子上要饭的乞丐"。当地有着极为丰富的油气资源，但国内电力供应严重不足，电网覆盖率低。玻利维亚具有丰富的水能资源，但开发率仅为1.2%，尚存在巨大的开发潜力。当地还具有丰富的太阳能、风能。

作为一个内陆国家，玻利维亚落后的公共基础设施严重阻碍了当地发展。国内陆路交通运输承载量极其有限，大部分地区只有水路可抵达。位于当地东部的圣克鲁斯和国内大部分地区处于完全隔离状态，落后的交通不仅不利于经济发展，还助长了当地分离主义倾向。

四、厄瓜多尔高原

厄瓜多尔拥有易产出多种金属矿产的地质条件，且具有丰富的蕴藏量。其北部、东南部以及南部地区蕴含各种已被开发的铜矿，如德林贝拉铜矿、拉普拉塔铜矿以及马瞿奇铜矿等。境内彭斯恩里克斯、博尔都维洛等多地盛产黄金。道雷德克韦多、埃斯梅拉达的圣地亚哥等地盛产冲积金矿脉。

厄瓜多尔铜矿资源丰富但开采率低下。当地发现的两个新铜矿储铜量约高达百万吨。有大约 15 个省份蕴藏丰富的制瓷原料和石灰石，以及玻璃制品原料。

在世界银行公布的 2016 年全球物流绩效指数中，厄瓜多尔的国际物流绩效指数在 160 个国家中排名位于第 74 位。当地基础设施较为健全，公路发达，但铁路较为陈旧。近 20 年来，当地的铁路运营基本停滞不前，损坏严重，需要进一步改造和扩建，以满足当地互联互通需要。厄瓜多尔主要依靠与邻国互通电网来解决国内电力供应，花费巨大。未来需要在配电网络以及公路、水电方面加大投资力度，以当地满足日益旺盛的需求。

第三节　高高原地区人文与经济

四大高高原地区居住着不同的山地民族，各民族各具特色，但也不乏一些相似之处，高高原地区人口分布密度普遍较低，本节将对高高原地区人文特点与经济发展之间的联系进行系统的介绍。

一、青藏高原

青藏高原是以藏族为主的多民族聚集区，门巴族、回族、珞巴族、藏族等多个民族皆聚集在青藏高原，其中藏族人口最多。受千百年来封闭经济的影响，各民族在相对封闭的环境中形成了本民族独特的文化，保持着独有的风格，创造出独一无二的旅游价值。例如，青稞酒、酥油茶等民族特产，让人回味无穷。各民族的婚俗、民间歌舞以及各种民族节日，共同形成了少数民族地区别具一格的民俗文化，是中华文化的瑰宝。

藏区的方言根据人文地理以及自然环境的不同，可以分为卫藏、康区以及安多三大方言区。藏南地区谷地多定居居民，农业发达，卫藏方言是当地居民的主要语言；青藏高原东部多高山峡谷，地貌复杂多样，居民主要从事农牧业生产，主讲康区方言；藏北地区多高原，居民以放牧为生，主讲安多方言。各少数民族在青藏高原地区形成了一个独立的少数民族文化体系，其中藏族文化占据核心地位。藏族文化超脱世俗，较为多元化，具有很强的宗教性。藏族文化以藏传佛教为核心，随处可见藏传佛教的印记。在塔尔寺、布达拉宫和大昭寺每天都有众多虔诚的信徒，他们磕长头或行走转经，为自己和家人祈福。五色经幡飘扬在青藏高原上空，神圣而又神秘。一些风格迥异的寺庙、绘画、雕塑无一不体现着少数民族的智慧。这里有丰富的文化遗产值得我们前来参观。例如著名的"藏艺三绝"：让人眼花缭乱的堆绣、酥油花以及美轮美奂的壁画。每年正月和七月，藏传佛教圣地塔尔寺都会举行盛大的法会。每年藏历七月，藏族人民会在哲蚌寺举办雪顿节展佛活动。青藏高原蕴含着丰富且独一无二的人文旅游资源，具有极大的开发潜力。它的独一无二体现在藏传佛教文化以及各民族特色文化之中。这里广阔又神秘，令人神往。

二、帕米尔高原

帕米尔高原地区生活居住的居民，在历史上有羌人、塞人、粟特人、突厥人等，而现在这里的居民主要是吉尔吉斯人和塔吉克人。塔什库尔干塔吉克自治县以及阿克陶西部3个乡镇位于东帕米尔高原地区。其中，塔什库尔干塔吉克自治县大都是塔吉克人，而阿克陶县包含十多个民族。除了塔吉克族，还有维吾尔族、汉族等。塔吉克人按照语言以及历史文化方面的差异可以分为平原塔吉克人和山地塔吉克人。其中，山地塔吉克人分布在中国境内，而平原塔吉克人分布在塔吉克斯坦境内。

帕米尔高原宗教文化在世界文化中独树一帜。当地大部分居民信仰伊斯玛仪派宗教，但并未遗弃原始宗教礼仪，他们主张宗教混合主义。晋朝名僧法显以及唐代高僧玄奘，还有马可·波罗等皆涉足过塔什库尔干高原。这里的冰山、峡谷构成了独特的风景线，在这里不仅可以观看各种自然奇景，还可以领略到丰富的人文景观，感受历史文化的独特魅力。例如，丝绸古道、吉日尕勒文化遗址、公主堡等历史遗迹，还有塔吉克族的引水节、马球、婚俗等各种国家级非物质文化遗产，具有重要的人文旅游经济价值。

三、玻利维亚高原

说到金字塔，无人不知，无人不晓，令人叹为观止。它坐落在的的喀喀湖东南处的蒂亚瓦纳科文化遗址。除了著名的金字塔，这里还有印第安人留下的庙宇、陵墓等，堪称世界奇观。印第安人早在公元前5世纪就创造出了蒂亚瓦纳科文化。从14世纪初到西班牙殖民者到来之前，居住在玻利维亚高原的印第安人一直饱受印加人的压迫，这里的文化也受到了印加文化的冲击。拉丁美洲地区的印第安人大都聚集在玻利维亚，这里是印第安人的故乡。官方数据显示，约36个印第安民族聚集在玻利维亚。其中，玻利维亚85%的人口都是克丘亚人和艾马拉人。

玻利维亚在最新宪法中废除了天主教的国教地位，明文规定所有宗教一律平等。玻利维亚居民大部分信仰宗教，其中，80%的居民信奉天主教，其余信奉福音教或新教。各式各样的教堂随处可见。当地居民在宗教节日抬着耶稣和圣母玛利亚的像沿街祷告。玻利维亚的印第安人有着黝黑的皮肤，喜爱戴毡帽，与中国的藏民风格较为相似。当地人大都居住在高海拔地区，主要从事放牧业或者为矿业主打工，主食牛、羊等肉类。

每年二三月的狂欢节是玻利维亚最热闹的节日。每到狂欢节，全国人民身着各式各样、五颜六色的节日礼服，面带风格迥异的面具，载歌载舞，热闹非凡。吸引着世界各地的游客来此参观。其中，最为壮观的狂欢节还属奥鲁罗狂欢节。

四、厄瓜多尔高原

厄瓜多尔的文化是多民族的，亚马孙原始部落居民，太平洋沿岸的渔民，游牧民族以及原始部落居民等共同孕育了厄瓜多尔丰富的多民族文化。每种文化都是在自由文化与外来文化的斗争与相互融合的和谐关系中发展而来。在吸收外来文化的同时，又保持自由文化的特色，以此促进自由文化的发展进步。在 16 世纪大量的非洲农奴在厄瓜多尔的农场里劳作，因此厄瓜多尔的文化也烙上了非洲文化的印记。现代文化似乎并未对厄瓜多尔文化造成冲击。首都基多虽已经发展成为最具现代化的繁荣都市，各地仍随处可见文化古迹。当地居民也保持着固有的淳朴。沃特马拉人热情好客，巴诺斯人永远面带真诚的微笑迎接着来自世界各地的游客。主要旅游景点有基多老城、面包山女神石雕像、独立广场等。

第四节　开放视角下的高高原经济关系

一、青藏高原

青藏高原位于中国西南边陲，西藏地区与印度、尼泊尔等多个国家和地区接壤。自古以来，青藏高原就不是一块封闭之地，是中国与南亚国家的通商要道。历史上，伴随南方丝绸之路、唐蕃古道、茶马古道等在青藏高原的穿行与绵延，西藏日渐成为内联中原、外通南亚的政治、经济、文化、商贸大走廊。西藏和平解放后，伴随青藏公路、川藏公路、青藏铁路、拉日铁路、民用航空等重大基础设施的兴建和运行，古道变通途，高原现新景，青藏高原不断迈向扩大开放的新阶段。

西藏与尼泊尔、缅甸、印度和不丹等国家接壤，特殊的地理位置决定了边境小额贸易是拉动其对外贸易重要因素。随着西藏经济与对外贸易的发展，以及周边国家对进口物资需求的不断上升，边境贸易在全区的对外贸易中占有较高的份额。

得益于中央对西藏发展的高度重视和中国实施的新一轮西部大开发战略，西藏的公路、铁路、航空等综合交通网络进一步完善，使得西藏边境互市贸易、与欧美等国家和地区对外贸易总体上稳步发展。其中，与尼泊尔的贸易总额占外贸进出口总额的一半以上。作为我国国民经济社会发展格局中具有特殊而重要意义的地区，西藏的对外开放水平不断提升，利用外资的规模总体上呈现扩大态势。但是，相对于国内省份，西藏实际利用外商直接投资额仍然非常小。

二、帕米尔高原

帕米尔高原主要包括阿富汗东北部，塔吉克斯坦东部以及中国新疆西南部地区。其重要的战略地位主要体现在：自古就是东西方经济文化交流的重要通道，闻名于古今中外的"丝绸之路"就途经此地。

塔什库尔干塔吉克自治县地处我国最西端，是我国对外开放的重要窗口，也是连接中亚地区以及南亚地区的重要纽带，是喀什地区对外贸易的主要运输通道。季羡林曾说过，古西域虽荒无人烟，但在历史进程中发挥的作用不容小觑。促进中西方文化交流的丝绸之路就位于此地。它有利促进了沿途各国的经济文化交流。丝绸之路最重要的路段就位于帕米尔高原，所以是研究中亚交通史的关键。中国塔吉克族约一半以上的人口都聚集在塔什库尔干塔吉克自治县，约三万多人口，占全县总人数的80%。他们与塔吉克斯坦国的塔吉克族人有着深厚的历史文化渊源。此外，当地人与周边的巴基斯坦进行贸易的历史可以追溯到古代。边民贸易带动了当地经济发展。

三、玻利维亚高原

在英国的挑唆下，1879年至1883年期间，玻利维亚、秘鲁以及智利三国相互争夺硝石产区，发动了"太平洋战争"。玻利维亚以失败告终，失去了太平洋沿岸的安托法加斯塔省，从此沦为没有出海口的内陆国家，这严重制约了玻利维亚的对外经济贸易，这一问题困扰着历届政府。

玻利维亚主张独立自主以及不结盟的和平外交政策，坚持各国平等以及民族独立，不干涉他国内政，坚决维护国家主权，主张以和平方式解决国际争端。着重发展多元外交，重视与拉丁美洲国家保持传统友谊，重视与欧盟以及亚太国家的经贸合作关系，积极推进区域一体化。玻利维亚与智利就恢复太平洋出海口问题展开谈判，双方关系得到改善。玻利维亚主张禁毒，并号召全世界为当地的古柯产业"解禁"。但是美方一直借玻利维亚的古柯业和毒品问题对其进行压制，并且因为双方意识形态上的差异，导致玻利维亚产生强烈的反美情绪。迄今为止两国关系矛盾仍未得到缓解。

玻利维亚政府在吸引外资方面缺乏经验，不能满足其发展需要。玻利维亚总统的"社群社会主义"观念并未很好地落实到政府行政管理体制改革当中，政府的官僚主义作风严重影响了国家经济发展。世界银行公布的2016年营商环境指数显示：玻利维亚政府的行政效率不仅低于经济合作组织国家平均水平，也低于加勒比地区和拉丁美洲平均水平。

1985年7月，中国和玻利维亚确定外交关系，9月，我国在玻利维亚设立大使馆。1986 年 8 月，玻利维亚在中国设立大使馆。2013 年，中国国家主席习近平在人民大会堂为玻利维亚总统莫拉莱斯举办欢迎仪式，随后在人民大会堂举行会谈，双方达成合作共识：首先，加强政府间友好交往，保持双方交流，相互支持；其次，发展双边贸易，加强重点领域、重点项目的合作，营造良好的合作氛围；最后，密切合作，加强配合，共同维护发展中国家的利益。

四、厄瓜多尔高原

厄瓜多尔在对外贸易上奉行"出口商品和市场多样化、保护和发展民族工作、鼓励工业制成品和装在成品出口"等政策，主张与不同发展状态的国家发展贸易并进一步寻求新市场。目前与 90 多个国家和地区有贸易关系，主要贸易伙伴为美国、欧盟、中国、哥伦比亚、秘鲁、委内瑞拉、智利等。

厄瓜多尔的出口容易受国际市场需求的影响，而进口需求保持相对的刚性。厄瓜多尔对外部资金的依赖性较强，外债持续增加。在厄瓜多尔的经济发展中，外来资本占据了很重要的作用，1993 年政府颁布的《投资促进及保障法》、1997 年颁布的《外贸及投资法》、2010 年推出的《生产法》均规定了可吸引外国直接投资的各类法规政策，设定外国投资和本国投资享有同等的权利和待遇。外国投资的主要领域涉及石油矿产、机械制造、食品饮料加工业、贸易及旅游业、电力能源等，其中，石油领域的投资约占总外来投资总额的 70%。外资来源主要为美国、加拿大、西班牙、法国、意大利及中国等。

中国与厄瓜多尔保持着较为稳定的双边贸易。2015 年我国和厄瓜多尔的贸易顺差达到 16.5 亿美元，我国对其出口量达到 28.9 亿美元，进口量达到 12.4 亿美元。丰富的油气资源是厄瓜多尔的主要发展优势，商务部公布的数据显示，2014 年我国对厄瓜多尔直接投资流量为 1.4 亿美元，存量为 9.4 亿美元。可见厄瓜多尔具有极大的投资潜力。我国主要参与当地的矿业开采以及基础设施修建项目。两国计划展开合作，修复、扩建铁路网，并与本地区邻国联合修建横贯南美大陆的水路、陆路以及航空联合运输大通道。

第四章

高高原地区产业甄别及诊断

　　高高原地区相对来说存在自然环境恶劣，人口密度较小，地区经济发展水平相对落后的一般情况，但同样存在自然资源丰裕，具有极强的民族特色等比较优势。因此，在以新结构经济学为主要分析框架下，基于高高原地区的独特优势以及相对于先行地区的潜在比较优势，本章将高高原地区应当发展的产业划分为四个类型，即追赶型产业、国际领先型产业、转进型产业、换道超车型产业。结合高高原地区的具体情况，针对不同的产业类型进行甄别和诊断，针对其瓶颈限制给予因势利导。

　　在高高原地区，政府需要充分发挥"有为政府"功能，基于高高原地区禀赋结构，考虑地区禀赋特征、发展阶段、发展条件和发展需求方面的个性特征，对复杂、动态的发展条件、发展环境进行理性分析，针对不同类型产业构建总体战略、基本政策和具体政策，因势利导发现和发挥地区比较优势、提供有效市场、权衡利弊得失、引领转型发展、安排适当的生产方式。

　　按照新结构经济学的思路，高高原地区可以依靠其独特的要素禀赋结构和后发优势，推进符合当地比较优势的产业发展，具体可以分为四大类型的产业。新结构经济学的增长甄别与因势利导框架（growth

identification and facilitation framework, GIFF）为高高原地区产业甄别和
诊断提供了实际操作的步骤，可分为两大步和具体执行的六小步。两大
步即指甄别和诊断：第一步是确定何种产业具有潜在比较优势；第二步
是消除制约这些产业发展的约束，并创造条件促使这些产业成为该国的
实际比较优势（林毅夫，2012）。

第一节 高高原地区产业甄别

一、追赶型产业甄别

　　追赶型产业，是指在与高高原地区要素禀赋结构相似但经济发展水
平更高的国家和地区已经发展成熟、逐渐失去比较优势，但在高高原地
区尚未得以发展、具有潜在比较优势的产业。通常，这类产业在先行国
家和地区已有较长的发展时间，技术、设备、管理和市场等方面都已相
当完善，但是在高高原地区还未得到充分发展，或者处于萌芽状态，甚
至尚未出现。依据要素禀赋结构，此类产业在高高原地区同样具有潜在
比较优势和巨大发展空间，只是囿于其特殊的地理条件和落后的经济水
平，与先行地区具有很大差距，表现为当前行业的劳动生产率、技术和
附加值仍处于较低水平。追赶型产业以先行地区的成熟产业作为参照和
追赶对象，发挥落后地区的后发优势，如直接引进技术并进入相关行
业，加快产业结构升级等，此类产业也因此具备了加速发展、追赶先行
地区的可能性。

　　追赶型产业甄别的标准主要在于高高原地区的要素禀赋特征、当前
产业状况以及参照对象的产业发展阶段等方面。例如高高原地区特有的
动植物资源催生了特色食品和饮料产业，但相比于发达地区的食品和饮
料制造业，其现代化机器设备、先进生产工艺、物流运输和市场营销等
方面都较为落后，需要向现代化、标准化、品牌化的生产和经营转变升
级，从而充分发挥高高原特色品牌的潜在比较优势，体现竞争力。具体

来说，追赶型产业甄别可分为以下几个步骤（林毅夫，2017），如图 4-1 所示。

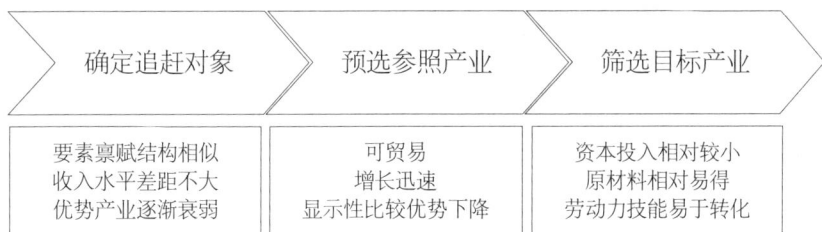

确定追赶对象	预选参照产业	筛选目标产业
要素禀赋结构相似 收入水平差距不大 优势产业逐渐衰弱	可贸易 增长迅速 显示性比较优势下降	资本投入相对较小 原材料相对易得 劳动力技能易于转化

图 4-1　追赶型产业甄别步骤

第一步，确定追赶对象。找出与高高原地区国家和省份的要素禀赋结构相似、高速增长、经济水平超过其一倍左右，或是 20 年前发展水平接近的国家。因为要素禀赋结构相似，收入水平差距不大，则比较优势也会接近。如果参照对象经济快速增长的状态能维持二三十年，则说明这个国家的产业基本符合其比较优势，因而参考其产业也应符合高高原地区产业的比较优势。参照国家或地区资本的不断积累将导致该国或地区比较优势改变，进而比较优势产业发生更替，这正好成为高高原地区发展此类产业的潜在比较优势。

第二步，预选参照产业。找出参照国家或地区之后，考察其成熟的可贸易产品，即在过去 20 年里增长迅速、可贸易、表现良好、显示性比较优势下降的产业的产品，这些产品所属产业很可能就是参照对象具有潜在比较优势的产业，对于高高原地区来说是可以参照、追赶的产业对象。

第三步，筛选目标产业。选择的关键是看行业的增长和就业创造力，私人部门能力增长的可行性，以及公共部门的监管框架。选择标准主要基于高高原地区的经济特征、要素禀赋和劳动力技能等方面的情况。例如：（1）排除需要大规模资本投入而区内市场狭小的产业，因为高高原地区经济体的资本积累通常不高，而短时间内也难以打通外部市场。（2）行业主要由中小企业组成，或者自身可以直接提供资源的外商大企业，因为中小企业在经济落后地区存续的可能性更高，而直接外商投资可以带来产业发展需要的多方面资源。（3）对于产业链上下游的产品均存在本地的供应链，或有稳定的国内市场提供原材料，因为初级阶段的经济生产活动需要尽可能低的生产、交易成本。（4）劳动力技能易于转化，保证劳动力供应和需求匹配。劳动力成本也是重要考察因素之一，考虑所选产业在高高原具体地区的产业基本工资竞争力，是否具有可匹配的廉价劳动力带来相对成本优势，考虑劳动力技能培训的可行性。对于农业部门就业比例最大的高高原地区，制造业通常具有劳动力成本优势，劳动力从农业部门转向制造业部门可能性大。

综合以上标准，高高原地区的追赶型产业有：特色农牧和种植业、高原特色产品加工业、民族手工业、绿色建材业、清洁能源产业、商贸服务业等。

二、国际领先型产业甄别

国际领先型产业，是指产品和技术处于国际领先或已接近国际最高水平的产业，若要继续保持国际领先地位，则必须依靠自主研发新产品、新技术（林毅夫，2017）。区域的产业技术选择与要素禀赋之间存在着相互影响、相互制约、相互依赖的关系（张平，2017），高高原地区虽然经济基础落后，科技水平普遍偏低，但基于其独一无二的要素禀赋，部分产业只可能在此地得到发展，或相比于其他国家和地区具备无可取代的竞争力，因而此类产业依然可以实现国际领先水平。

甄别领先型产业的标准主要在于产品、技术水平及产业在全球的发展程度。一方面，高高原地区具备相应的要素资源基础，并且在生产技术和产品质量、品牌上处于国际领先水平；另一方面，领先型产业应当具备广阔的发展前景。具体步骤如图4-2所示。

第一步，充分挖掘高高原地区独有的资源禀赋优势，如稀有的野生

```
┌──────────┐ ┌──────────────┐ ┌──────────┐
│ 挖掘资源优势 │→│ 比较产品/技术水平 │→│ 筛选目标产业 │
└──────────┘ └──────────────┘ └──────────┘
┌──────────┐ ┌──────────────┐ ┌──────────┐
│ 资源丰富   │ │ 产业产值/增速    │ │ 前景广阔   │
│ 不可替代   │ │ 技术先进性/成熟度 │ │ 竞争力强   │
└──────────┘ └──────────────┘ └──────────┘
```

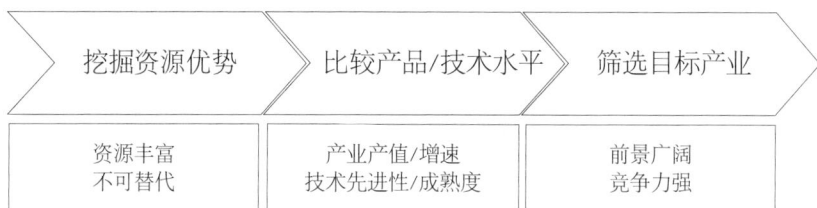

图 4-2　领先型产业甄别步骤

动植物资源、举世无双的自然景观和人文资源、冰川水资源、清洁能源等。

第二步，在不可替代的资源优势范围内，筛选出产品或技术已经处于领先水平的产业，如通过产业科技化水平、产业增加值及增速等指标进行比较。如高高原地区特色生物产业、高原医学研究和医药产业、净土健康产业、旅游业和特色文化产业等。

第三步，确定具备增长潜力与发展前景的领先型产业。如旅游业成为多个高高原国家和地区的支持产业，天然饮用水产业增长强劲，在海内外都具备非常广阔的市场。同时部分小而精的产业实际上具备非常强的国际竞争力，如高原反应病理的前沿医学研究，藏医药的研究开发和制造等产业，当产业技术水平足够先进时，产业将持续扩容。

三、转进型产业甄别

转进型产业（又称退出型产业），这类产业一般分为两种类型：一种是在过去符合比较优势，但是随着社会经济的发展失去了比较优势的产业；另外一种是尚存在一定比较优势，但产能富裕甚至过剩的产业（林毅夫，2017）。这种类型的产业主要特征在于市场需求增长率趋于下降，产业增长出现有规则减速，行业效益低下甚至亏损，呈现萎缩趋势。这一方面是由于不适应新的市场需求变化的产业，逐步出现生产过剩，库存积压，设备闲置，对劳动力需求减少，产业的增长率持续下滑；另一方面是由于科技进步，新产品、新行业形态的出现，推动原有的产业逐步退出主导地位，逐渐走向衰退，由更新的产业取而代之。

高高原地区转进型产业的甄别更加侧重于需要转型升级的产业。高高原地区比较恶劣的自然环境以及发展历史，导致高高原地区的经济发展水平相对较为落后，各产业发展不充分、不平衡，产业基础薄弱，产业体系不完整。因此，对于高高原地区来说，转进型产业的甄别需要结合高高原地区自身发展情况。一方面是要基于当前要素禀赋结构，更加侧重于淘汰落后工艺技术进行转型升级，以及延伸产业链条的产业；另一方面也应当基于当下，以适度超前的眼光，判别因经济发展、社会进步需要而在不久的将来会失去比较优势的产业。

高高原地区的转进型产业是只具备初级产品形态和仍采用原始落后的生产工艺的产业。具体来说，第一产业方面，政府需要甄别高高原地区只具备初级产品形态的种植业和养殖业，此类产业主要特征在于经营分散，效益低下，仍然处于"靠天吃饭"的状态，或者规模过大以至于超出自然环境的承载能力。第二产业方面，政府需要甄别高高原地区制造业和建筑业中处于产业链条上游中同样只具备初级产品形态的行业，同时需要甄别此类行业是否仍然采用落后的工业生产技术和生产装备。由于高高原地区的工业原始资源丰富但生态环境极其脆弱，因此需要对此类产业进行引导升级向深加工转变。第三产业方面，政府需要甄别高高原地区的低端服务业态，此类产业一般同质化严重，竞争无序，缺乏运营规范和行业标准，产品形态的质量水平和附加价值低。

总之，高高原地区的转进型产业的甄别需要结合当地具体情况判别，而这种产业一般均是只具有初级产品形态的产业，在产业链条中处于初级阶段。区别于一般意义上的转进型产业，高高原地区的转进型产业更加侧重于需要转型升级，延伸产业链条的产业。对于这种产业，需要政府进行进一步规范化引导，以使其从低端无序向高端有序发展和演变。

四、换道超车型产业甄别

换道超车型产业属于新兴产业，这类产业以人力资本为主要投入品，且研发周期短（林毅夫，2017）。随着现代科技的发展，以软件与信息技术服务业为代表的行业，其产品和技术的研发和迭代周期较短，如手机、电脑等电子产品升级换代迅速，成为发展相对欠缺的国家和地区可以实现换道超车的产业。

高高原地区换道超车型产业的甄别需要立足于国情、区情和技术的未来发展方向。高高原地区虽然人力资本、科研能力较弱，但借助于国家的扶持和定向援助以及知识的创新扩散效应，可以发展换道超车型产业以实现资本的快速积累。此外，换道超车型产业多借助信息化的技术手段，受到环境的约束较小，因此，高高原地区的换道超车型产业同样可以定位于信息、网络、通信产业及电子产品等的研发。同时也可以借助互联网与各类产业形态的融合，催生新的商业经营模式。具体来说，一是要根据国内产业技术发展情况，选择国内已有较为坚实的技术基础的产业，以便实现技术的快速转移。二是要根据高高原地区特殊的自然环境，选择适应自然环境约束的产业。三是要基于当下科技发展方向，选择具有成长空间的产业。

第二节　高高原地区产业诊断

一、追赶型产业诊断

追赶型产业在高高原地区具有要素禀赋优势，但是受到软硬基础设施的限制，缺乏机器设备、人才技术等，导致产业基础薄弱，产业层次较低。针对追赶型产业在进入门槛、限制因素、商业环境、公共服务需求等多方面存在的发展约束，政府应该对每一类企业可能存在不同的增长约束加以区分，诊断出企业自身难以克服的行业共同面对的问题，发挥因势利导的积极作用，采取相应措施促进产业的发展和升级。主要有以下几个方面：

一是培育或引进隐性知识。在获得具有潜在比较优势的产业列表之后，考察本地区是否已经有企业发现机会、进入产业，或是处于萌芽状态。由于本地区要素成本低，若已有企业进入，则理论上应该具有竞争力，但如果竞争力弱，就说明交易费用高，限制了产业发展，因此需要找出制约竞争力提升的因素以及阻碍新企业进入的门槛，并采取相应的解决措施。如果本地区新进入的企业或从事出口的企业很少，则可以向参照国家寻求外商投资，通过招商引资的方式吸引企业将技术设备、生产管理、终端市场等资源带入，直接促进目标产业在本地区的快速兴起和发展。或是在具备条件的情况下，直接在本地区启动新企业的孵化项目，促进产业的萌芽和成长。在高高原地区的相关要素成本低的情况下，仍然没有外商投资进入，说明本地资源的潜在优势仍未被发现或重视，需要深入挖掘。

二是发挥特殊禀赋优势。在诸多条件限制的情况下，高高原地区经济发展要更多地依托地区所拥有的特殊资源禀赋，例如冰川矿泉水、净土产品、珍稀药品，以及高高原地区旅游等。尽管有一定特色，但这类产业的标准化、规模化发展不足，品牌效应不强，技术和附加值有待提高。政府应该针对这些具有特殊禀赋的特色产业，采取积极措施，降低交易成本，促进特色产业的竞争力提升。

三是重点改善基础。高高原地区产业发展的普遍限制约束就是基础设施落后，营商环境不好，市场规范缺失。如交通工具缺乏和运输体系发展不足，可供方便使用的能源种类和数量有限，通信、邮电发展较为落后，消息比较闭塞。但由于政府资源非常有限，因此应选择重点建设，优先发展最具有潜在比较优势和竞争力的产业，集中力量提供所需的基础设施。例如，建设带有专用电力和运输路线的工业园区或者建立独立发电厂，提供特殊行政审批、监管，提供优惠利率贷款和创办职业技能培训中心等。对重点产业给予适当支持，使之快速成长起来，增强竞争优势，促成产业集群，进一步降低交易费用，从而也改善了其他产业的成长环境，促进其他产业接续成长、壮大。

四是补偿外部性。对于潜在优势产业中的先行企业，企业本身是具有自生能力的，对产业发展的贡献巨大，但是在进入初期往往需要巨大的先行成本，企业的动力不足。因而需要政府因势利导，解决外部性问题，对先行企业进行补偿。外部性补偿可以是税收优惠、优先贷款等，这样的补偿政策要重点解决外部性问题，优惠数额和力度因产业发展阶段而定，而不是一味的、长期的保护补贴。

二、国际领先型产业诊断

发达国家/地区已处于世界技术前沿，其领先型产业要保持国际领先地位，必须不断进行新产品、新技术的自主研发，持续实现技术创新和产业升级。但对于经济和技术水平相对落后的高高原地区来说，它们可以在引进大部分成熟技术的基础上进行自主研发，从而获得比发达国家更快的技术创新速度（林毅夫和张鹏飞，2005），并且按照本地区的资源禀赋所决定的比较优势选择引进和研发自己最适宜（优）的技术（林毅夫和张鹏飞，2006），进而发展国际领先型产业。

自主研发包括新产品、新技术的"开发"以及新产品、新技术开发所需的"基础科研的突破"两种不同性质的活动。前者因其开发的新产品和新技术可以申请专利，企业有动机进行主导。而后者中的基础科研前期投入成本很高，研究成果也基本是论文，属于社会公共知识，企业缺乏从事基础科研的积极性；但新产品、新技术的开发又必须依赖基础科研（林毅夫，2017）。因此，领先型产业发展面临的最大制约因素在于技术基础与自主创新，政府最可能的干预措施主要在鼓励创新与保护创新。

一是基础科研方面，需要政府的大力支持。政府通过用财政拨款设立科研基金、提供先进技术设备欠缺、引进高技术创新型人才等方式，支持大学和相关科研机构等进行基础知识的科学研究。但政府资源有限，因此必须将扶持资金进行最有效的配置，需要对基础研究的扶持有所选择，选择标准主要是根据基础知识的突破对各领域新技术、新产品开发的帮助程度，以及对经济发展的贡献程度。

二是应用科研方面，给予恰当的支持。新产品、新技术的开发通常需要有企业在基础知识研发成果的基础上来进行，在企业的创新开发阶段，政府可以通过减税免税、补贴等方式对企业的开发行为给予鼓励。通过引导基础科研机构与企业的合作开发，促进技术成果的转化。通过专利制度和法律支持保护企业的知识产权，保证企业从创新开发中获利，维持自身经营。此外，政府可以通过采购新产品帮助企业实现规模经济，提高产品的国际竞争力。

三是开发市场方面，提供必要的支持。国际领先型产业全球化特征明显，需要跨国搭建广泛的销售、加工生产、售后服务等网络。因此相关企业在进行海外市场拓展时，政府应提供资金、法律、领事保护、投资保护、人才培训上的必要支持。

三、转进型产业诊断

一般来讲，对于失掉比较优势的转进型产业，政府需要引导和促进其转型升级和退出。一方面，根据微笑曲线理论，产业链条两端的附加值是最高的，而政府就需要创造条件使转进型产业中竞争力强的企业向设计、研发和销售管理两端转变；另一方面，政府需要从帮助企业转移过剩产品转变为帮助其将生产环节转移到其他国家和地区，利用其他国家和地区相对更低的劳动力成本提高企业经营效益（林毅夫，2014）。

但是对于高高原地区来讲，由于经济发展水平仍处较低阶段，各产业发展不充分、不平衡，产业基础薄弱，产业体系不完整。因此，高高原地区的转进型产业主要存在行业利润低，产能过剩，资源利用率低，仍然采用较为落后的生产技术和生产装备，处于行业发展初级阶段等问题，其发展则更加侧重于产业的转型升级。

引导高高原地区转进型产业延伸产业链条，提高生产技术水平。具体来讲，高高原地区转进型产业的发展，第一产业方面，一是要因地制宜地根据具体情况，核定产业发展类型、发展规模和发展结构，进行集约化生产经营；二是要增加技术研发投入，通过政策调控鼓励农业技术创新，提高农业技术要素在生产要素投入中的比重，提高劳动生产率；三是要延伸产业链条，通过引进资本，对农产品进行深度加工，提升产品附加值。第二产业方面，一是在环境承载力下合理开采工业资源，发展深加工产业，延伸产业链条；二是引导高污染、高耗能的工业企业向轻污染、低排放逐步转型；三是通过产业政策创造适合科技含量高、经济效益好、资源消耗低、环境污染少的新型工业发展的市场环境。第三产业方面，一是要进一步完善行业规范，促进相关产业的规范化运营，引导低端服务业向高质量、高品质转型；二是要创造条件引导企业向研发、品牌打造转型，提供信息服务平台以拓展其销售渠道；三是要出台相关优惠政策，鼓励特色化服务业发展。

四、换道超车型产业诊断

对于产品研发周期短，人力资本要素需求高的换道超车型产业，需要良好的创新环境和较强的创新能力。但是高高原地区换道超车型产业的发展，面临着人力资本相对匮乏、创新能力相对较低的限制。因此，高高原地区的政府应该基于国家的扶持、定向援助以及知识的创新扩散效应，创造利于创新的环境条件来鼓励此类产业的发展。具体来讲，一是需要制定相关人才政策，将人才引进来、留下来；二是要提供孵化基地，为具有创新能力的企业提供硬件配套设施；三是要鼓励风险投资，为具有发展前景的企业和产品形态提供有力的资金支持；四是要加强知识产权保护，完善相关法律法规，为创新企业提供公平、健康的市场环境。

第五章

西藏经济发展历程

西藏地处西南边陲，相对于内地其他省份，在经济、政治等诸多方面有其特殊性。中央对西藏的稳定和发展给予密切关注。改革开放后，西藏的经济发展被提到全新的高度。自 1980 年以来，中央在西藏召开了七次工作座谈会，制定的政策措施都有利于西藏经济发展，从而全面提升了西藏经济，完善基础工程，各项事业成绩显著。然而，与其他省份相比，其经济发展仍存在较大差距。本章首先回顾了西藏的经济发展历程，在借鉴我国学者蒋清海博士的区域经济发展阶段理论的基础上，综观党中央对西藏经济政策的规划，从改革开放以来，将西藏经济发展划分为改革开放的酝酿阶段、改革步伐加速阶段、调整提高阶段、全面提升和跨越式发展阶段、跨越式发展阶段等五个阶段。并通过分析西藏经济发展现状，发现西藏在发展经济过程中存在的问题。

第一节 西藏经济发展历程回顾

经济发展所处的阶段是一个区域的重要内容，也是一个国家国情的重要内容。对一国或者一区域经济发展阶段的判断，是合理制定经济发展战略、提升经济的重要前提之一。对经济发展阶段划分的标准始终没有取得统一结论。从现有资料看，对该问题的争论大致可以概括为三类观点：一是结构主义观点；二是总量主义观点；三是综合主义观点。综合主义观点认为没有唯一的经济发展阶段，应该由若干指标组成。它的主要代表人物有日本的井村干男和我国的蒋海清。井村干男认为，一国经济发展的阶段和类型，应该从其基本条件或形态、工业化进展程度和贸易结构变化三个要素相结合的角度来进行划分。蒋清海认为，划分区域经济发展阶段应采用制度因素、产业结构、空间结构和总量水平四个项目为标准，并认为，制度因素是区域经济发展阶段划分的背景性标准，产业结构是判别区域经济发展阶段的生产力标准，空间结构是标示区域经济发展阶段不同于其他经济发展阶段的标志，总量水平是测量经济发展高度的标准。本章借鉴了我国学者蒋清海的区域经济发展阶段理论，通过改革开放以来中央对西藏经济政策的发展和支持，对西藏产业结构、总量水平等项目进行测量，并以六次西藏工作座谈会的胜利召开为标志，将西藏经济发展主要划分为以下五个阶段。

一、改革开放的酝酿阶段（1978 年年底—1984 年春）

1978 年党的十一届三中全会胜利召开。与全国其他省份一道，西藏拉开了思想上拨乱反正工作的序幕。但是，由于西藏特殊的历史和社会条件，西藏的改革开放脚步相对慢一些，它需要一个更长的启动、酝酿时间。鉴于西藏经济发展水平处于全国最低水平的基本现实，中央决定大力扶持西藏的经济社会发展，以提高经济发展水平。

1978 年，中共中央发布了《关于抽调干部支援西藏和在藏干部内返问题的通知》，初步形成了干部援助西藏机制，1978 年 9 月，四川省 12 所高等院校 260 多名应届毕业生报名参加援藏。1979 年 3、4 月，甘肃、陕西、河南、山西等省选派的 1200 名大专毕业生进藏从事农牧业科技工作；5 月 3 日，全国 1000 多名大专院校毕业生志愿报名进藏工作。1980 年 7 月，内地各大专院校选派 144 名毕业生进藏，进行为期 8 年的援藏工作；10 月，14 个省份的 514 名援藏老师陆续到达西藏。1982
年 10 月，全国各地共有 110 名应届大学毕业生（包括一名研究生）自
愿进藏工作。1983 年 7 月，内地各大中专院校选派了 30 多名毕业生到
山南地区工作（贺新元，2012）。1979 年，选派干部帮助西藏有关地市
和部委制定经济和社会发展规划，共同组织实施，使内地与西藏建立相
对稳定的合作关系，促进西藏经济和社会的快速发展。

　　1980 年 3 月 14、15 日，在北京召开第一次西藏工作座谈会，时任
中共中央总书记的胡耀邦同志主持。座谈会上对西藏地区的工作进行了
讨论，指出西藏面临的艰巨任务及迫切需要解决的方针政策问题，并且
形成了《西藏工作座谈会纪要》。1980 年 4 月 7 日，中共中央批准转发
了《西藏工作座谈会纪要》。《西藏工作座谈会纪要》表明，在新的历史
条件下，中共中央的各部门要加强正确领导，并根据西藏的实际需要和
条件，号召全国人民给予西藏帮助和支持。

　　1980 年 5 月下旬，党和国家领导人胡耀邦、万里等同志到西藏视
察指导工作，明确座谈会精神。5 月 29 日，胡耀邦在西藏自治区干部
大会上，第一次提出"为建设一个团结、富裕、文明的新西藏而奋斗"
的战略目标。同时，西藏根据中央指示，制定了一系列政策，有发展经
济、脱贫致富、实行休养生息等，一是最大限度下放生产经营自主权；
二是免除农业税的征收，取消形式主义的派购任务；三是废除摊派用工
形式，减轻农民的压力；四是满足居民必需的供应。通过这些政策的实
施，如果年均定额补助到了 4.96 亿元，各种专项拨款达到 0.9 亿元，基
本建设投资达到 2622 亿元。给予西藏 3—5 年内实行免征、免购的农业
税收政策的特殊优惠政策。全面推行包产到户、包干到户的责任制。按
照"调整、改革、整顿、提高"的指导方针和企业改革整顿的五项要求，
分期分批次地对西藏全区企业展开整顿，以此为基础，逐渐展开企业自
主权的试点工作。在商业外贸领域，只对关系到西藏人民生活的主要产
品实行指令性计划，而对社会零售品总额、进出口总额仅仅下达指导性

计划。同时，要求在西藏农牧区的国营商业只搞批发，让利于民。西藏经济特别是农牧区经济有了较大的恢复和改观，为现代化建设奠定了良好的基础。

1983 年 8 月，国务院作出"在坚持全国支援的方针上，由四川、浙江、上海、天津四省（市）重点对口支援西藏"的决定。10 月 24 日，西藏自治区党政负责同志和国家对口支援西藏代表团在拉萨进行了会谈，双方对经济技术协作问题以及支援西藏项目进行了认真商讨，确定建立 10 个对口支援单位，落实了 50 多个对口支援和合作项目。其中，上海承担 15 个援藏项目，天津承担 10 个援藏项目，浙江承担 7 个援藏项目。随后，又增加北京、江苏、陕西三省（市）的对口支援项目。

此外，中央对西藏除给予人才、项目等方面的支援外，通过财政转移支付对西藏地方财政进行了大量的补贴。1978—1985 年，中央财政对西藏的补贴超过当时西藏地方全部的财政收入，这一时期中央对西藏地方进行了大量的资金援助，如表 5-1 所示。

表 5-1　西藏自治区中央财政补贴资金

年份	中央财政补贴（万元）	中央财政补贴占全部财政收入比例（%）
1978	48620	103.31
1979	51441	104.48
1980	60104	111.03
1981	63686	109.85
1982	67830	108.96
1983	68655	107.53
1984	77974	116.46
1985	105772	106.05

数据来源：各年《西藏统计年鉴》。

在一系列政策扶持与执行下，西藏经济发展取得显著成效，各项事业有了突破性进展。除传统农牧业外，其他产业也逐步取得发展。1979年12月底，西藏自治区组建了旅行游览事业管理局和中国国际旅行社拉萨分社，标志着西藏旅游业的起步。20世纪80年代，中国人民银行西藏自治区分行、中国银行拉萨分行、国家外汇管理局西藏自治区分局先后在西藏落地生根，金融业逐渐起步。到1984年西藏人均GDP为702元，是1978年西藏人均GDP的1.87倍。

1980年3月14日，中央召开了第一次西藏工作座谈会，明确了中央的援助和制定特殊政策。自此，西藏开始建设前所未有的现代基础设施，发展现代工业，奠定了良好的现代化基础，也奠定了良好的援藏工作基础。

二、改革步伐加速阶段（1984—1989年）

1984年2月，中央在北京召开了第二次西藏工作座谈会。胡耀邦主持会议，参加会议的有中央和中央有关部门负责人，还有西藏自治区党政军负责人和地市委负责人共计70余人。这次会议的召开标志着全国性的支援西藏工程开始。会议强调要再认识西藏的特殊性，并且商讨进一步放宽部分政策，让西藏贫困人民尽快富裕起来。会议重申"中心是把经济工作搞上去，使西藏人民尽快富裕起来"，要求进一步解放改革思路，把西藏经济社会各项工作继续向前推进。会议认为"一定要认清西藏的特殊环境条件，千方百计地把经济搞上去"。会上，在中央各部委和9省市的相互配合、协调与支持下，43项工程除一项停止建设和两项缓建外，其余40项工程均在不到两年的时间内建成并交付使用，如表5-2所示。其中，以饭店、招待所、宾馆的建设居多，这些项目的建设大大提升了西藏旅游接待能力，为西藏日后旅游业的发展奠定了坚实的基础。

表 5-2 援藏项目概览表

项　目
拉萨饭店，自治区医院住院楼，拉萨少年活动中心，拉萨客运站，阿里群艺馆，阿里招待所，阿里太阳能采暖楼，西藏体育馆，西藏大学，拉萨电视教学大楼，拉萨剧院，自治区群艺馆，那曲风能试验站，那曲医院住院部，拉萨上、下水工程，青藏公路配套工程，昌都饭店，昌都群艺馆，那曲饭店，那曲群艺馆，泽当医院门诊楼，泽当饭店，泽当群艺馆，花岗岩加工厂，日喀则饭店，西藏宾馆，日喀则百货商店，日喀则太阳能试验站，日喀则医院门诊楼，拉萨北郊贸易中心，拉萨西郊贸易中心，拉萨三类物资供应站，拉萨石膏制品厂，拉萨饮料加工厂，拉萨火电厂太阳能灶，江孜饭店，昌都木材加工厂，曲水色蒲电站，羊八井地热电站，羊八井至拉萨输变电工程，拉萨机场宾馆

　　1984 年 8 月，为了贯彻中央第二次西藏工作座谈会的会议精神，中共中央再次选派工作组进驻西藏各地进行实地调研。在与西藏自治区党委统一认识的基础上，中央工作组提出要坚持"土地归农牧户使用，自主经营政策长期不变；牲畜归户，私有私养自主经营长期不变"两个"长期不变"和按照西藏生产力发展水平以及人民意愿"在坚持土地、森林、草场公有制的前提下，实行以家庭经营为主和以市场调节为主"的"两个为主"的工作指导方针，为西藏经济社会的改革打下了坚实的基础。

　　统计数据显示，1984 年到 1989 年，西藏自治区 GDP 从 13.68 亿元增长到 21.86 亿元，GDP 年均增长率为 14.1%，1989 年西藏人均 GDP 首次突破千元大关，达到 1021 元。

　　1984 年 2 月中央第二次西藏工作座谈会的召开，总结了 1980 年以来的西藏工作，再次认识了西藏地理位置等的特殊性，从西藏实际出发，采取一系列重要措施，促进了西藏工作和各项事业的顺利发展。

三、调整提高阶段（1989 年夏—1994 年春）

　　在国外反动势力的怂恿和支持下，叛逃国外的达赖集团在 1987 年至 1989 年期间，在拉萨有组织、有预谋地策划了多起恶性社会骚乱事件，西藏人民的生命财产安全遭受巨大损失，阻碍了西藏经济社会改革顺利进行。为了迅速平定西藏乱局，减少西藏民众的损失，1988 年 12 月，中共中央决定任命胡锦涛同志担任中共西藏自治区党委书记。自此，西藏社会局势基本走向稳定，西藏各类经济社会的建设也有序进行，由国家投资建设的包括一江两河综合开发建设工程，青藏、川藏、中尼、黑昌、墨脱公路的整治和改造，羊卓雍湖抽水蓄能电站工程，改建邦达机场以及扩建拉萨贡嘎机场等一批重大项目在西藏各地相继开工建设。

1990 年 7 月，江泽民深入西藏各地市基层开展了为期一周的考察工作。之后，在会见西藏自治区县级以上党政干部大会上，江泽民作出重要指示，指出：坚持以经济建设为中心，紧紧抓住稳定局势和发展经济两件大事，确保全区社会的长治久安，确保经济的持续、稳定、协调发展，确保人民群众生活水平的明显提高，给西藏经济社会工作提出了基本指导方针，即"一个中心、两件大事、三个确保"，为日后西藏经济社会改革起到了积极的推动作用。1991 年，"八五"计划江河项目 1 个，投入金额 21.89 亿元。1992 年，党的十四大在北京顺利召开，按照中共中央关于在全国范围内建设社会主义市场经济体制的总体方案，西藏自治区党委开展了一场社会主义市场经济体制构建的伟大尝试。西藏自治区社会主义市场经济体制逐步完善，经济社会发展充满活力，截至 1993 年，西藏的 GDP 达到 374200 万元，相较于 1988 年 GDP 增长84.8%，年均增长率达到 13.1%。

四、全面提升和跨越式发展阶段（1994—2000 年)

继 1980 年、1984 年两次西藏工作座谈会后，中共中央、国务院于 1994 年 7 月 20 日至 23 日，在北京召开了第三次西藏工作座谈会。会议的主要任务是：以邓小平建设有中国特色社会主义理论和党的基本路线为指导，围绕西藏的发展和稳定两件大事，研究新情况，解决新问题，进一步明确加强西藏工作的指导思想，落实加快发展和维护稳定的各项措施，努力开创西藏工作的新局面。会上提出"对口援藏"政策，江泽民号召全国各地方和中央各部门都要大力支持西藏的建设，都要从党的工作全局和经济社会发展的全局，从增强中华民族凝聚力的高度，深刻认识中央关于全国支援西藏的决策的深远意义。从人才、资金、技术、物资等多方面做好支援工作。

此次西藏工作座谈会标志着新时期西藏工作进入里程碑。会议明确提出加快西藏经济发展，主要从三方面入手：一是坚持以经济建设为中心，经济发展和社会稳定都要抓，实现两手抓两手都要硬；二是进一步加快改革开放，建立健全新体制，为西藏经济发展提供动力保障；三是要充分利用全国人民对西藏经济社会建设大扶持的契机，不断提高西藏各地自我造血的能力，坚定不移地把西藏基础设施建设搞上去，为西藏经济跨越式发展夯实基础，进而不断增强西藏经济社会发展后劲。通过此次会议，中央和援藏省份的对口援藏力度显著加强，最终明确了由中央国家机关和15个省市联合援藏，坚持各个援藏单位和西藏各地市之间"对口支援，分片负责，定期轮换"的援藏方针。为了改变西藏严重滞后的基础设施制约经济社会发展的状况，中央部委和援藏省市合计分工承担了62项援藏建设工程，总投资合计48.6亿元。另外，15个援藏省市还无偿援助西藏建设576个项目，投资合计22.37亿元，国家各部委援藏项目140个，投资将近10亿元，援藏项目涉及农牧业、工业、市政、水电、文化、教育、广播电视、医疗卫生等多个民生领域。援藏项目建成后，对改善西藏农牧区生产生活条件以及改善西藏城市面貌都有积极的促进作用。统计资料显示，从1994年到2001年，西藏GDP年均增速达14.8%，高于同期全国平均GDP增速9.2%。

1994年7月20日中央第三次西藏工作座谈会的召开，进一步加快经济发展和制定维护稳定的基本措施，开创西藏工作的新局面，是西藏新时代工作的一个里程碑。

五、跨越式发展阶段（2001—2017 年）

2001 年 6 月 25 日，中央第四次西藏工作座谈会在北京召开。中央第四次西藏工作座谈会被称为新时期西藏经济社会工作又一个里程碑。会议指出，中央对西藏工作的指导思想是"以邓小平理论和党的基本路线为指导，继续坚持以经济建设为中心，紧紧抓住发展经济和稳定局势两件大事，确保西藏经济加快发展和社会稳定，确保国家安全和西藏长治久安，确保各族人民生活水平不断提高"。即明确西藏经济社会工作遵循的"一个中心、两件大事、三个确保"指导方针，把西藏列为西部大开发的重点地区。会议强调加大对西藏经济建设资金的投入，以及大力实现优惠政策，继续加大对口支援力度。在"十一五"计划期间，由国家直接投资建设铁路、公路、电力、通信、水利等基础设施项目有117 个，投资总额达 312 亿元。明确各省市对口支援建设项目达 70 个、总投资约 10.6 亿元。林芝米林机场、青藏铁路等一批重点基础设施工程相继建成，大大改善了西藏的基础设施条件。

中央第四次西藏工作座谈会之后的 8 年时间，西藏的 GDP 都以12% 以上的速度增长，高于同期的全国平均水平。2010 年中央第五次西藏工作座谈会是在西藏跨越式发展进入关键阶段召开的一次重要会议。截至 2014 年年底，西藏生产总值连续 5 年百亿级增长，国有及国有控股企业营业收入、利润总额、缴纳税金同比增长高于全国平均增速，非公经济成为西藏发展的重要力量，城乡居民收入显著增加。2015年 8 月 24 日至 25 日，在北京召开了中央第六次西藏工作座谈会，明确提出"坚持依法治藏、富民兴藏、长期建藏、凝聚人心、夯实基础的重要原则"。中央第六次西藏工作座谈会指出维护西藏自治区社会长治久安和确保西藏自治区经济持续健康发展，是党的西藏工作新的里程碑，开辟了我党治藏方略的新篇章。此次会议专门制定了关于进一步推进西藏自治区经济发展和社会长治久安的意见，1984—2016 年中央援藏项目情况如表 5-3 所示。

表 5-3　1984—2015 年中央援藏项目概览

序号	年份	实施启动	项目数（个）	金额（亿元）
1	1984	中央第二次西藏工作座谈会	43	4.80
2	1991	中央"八五"计划江河项目	1	21.89
3	1994	中央第三次西藏工作座谈会	62	48.60
4	2001	中央第四次西藏工作座谈会	117	320.00
5	2005	自治区成立 40 年大庆	24	64.20
6	2006	"十五"规划（2001—2005 年）	7	41.36
7	2007	"十一五"规划（2006—2010 年）	188	1378.00
8	2011	"十二五"规划（2011—2015 年）	236	4192.00

数据来源：靳薇：《西藏的受援与可持续发展》，《西北民族研究》2016 年第 2 期。

第二节　西藏经济发展现状分析

2010 年中央第五次西藏工作座谈会以来，在党中央坚强领导下，以及中央和国家机关、对口支援省市、中央企业大力支持下，西藏自治区党委和政府团结带领全区各族干部群众，认真贯彻落实中央决策部署，各项工作取得辉煌成绩。但同时，西藏的经济发展也暴露出一些特有的问题。

一、经济发展取得的成绩

（一）经济社会全面提升

经济总量不断扩大，产业结构不断优化。2015 年全区 GDP 突破千亿元大关，2016 年 GDP 达到 1150.07 亿元，五年年均 GDP 增长率约为 11%，人均 GDP 年均增长率为 9.1%。GDP 增长速度连续 20 年都保持在两位数。随着 GDP 的增长，西藏三次产业结构也不断优化，从以第一产业就业为主导转变为以第二、第三产业就业为主导，三次产业关联

（%）

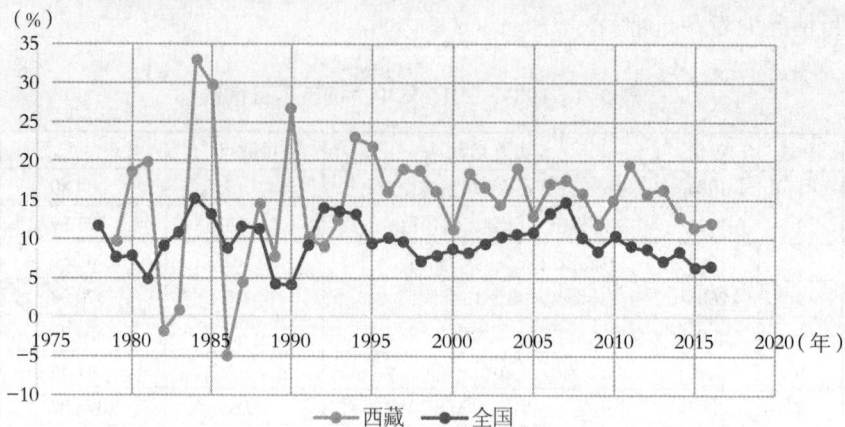

图 5–1　1978—2016 年全国与西藏 GDP 增长率对比

数据来源：国家统计局网站。

度也进一步提升。近 20 年西藏第一产业在 GDP 中的比重呈显著下降趋势，1996 年为 41.9%，至 2015 年下降到 9.6%；第二产业在 GDP 中的比重持续上升，1996 年为 17.4%，至 2015 年上升到 36.7%；第三产业所占比重在 2002 年之前呈快速上升趋势，2002 年达到 55%，此后虽有所下降，但总体较稳定，仍远高于 50%，如图 5–2 所示。

（%）

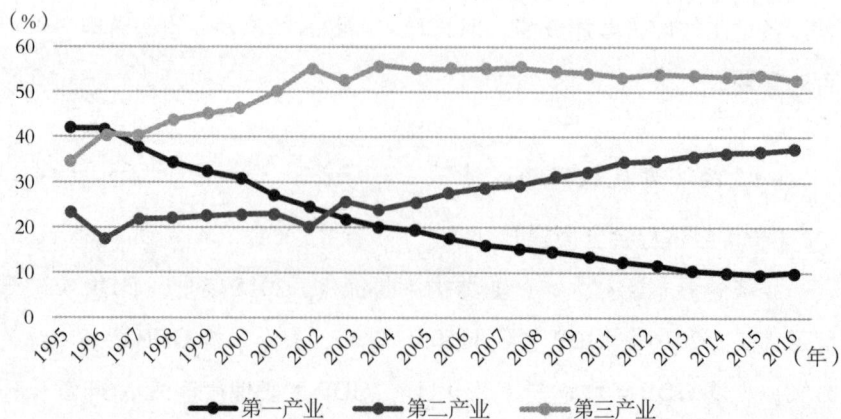

图 5–2　1995—2016 年西藏三大产业在 GDP 中所占比重对比

数据来源：国家统计局网站。

　　投资拉动经济发展成效显著。根据西藏经济社会发展的实际需要，国家对西藏的投资力度不断加强，近几年举全国之力相继安排了一大批影响深远的重大项目工程。西藏也充分利用国家投资强劲的带动作用，不断优化投资结构、努力拓宽融资渠道、创新融资方式，使西藏固定资产投资持续大幅增长，成为有效拉动西藏经济快速增长的引擎。2016年，西藏固定资产投资增长高达20%。随着中央财政对西藏地方财政的无偿转移支付力度的不断强化，西藏实施中期财政规划管理，西藏财政收入逐年增长，财政支出规模也持续扩大，重点支出领域在民生、支农、社会事业和生态文明等方面。2016年，地方财政支出突破1600亿元，投入民生领域资金达1266亿元，占财政总支出的79.8%。

　　农牧业基础不断夯实。2016年，西藏自治区政府继续实施支农强农惠农的政策，持续加大"三农"领域投入和科技推广体系完善，保障西藏农牧业实现增产增效增收。在全区范围内推广"藏青2000"等农作物改良新品种多达177万亩，改良畜种达39.7万头。全区粮食产量为102.7万吨，蔬菜产量为87.3万吨，肉奶产量为68.3万吨。全区农牧民专业合作组织（专业合作社）达6076家，增长率为34.9%，农畜产品加工企业总产值实现33.3亿元，增长率为47.4%。全区农牧业产业化经营率达到42%，农牧业综合生产能力显著提升，基本实现了农牧业现代化。2016年旁多水利枢纽建成并按照设计规划要求正常投入运行，实现新增灌溉面积达36.6万亩、改善灌溉面积达28.68万亩，年均增产约25.5万吨。2016年西藏农牧民人均可支配收入为9094元，城镇居民人均可支配收入为27802元，保持一贯增速。随着西藏城乡居民人均收入的快速增长，西藏居民消费结构呈现出多样化，彩电、冰箱、洗衣机、电脑、手机、汽车等电子产品走进了寻常百姓家。2016年西藏全区社会消费品零售总额为459.41亿元，对西藏经济增长贡献不断增强。

（二）基础设施日渐完善

西藏综合交通运输体系初步形成，公路、铁路、航空、管道基本覆盖全区。公路方面，新藏公路、川藏公路西藏段实现全线黑色化。拉贡机场专用公路建成并通车，贡嘎机场至泽当高等级公路通车运营，拉萨至林芝高等级公路全线通车，改变了西藏无高等级公路的局面，墨脱公路全线通车，连接了全国最后一个不通公路的县。截至2016年年底，西藏在建和已经建成的高等级公路达739千米，公路通车总里程达8.25万千米，比2011年增长了近30%。在铁路方面，截至2016年年底，铁路运营总里程长达954千米，青藏铁路全线通车运营，川藏铁路拉林段已开工建设，西藏铁路事业步入高速发展阶段，给西藏经济社会发展带来强劲动力。在民航方面，目前已有5个通航机场，初步形成以贡嘎机场为中心，林芝米林机场、昌都邦达机场、日喀则和平机场以及阿里昆莎机场为支线的五大民用机场网络。2016年在藏运营的航空公司有9家，开通国内外航线共计71条，通航城市达41个。

以水电为主，风能、太阳能、地热能等多种能源互补的新型能源体系初步形成。拉萨市城关区已经实现天然气供暖全覆盖，阿里地区狮泉河镇、那曲地区那曲镇的试点集中供暖工程也已建成并投入使用。2014年西藏基本实现了电力供需平衡，截至2016年年底，西藏全区电力装机容量达到266.6万千瓦，比2011年装机容量增长了近1.29倍。一大批水利项目设施落成并投入使用，骨干水利工程进度迅速，大型灌区体系初步形成，水利基础设施保障体系雏形已显现。西藏主要江河治理以及城市防洪工程进一步加强，农牧区饮水安全问题基本得到解决。

西藏的通信网络和内地省份同步发展，初步建立以卫星、光缆、网络为主的现代通信网络体系。截至2016年年底，基本实现西藏全区各乡镇全部通光缆，各行政村移动信号全覆盖，铁路、机场、国道、省道高速移动通信网络的覆盖率分别达到90%、100%、90%、64%，实现A级及以上景区的移动通信网络全覆盖，所有西藏边境县、乡、站、村的移动通信网络实现全覆盖。移动3G网络已经覆盖到西藏所有的市地、县城以及乡镇，有83.6%的行政村实现宽带覆盖，在农牧区开发搭建农村综合信息服务平台，以此为基础向广大群众推送相关科技信息。

（三）优势特色产业发展迅速

青藏高原由于特殊的地理位置及历史原因，经济发展相对落后。改革开放以来，在我国全国上下大力支援下，青藏高原地区经济总量不断扩大，产业结构不断优化，使得第一、第二、第三产业全面发展，奠定发展特色产业的基础。青藏高原的特色经济需要农牧业、工业、第三产业相互配合，不断融合发展。特色工业有清洁能源地热、风能、水电等产业、优势矿业、民族特需品工业；特色农牧业有高原牧业、种植业等；第三产业有旅游业、文化产业等。在产业发展带动下，人民经济生活水平显著提升。

青藏高原特色农牧业的基础得到不断夯实。西藏自治区各级政府不断积极落实支农、强农、惠农政策，保障"三农"资金投入和农牧业科技普及力度，沿着农牧业供给侧结构性改革这条主线，着力推动高原农畜产品基地建设，全区内大力推广良种良畜，拉萨城关区、桑珠孜区、米林县三个区县的三次产业融合示范区建设积极推进，确保了农牧产品产量、产值稳定持续增长，农牧业综合生产能力得到稳步提高，农牧业现代化进程加快。全区粮食产量连年获得大丰收，2015年粮食产量达到100万吨。

特色优势产业不断壮大。西藏自治区政府大力培育特色优势以及战略支撑产业，特色优势产业不断升级改造，同时不断加大对藏医药业、绿色食饮品、民族手工业、清洁能源以及优势矿产业等特色优势产业的资金、技术支持力度，鼓励企业建立和相关科研机构共用平台，产研结合促进传统企业升级改造。西藏特色工业规模也逐年扩大，产业链深度和广度不断延伸，主要工业产品产量较为稳定，产销衔接较好，2016年实现工业增加值为88.69亿元，比2012年工业增加值增长了55.9%，年均增长率达到了 11.7%。

特色旅游业得到迅速发展。作为发展最快的新兴产业，西藏旅游业受到了中央的高度重视，中央明确表示要将西藏建设成为世界重要旅游目的地。西藏自治区政府不断强化旅游合作，深化旅游推广，着力打造一些高端、精品、特色的旅游产品，科学制定区域旅游发展规划，提升西藏旅游业的知名度，全面扩大了西藏旅游市场的规模，提升了西藏旅游业发展水平，旅游业成为促进西藏经济发展的重要特色产业。2016年，西藏全区接待国内外游客 2315.94 万人次，全年实现旅游总收入 330.75 亿元，对经济增长贡献率达 20% 以上。

（四）改革开放成绩卓著

改革开放的红利不断释放。西藏自治区政府大力推进简政放权，加速推动"多证合一"的制度改革，为企业登记注册提供便利，截至 2016 年年底，全区各类市场主体达到 20.95 万户。西藏自治区政府不断推动农牧业的供给侧结构性改革向纵深延伸，到 2016 年年底，全区农牧业产业化经营的龙头企业合计 125 家，其中自治区级以上规模的龙头企业 29 家。积极推进价格体制改革、深入税收体制改革、深化林权制度改革、逐渐推进国有企业改革重组。

对口援藏机制不断完善。西藏不断加强和内地各个对口援藏省市的协调，探索并挖掘对口援藏内涵，不断尝试和援藏省市间的协同发展、产业合作以及援藏工作管理新模式，统筹融合经济援藏、产业援藏、人才援藏、科技援藏、就业援藏、干部援藏以及扶贫援藏，拓展思路变"输血"式援藏模式转变为"造血"式援藏模式，不断强化西藏的自我发展能力。2013—2016 年累计实施 1463 个援藏项目，落实援藏资金 114.83 亿元。西藏自治区政府坚持把对口援藏资金向基层、向农牧区倾斜，80% 的资金流向西藏基层和民生，集中大部分力量建设了一批惠民工程。

对外合作开放水平持续提升。渝藏、川藏区域经济合作不断加强，西藏经济融入川渝经济区、长江经济带，同内地兄弟省市在不同领域实现合作共赢。西藏自治区政府连续举办三届"中国西藏旅游文化国际博览会"，文化搭台经济唱戏，搭建了一个西藏旅游文化对外开放的综合性平台。西藏积极融入"一带一路"建设，科学编制西藏面向南亚地区通道建设规划，积极推进吉隆口岸对外经济贸易区建设，夯实建设面向南亚地区开放的立体大通道的基础。

二、经济发展中存在的主要问题

从以上分析可以看出，在中央与对口支援省市有效援助下，西藏经济发展取得了显著成绩，但经济发展中仍存在一些问题，主要体现在以下方面：

（一）人均可支配收入与全国平均水平差距呈扩大趋势

经过 40 年的巨大援助，西藏经济发展取得了显著成绩，但经济发展仍处于全国较低水平。2016 年，西藏地区生产总值 1151.41 亿元，与西部五省份相比处最末位，同时也是全国最低，城镇和农村居民人均可支配收入均低于全国平均水平，如表 5–4 所示。

表 5–4　2016 年全国及西部五省份经济发展指标

地区	GDP （亿元）	人均 GDP （元）	城镇居民人均可支配收入 （元）	农村居民人均可支配收入 （元）
云南	14788.42	31093	28610.57	9019.81
四川	32934.54	40003	28335.30	11203.13
青海	2572.49	43531	26757.41	8664.36
甘肃	7200.37	27643	25693.49	7456.85
西藏	1151.41	35184	27802.39	9093.85
全国		53935	33616.00	12363.00

数据来源：国家统计局。

同时，西藏镇乡居民人均可支配收入与全国水平相比，出现"相对贫困"现象。西藏的农村居民人均可支配收入与城镇居民人均可支配收入，与全国人均支配收入相比，呈下降趋势，如图 5-3 所示。

图 5-3　西藏镇乡居民人均可支配收入与全国水平比较示意图
数据来源：国泰安数据库。

（二）西藏形成援助依赖，财政自给率极低，仍未具备自我发展能力

西藏经济发展长期依靠外援，经济的运行对中央政府的依赖度过高，1978—2016 年近 40 年间，中央财政补贴占西藏财政收入的 89.69%，占西藏财政总支出的比重为 89.93%。2016 年，中央财政补贴占西藏财政总收入的比重仍然高达 86.90%。近 40 年来的巨大援助，仍未让西藏摆脱全国经济发展末位的位置。2016 年，西藏人均地区生产

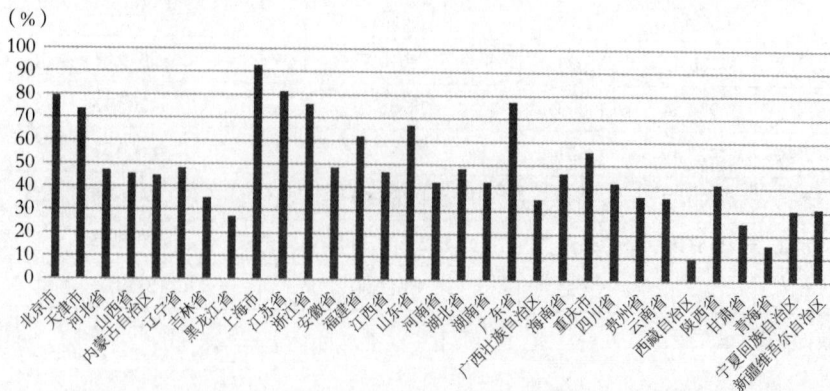

图 5-4　2016 年各省（区、市）财政自给率（地方财政收入占财政支出比重）对比

总值 35184 元，居全国第 28 位，远低于全国 53935 元的人均 GDP 水平。

2016 年，西藏财政自给率为 12.57%，财政自给率极低，处于全国最低水平，仍不具备自我发展能力，如图 5-4 所示。

第六章
西藏要素禀赋结构分析

　　要素禀赋结构是指地区所拥有的各要素禀赋的丰裕程度。某一地区要素禀赋结构状况会直接影响地区产业结构，而产业结构是地区经济增长最主要的推动力。地处世界第三极的西藏，地理位置偏僻，环境脆弱，高寒缺氧，人口居住相对分散，远离内地和其他区域性中心市场，这些客观条件都制约着西藏的发展。本章将对西藏的要素禀赋结构进行系统分析。

第一节　自然资源

　　自然资源是一个地区进行生产活动和其他社会活动的基础。搞清楚西藏的资源优势，对于地区经济发展战略规划，进而进行产业发展选择是非常必要的。其在《辞海》中的定义为：指天然存在的自然物（不包括人类加工制造的原材料）并有利用价值的自然物，如矿藏、土地、生物、水利、海洋、气候等资源，是生产的布局场所和原料来源。西藏的自然资源，整体上具有分布广泛、量大、种类繁多的特点。从东南向西北西藏自然资源呈现生物资源、森林资源、水能资源、农副产品资源、农业耕地资源、草场畜牧资源和太阳能资源、地热能及风能等资源叠交排列组合。西藏自然资源虽丰裕但开发利用不足，加上生态环境十分脆弱、人口分布稀散、经济基础薄弱、生产力水平低、市场容量狭小。经济发展受到制约。

一、地理分布

西藏，简称"藏"，位于我国西南边陲，是中国五个少数民族自治区之一。地处北纬26°50′—36°53′，东经78°25′—99°06′之间，平均海拔在4000米以上，素有"世界屋脊"之称。西藏是中国西南边陲的重要门户，东临四川，北接新疆，东北连接青海，东南紧靠云南；周边与印度、缅甸、尼泊尔、不丹、克什米尔等国接壤，陆地国界线绵延4000千米。自治区面积达122.84万平方千米，幅员广大，仅次于新疆，约占全国总面积的1/8。

西藏的土地面积达122.84万平方千米，但大部分土地不宜进行开发。86.1%的土地海拔在4000米以上，45.6%的土地海拔在5000米以上，开发代价十分巨大（耿香玲，2005）。西藏境内有50多座高峰海拔在7000米以上，其中有11座在8000米以上，"地球第三极"名称由此而来。全区为唐古拉山脉、昆仑山脉和喜马拉雅山脉所环抱。复杂多样的地形地貌可分为四个地带：一是位于唐古拉山脉、昆仑山脉和冈底斯—念青唐古拉山脉之间的藏北高原，是西藏主要的牧业区。其长约2400千米，宽约700千米，占西藏总面积的三分之一，山丘浑圆而平缓，其内夹着许多盆地，地势低处常年积水成湖。二是位处雅鲁藏布江及其支流流经处的藏南谷地，是西藏主要的农业区。平均海拔约3500米，谷长70—100千米，宽7—8千米，地形平坦，有宽窄不一的河谷平地，土质肥沃。三是景色奇特的藏东高山峡谷，山麓有四季常青的田园，山腰森林茂密，山顶终年积雪。位于藏东南三江流域、横断山脉地区，高山深谷由东西走向逐渐转为南北走向，北部山顶平缓，海拔约达5200米，南部山势较陡峻，海拔约为4000米，山顶至谷底的落差可达2500米。四是与印度、尼泊尔、不丹等国接壤的喜马拉雅山地，是世界上最高的山脉。平均海拔 6000 米，几条山脉大致东西走向，东部气候温和，森林茂密且雨量充沛，西部海拔较高，气候寒冷干燥。

西藏自治区现设六市一地区，即拉萨市、昌都市、日喀则市、林芝市、山南市、那曲市、阿里地区，共 74 个县，根据地貌特征，西藏的各县分类情况如表 6-1 所示。

表 6-1　西藏县（市、区）分类

分类	个数	县（市、区）分类
边境县	21	米林县、墨脱县、察隅县、洛扎县、朗县、错那县、隆子县、浪卡子县、康马县、定日县、仲巴县、亚东县、定结县、聂拉木县、吉隆县、萨嘎县、普兰县、岗巴县、日土县、噶尔县、札达县
农业县	35	城关区、达孜区、墨竹工卡县、曲水县、堆龙德庆区、尼木县、米林县、墨脱县、波密县、巴宜区、察隅县、朗县、左贡县、芒康县、洛隆县、边坝县、扎囊县、贡嘎县、琼结县、桑日县、加查县、洛扎县、隆子县、江孜县、南木林县、定日县、萨迦县、拉孜县、白朗县、仁布县、定结县、吉隆县、聂拉木县、桑珠孜区、乃东区
牧业县	15	当雄县、萨嘎县、仲巴县、嘉黎县、聂荣县、申扎县、班戈县、安多县、巴青县、尼玛县、双湖县、革吉县、改则县、措勤县、色尼区
半农半牧县	24	工布江达县、林周县、江达县、类乌齐县、贡觉县、察雅县、丁青县、曲松县、八宿县、措美县、错那县、浪卡子县、昂仁县、谢通门县、康马县、岗巴县、亚东县、普兰县、索县、比如县、噶尔县、札达县、日土县、卡若区
"一江两河"开发县	18	城关区、达孜区、墨竹工卡县、曲水县、堆龙德庆区、林周县、尼木县、扎囊县、乃东区、桑日县、琼结县、贡嘎县、南木林县、江孜县、桑珠孜区、拉孜县、白朗县、谢通门县
粮食基地县	11	堆龙德庆区、波密县、林周县、乃东区、江孜县、芒康县、贡嘎县、扎囊县、白朗县、拉孜县、桑珠孜区

数据来源：《西藏统计年鉴》。

注：统计年鉴里直接写的县，没有写县（区）。参考年鉴，表述中都用了县，未加括号区。

二、生物资源

西藏的生物物种繁多，是世界上最典型的地区之一，作为我国植物最丰富的省区之一，西藏是药用植物资源和森林资源的一大宝库。区内林地面积 10754.93 万亩，有 17.03 亿立方米的木材积蓄。目前已知的高等植物几乎涵盖了从北半球热带到寒带的各种植物生态类型和物种科属，有 6400 多种，与此同时还保留了一部分古老的孑遗植物种群，是独特丰富的野生植物宝库。在已知的 6897 种野生植物中有蕨类植物 44 科，苔藓植物 62 科，被子植物 163 科，裸子植物 7 科。这些野生植物中有纤维植物和淀粉植物、树脂树胶类植物、药用植物、特有植物和珍稀植物。在超过 1000 种的西藏药用植物中，约有 400 种常用的中草药，300 多种具有特殊用途的藏药，较著名的药材有贝母、天麻、黄连、三七、鸡血藤和大黄等。此外，有峨眉蔷薇、沙生槐和马刺先蒿属等多蜜源植物；有众多的纤维植物及红景天、黑枣和沙棘属等高维生素饮料植物；200 多种菌类中包含茯苓、虫草和灵芝等珍贵的中药材，还有獐子菌、猴头和松茸等名特食用菌。有 39 种西藏珍稀植物被列为国家重点保护的野生植物。西藏白皮松、喜马拉雅长叶云杉和西藏水叶松，是喜马拉雅山南坡特有的树种，仅在札达和吉隆两县有分布。

西藏的野生动物种类丰富，约达数千种，青藏高原所特有的陆栖脊椎动物就有 200 多种，其中被国家列为重点保护野生动物有 125 种。截至 2018 年，西藏建立各级各类自然保护区共 47 个，其中国家级自然保护区 11 个。西藏已发现的野生哺乳动物有 142 种，在 488 种鸟类中有 22 种为西藏（青藏）高原所特有。两栖类 45 种，鱼类 68 种，爬行类 56 种，野生脊椎动物 799 种，丰富的动物种类构成了西藏的动物资源优势。在这些动物中，豹、虎、猴、马鹿、白唇鹿、野牦牛、羚类、麝、猞猁、小熊猫、藏马鸡、水獭、蟒、雉类、鹤类等 123 种野生脊椎动物被列为国家重点保护动物，超过全国重点保护动物名单的三分之一。其中，包含孟加拉虎、滇金丝猴、野牦牛、西藏野驴、云豹在内的45种野生脊椎动物，被列为西藏特有的或濒危灭绝珍稀保护动物。据资料表明，在已发现的760多种浮游动物中，昆虫208种，鳃足类56种，原生动物458种；水生源植物——硅藻隶属2目，7个亚目，11科，35属，共计340种。分布于西藏的2307种陆生无脊椎动物（昆虫）中，墨脱缺翅虫与中华缺翅虫被列为我国的重点保护动物。西藏的有益昆虫繁多，昆虫中的蝙蝠蛾科有9种，蜜蜂有103种。

西藏草质优良，生物资源具有很高的经济价值。西藏草地资源极佳，为当地畜牧业的发展提供了有利的条件，素来有"三高一低"的优点，即蛋白质含量高、脂肪含量高、无氮浸出物含量高、粗纤维含量低等。而虫草1克价格近8元，麝香更是无价，有"黄金有价麝无价"的美誉。

但是，草地资源的产量难以提升的缺点，掩盖了西藏草质优良、经济价值高、生物资源丰富的优势。生产水平低、载畜能力低、生产潜力低、再生能力差和自然灾害多等"三低一差一多"是草地及其生物资源产量低的集中表现。极端的自然条件也是影响农牧区和农牧民持续发展的重要因素，西藏冷暖季的载畜量差异明显，过冬饲草紧张，冬季草地负荷过重，牲畜陷入了夏壮、秋肥、冬瘦、春死的恶性循环中。在现有条件下，西藏进一步发展草地畜牧业的可能性微乎其微。

三、矿产资源

地处独特的大地构造环境的西藏，地质条件优越，具有很好的成矿条件，被学界公认地处全球三个重要的成矿带，矿产资源种类繁多。和平解放以来，经过几十年的地质工作，西藏已成为我国重要的战略资源储备地。在西藏已经发现了三江成矿带、雅江成矿带、班公错—怒江成矿带、冈底斯成矿带等，矿产资源矿种比较齐全、分布广泛。发现矿种102种，形成了藏中地区铜铅锌钼铁勘查开发基地、藏南地区铬铁矿勘查开发基地、藏东地区铜铅锌多金属勘查接续基地、藏西北地区盐湖资源勘查开发基地和藏西北地区铜铁铅锌勘查后备基地等五大矿产资源基地（李国政，2018）。

表 6-2　西部 12 省（区、市）有色金属、非金属矿产基础储量

单位：万吨

地区	铜矿	铅矿	锌矿	铝土矿	菱镁矿	硫铁矿	磷矿	高岭土
全国	2620.99	1808.62	4439.11	100955.33	100772.52	127809.00	324100	69285.05
西藏	272.32	89.51	40.27					
重庆		2.52	8.75	6409.21		1456.70		0.40
四川	49.07	99.63	206.45	54.60	186.49	38272.70	48500	56.10
贵州	0.17	13.45	114.96	14382.18		6043.09	64400	15.00
云南	298.99	240.98	982.69	1397.14		4878.86	62700	136.10
内蒙古	437.83	647.65	1444.45			12377.14	1100	4586.92
广西	3.12	52.74	188.26	49178.83		6002.52		43180.03
陕西	19.93	36.94	100.53	0.89		108.30	600	81.10
甘肃	132.45	79.63	304.81			1.00		
青海	18.04	43.68	97.79		49.90	50.08	6000	
宁夏							100	
新疆	224.76	102.62	196.35			3774.87		7.84

数据来源：《中国统计年鉴》。

从表 6-2 可以看出，当前西藏最具优势的矿种是铜矿。据统计，已发现的铜矿区及铜矿床超过 680 个，已开展了不同程度矿产勘查工作的矿区达 332 个。在藏东三江成矿带、雅鲁藏布江成矿带东段和班公错—怒江成矿带西段分布着一定数量的铜矿床（德吉，2012）。国家紧缺的矿产铬在西藏不但储量大，而且品质高，铬铁矿品质高达 50% 左右，已经探明的远景含量居中国之冠。同时锑矿、盐湖矿产（硼、锂、钾）等在西藏含量也十分丰富。

截至 2014 年年底，西藏全区共开发矿点 155 个，其中大型 5 个，

中型 12 个，小型 138 个。主要开采矿种为铬、铜、铅锌、硼、地热，其次为锂、金、矿泉水及水泥灰岩等共 16 种，从业人员达 10000 余人，矿业产值占全区工业总产值的 28%以上。

西藏矿产资源丰富，矿种齐全，潜力巨大。全区矿产资源总量潜在价值 6505 亿元，人均占有 26 万元，居全国首位。西藏以其优越的成矿条件和较低的开发度，将有望成为中国又一重要的矿产基地。但是，矿产资源开发利用的生产过程是对大自然要素的有效"加工"，或多或少会对生态环境造成一定程度的伤害。西藏地质环境条件复杂，生态环境脆弱，受到人类工程活动的影响后很容易引发地质灾害。近年来，随着西藏优势矿产资源开发程度的提升，藏南金锑多金属成矿带、冈底斯东段铜矿带、雅鲁藏布江铬铁矿成矿带、冈底斯东段铅锌多金属成矿带等优势矿产开发，在矿区及周边、高原腹地半干旱与干旱地区产生了大量副产品，松散裸露、植被稀疏的砂砾覆表遭受搬运与侵蚀活动，对当地珍贵的野生动植物生存环境造成了一定伤害，对西藏高原的生态环境造成了一定影响。

四、能源资源

西藏能源资源主要是水能、太阳能、地热能、风能等可再生资源。石油、天然气和煤炭等非可再生能源资源发现较少。

（一）水能

青藏高原有"亚洲水塔"之称，西藏是我国拥有湖泊、江河和冰川数量最多的省份之一，是我国乃至亚洲众多的水源发源与分布地。水能是西藏最丰富的能源，西藏蕴藏着全国 30%的水能资源，理论量为 2 亿千瓦，居全国首位，其中有多达 365 条的河流蕴藏量超过 1 万千瓦。西藏水能资源主要来自雅鲁藏布江，在藏东南地区集中了绝大部分水能资源。西藏的天然水能总蕴藏量为 9000 万千瓦，除雅鲁藏布江干流蕴藏的 8000 万千瓦天然水能外，还有来自年楚河、多雄藏布、拉萨河、帕隆藏布和尼洋河五大支流的水能。西藏境内面积大于 200 平方千米的湖泊有 24 个，海拔 5000 米以上的湖泊有 17 个。西藏境内的水资源十分丰富，但由于特殊原因，水资源的开采和利用难度很大。第一个原因是分布不平衡的水利资源。西藏东部澜沧江和雅鲁藏布江、金沙江、怒江流域的高山峡谷集中了全区 70% 左右的水资源，由于偏远的地理位置和不便的交通，水资源开发的难度巨大。藏北高原占西藏全区总面积三分之二，可仅占有全区 2% 左右的水利资源。第二个原因是西藏大部分地区属于高寒地区，冬季较长，降雨主要集中于每年的 6—9 月，因此河水流量具有明显的季节性。第三个原因是建设大型水电站与住户居住分散的矛盾很突出。

（二）地热能

西藏地热活动程度为中国之最，约有 1000 处地热显示点。据估计，西藏地热总热流量巨大，为每秒 55 万千卡，相当于 240 万吨标准煤燃烧一年所放出的热量。作为地热电站，我国最大的羊八井地热田是西藏最著名的高温湿蒸汽热田，同时也是重要的旅游景点，其热水温度在 93—172℃ 之间。然而，羊八井地热田浅层热储开发利用中存在结垢、腐蚀和回灌等主要问题。不过，国家已出台了一系列鼓励政策加快开发可再生资源，在国家政策引导和支持下，西藏地热开发利用在不久的将来将呈现出崭新的面貌，为日后的西藏社会经济可持续发展做出更大的贡献。

（三）太阳能

西藏是全球太阳能最丰富的地区之一，在全国范围内太阳能资源居首位，是我国开发太阳能最为理想的地区。这里光照时长平均每天 9 小时左右，大多数地区每年日照时间可达到 3100—3400 小时，阳光直射比例大且年际变化小。西藏太阳能资源蕴含丰富，发展前景广阔，在国家政策和西藏政府大力支持下，西藏的光伏产业有了一定的发展。但至今西藏光伏产业开发比重较小，开发量和人均发电量均排在全国较后。西藏由于独特的地形地貌，地广人稀，光电发电基地、用户都较为分散，且目前西藏光伏发电并网率低，在牧区由于牧民用户具有流动性大、分散性强的特点，采用光伏发电较为实际，但发电功率较小，不能满足大功率电器使用；而光伏产业集中区又产能过剩，在西藏偏远地区依旧存在农牧民用电困难的现象。

（四）风能

西藏的两条风带所带来的年风能储量为 930 亿千瓦时，位居全国第七位。除藏东地区，大部分地区都有着较丰富的和可利用的风能，例如藏北高原年有效风速时数在 4000 小时以上。但西藏却缺少风能资源丰富区，开发大型风力发电机组且实现并网发电的可能性微乎其微。西藏地区人口密度低，人稀地广，并且大多数镇、乡、村彼此距离较远，规模也相对较小，致使用电量较少。虽然在西藏推广中小型风力发电具有一定前景，但长距离的输配电投资必然导致很大的损耗，故暂时还没有并网发电的必要。

五、农业资源

大气环流和地形地貌的影响，形成了西藏复杂多样而且独特的气候。气候总体上有东南湿润温暖，西北干燥严寒的特点。也因此致使气候类型自东南向西北依次有：热带、亚热带、高原温带、高原亚寒带、高原寒带等各种类型。青藏高原光能资源丰富，日照时间长，太阳总辐射量大，平均在 6000 兆焦／平方米以上。热量资源明显随气温与地形的时间空间分布以及海拔高度的变化而变化，因此，年平均气温的分布差异较显著。西藏降水量分布也有差异，绝大部分地区年平均降水量不足 1000 毫米，但藏东南靠近边境的部分地区及喜马拉雅山脉的南坡却十分丰沛。

西藏全区以种植小麦、青稞、豆类、油菜、玉米等为主；有 16 个蔬菜大类，品种超过 150 个。种植蔬菜品种繁多，如白菜、萝卜、西红柿、西葫芦、丝瓜、黄瓜、冬瓜、苦瓜、茄子、芹菜、辣椒、豆类、花菜、葱等。内地的一些名特优新菜也随着高效温室大棚的兴建被陆续引进西藏并成功种植。遍布全区的 400 多处果园，干鲜果品年产量超过 1000 万千克，茶叶年产量约为 1 吨，桐油年产量约为 1.5 万千克。在部分地区也栽植了梨、苹果、桃、橘子、香蕉、西瓜、葡萄等水果。但是，由于西藏超过 80% 的土地海拔超过 4000 米，土地的开垦难度大，效益低，平均的垦殖指数竟未达 0.5%，排名全国最低。复杂的地形地貌，耕地面积区域不均，及现有耕地成点状、条带状的特点，都使得西藏土地总体上利用难度较大。

第二节　人力资源

人力资源是指一个国家或地区中处于劳动年龄、未到劳动年龄和超过劳动年龄但具有劳动能力的人口之和。或表述为：一个国家或地区的总人口中减去丧失劳动能力的人口之后的人口。人力资源作为一种特殊的资本性资源，增加社会财富的主要途径便是对其的合理开发和有效、充分利用。人力资源包括数量和质量两个方面。经济社会发展的核心就是人才，只有战略属性的人力资源开发政策才能有效推动西藏经济社会的发展。近年来，西藏采取了一系列教育、科技、卫生等方面的措施，人力资源开发取得了一定的成果。

一、人力资源的数量

构成人力资源的基础性指标之一便是人力资源数量，其中包含着两个概念：人力资源的绝对量和相对量。人力资源的绝对量是指构成劳动力的那部分人口的数量。我们把在人口总体中具备从事社会劳动能力的那一部分人称为"劳动力人口"，即人力资源数量。人力资源的相对量又称人力资源率，是指人力资源的绝对量在总人口中所占的比例，是衡量一个国家或地区中人力资源量的重要指标。

（一）人口增长速度

历史上，西藏的人口一直增长缓慢。和平解放后，特别是 1959 年民主改革之后，西藏人口开始恢复增长，人口数量迅速提升。《西藏统计年鉴（2017）》统计数据显示，截至 2016 年年底，西藏总人口为330.54 万人，1990—2016 年西藏人口自然增长率年均达 12‰以上，如表 6–3 所示。

表 6–3　1990—2016 年西藏人口出生率、死亡率和自然增长率

单位：‰

年份	出生率	死亡率	自然增长率
1990	26.00	8.90	17.10
1995	24.90	8.80	16.10
1996	24.70	8.50	16.20
1997	23.90	7.90	16.00
1998	23.70	7.80	15.90
1999	23.20	7.40	15.80
2000	19.50	6.60	12.90
2001	18.60	6.50	12.10
2002	18.80	6.10	12.70
2003	17.40	6.30	11.10
2004	17.40	6.20	11.20
2005	17.90	7.20	10.80
2006	17.40	5.70	11.70
2007	16.40	5.10	11.30
2008	15.50	5.20	10.30
2009	15.30	5.10	10.20
2010	15.23	5.30	9.93
2011	15.39	5.13	10.26
2012	15.48	5.21	10.27
2013	15.77	5.39	10.38
2014	15.75	5.10	10.65
2015	15.75	5.10	10.65
2016	15.79	5.11	10.68

数据来源：《西藏统计年鉴（2017）》。

从统计数据来看，2016年西藏的人口自然增长率高于全国水平，在西部12省（区、市）中也处于较高水平，说明西藏人口维持较高增长率，如表6-4所示。但是，同全国其他地区相比，西藏的总人口明显偏低。同时，按城乡比例划分，西藏的城镇人口占比29.56%，远低于全国平均水平，也远低于西部12省（区、市）其他省的城镇人口占比。西藏城镇人口比例低，城市化率明显不足。

表6-4 2016年西部12省（区、市）人口情况

地区	总人口（万人）	按城乡分（占比）		出生率（‰）	死亡率（‰）	自然增长率（‰）
		城镇（%）	乡村（%）			
全国	138271	57.35	42.65	12.95	7.09	5.86
西藏	331	29.56	70.44	15.79	5.11	10.68
重庆	3034	62.60	37.40	11.77	7.24	4.53
四川	8262	49.21	50.79	10.48	6.99	3.49
贵州	3555	44.15	55.85	13.43	6.93	6.50
云南	4771	45.03	54.97	13.16	6.55	6.61
内蒙古	2520	61.19	38.81	9.03	5.69	3.34
广西	4838	48.08	51.92	13.82	5.95	7.87
陕西	3813	55.34	44.66	10.64	6.23	4.41
甘肃	2610	44.69	55.31	12.18	6.18	6.00
青海	593	51.63	48.37	14.70	6.18	8.52
宁夏	675	56.29	43.71	13.69	4.72	8.97
新疆	2398	48.35	51.65	15.34	4.26	11.08

数据来源：《中国统计年鉴（2017）》。

（二）人口年龄结构

从人口年龄结构来看，西藏的人口偏年轻，人口类型基本属于年轻型。近十年来，西藏总抚养比基本稳定，少年儿童比趋于上升，老年人口抚养比趋于下降，说明相对于成年人，西藏的少年儿童数量相对上升，老年人口数量相对减少，如表6-5所示。同时，与全国相比，2016年西藏的老年人口抚养比明显低于全国平均水平，也说明西藏老年人口占比相对较低，人口相对偏年轻。

表6-5 2007—2016年西藏人口抽样调查样本年龄结构

年份	人口数（万人）	0—14岁人口数（万人）	0—14岁人口所占比例（%）	15—64岁人口数（万人）	15—64岁人口所占比例（%）	65岁及以上人口数（万人）	65岁及以上人口所占比例（%）	总抚养比（%）	少年儿童抚养比（%）	老年人口抚养比（%）
2007	2587	562	21.72	1853	71.63	172	6.65	39.6	30.3	9.3
2008	2576	566	21.97	1839	71.39	172	6.68	40.1	30.8	9.3
2009	2556	505	19.76	1872	73.24	179	7.00	36.6	27.0	9.6
2011	2591	598	23.08	1868	72.10	125	4.82	38.7	32.0	6.7
2012	2567	567	22.09	1860	72.46	139	5.41	38.0	30.5	7.5
2013	2575	599	23.26	1843	71.57	133	5.17	39.7	32.5	7.2
2014	2620	644	24.58	1833	69.96	144	5.50	43.0	35.1	7.9
2015	50634	11932	23.57	35812	70.73	2890	5.71	41.4	33.3	8.1
2016	2789	671	24.06	1980	70.99	139	4.98	40.9	33.9	7.0
全国（2016）	138271	23091	16.70	100246	72.50	14933	10.80	37.9	22.9	15.0

数据来源： 国家统计局。图中数据为近十年人口抽样调查样本数据，其中，2015年为1%人口抽样调查样本数据，其他年份为1‰人口变动调查样本数据。而2010年因进行了全国人口普查，因而缺少数据。

二、人力资源的质量

人力资源质量的定义为一个国家或地区拥有的劳动力人口的身体素质、文化素质、思想道德素质及（职业）劳动技能水平的统一。一般体现在劳动力人口的体质水平、文化水平、专业技术水准等方面。常用来反映人力资源质量的指标，除了教育年限和等级、劳动者技术等级和职务外，还有每万人口中的小学普及率、中学普及率、大学生人数、专业人员占全体劳动者比重及人才密度等，这些指标在国民经济与社会统计中经常被用到。

1951年以前，西藏仅有2000余名贵族子弟和僧侣在旧式私塾或官办学校学习，没有现代意义的学校。儿童入学率不足2%，青壮年文盲率高达 95%，广大农奴和奴隶被剥夺了受教育的权利。如今随着教育事业的普及与发展，国家斥巨资投入教育体系，学前教育、基础教育、高等教育、职业教育、特殊教育、继续教育愈发完善。到 2018 年年底，西藏全区已建成各级各类学校 2442 所，其中普通高等学校 7 所、中等职业学校 11 所、中学 133 所、小学 809 所、特殊学校 5 所、幼儿园 1477 所；区内外各级各类在校学生 70.23 万人，区外各级各类西藏籍在校生 8.01 万人，小学净入学率 99.5%，初中毛入学率 99.5%，高中阶段毛入学率 82.3%、高等教育毛入学率 39.2%，学前三年毛入园率 77.9%。西藏整体的入学率及受教育程度正在逐渐提升①。

但是，与全国其他地区相比西藏人力资源素质仍然偏低。2016 年抽样调查结果显示，西藏地区在调查对象 6 岁及以上人口数中未上过学人口的比重明显偏高，高达 39.09%。同时受高等程度教育的人口比例也明显偏低，如表 6-6 所示。

表 6-6　2016 年西部 12 省（区、市）受教育情况

	6 岁及以上人口数	未上过学	小学	初中	普通高中	中职	大学专科	大学本科	研究生
全国（人）	1077322	61448	275938	418395	137409	44762	74338	59235	5797
占比（%）		5.70	25.61	38.84	12.75	4.15	6.90	5.50	0.54
西藏（人）	2512	982	786	466	128	18	60	71	1
占比（%）		39.09	31.29	18.55	5.10	0.72	2.39	2.83	0.04
重庆（人）	24087	1078	7581	8112	3380	907	1836	1135	67
占比（%）		4.48	31.47	33.68	14.03	3.77	7.62	4.71	0.28
四川（人）	65259	5508	21287	23637	6827	2131	3511	2243	115
占比（%）		8.44	32.62	36.22	10.46	3.27	5.38	3.44	0.18
贵州（人）	27172	3117	9233	9951	2201	766	1060	824	21
占比（%）		11.47	33.98	36.62	8.10	2.82	3.90	3.03	0.08
云南（人）	36930	3219	14306	12135	2850	1210	1566	1580	64
占比（%）		8.72	38.74	32.86	7.72	3.28	4.24	4.28	0.17

---

①　中国西藏网：《西藏教育事业全面发展进步——庆祝中华人民共和国成立 70 周年》，《西藏日报》2019 年 9 月 29 日，见 http://www.tibet.cn/cn/edu/201909/t20190929_6687672.html。

	6岁及以上人口数	未上过学	小学	初中	普通高中	中职	大学专科	大学本科	研究生
内蒙古（人）	19913	1013	4312	7552	2710	694	1966	1609	65
占比（％）		5.09	21.65	37.92	13.61	3.49	9.87	8.08	0.33
广西（人）	36994	1697	10350	16373	3932	1684	1879	983	92
占比（％）		4.59	27.98	44.26	10.63	4.55	5.08	2.66	0.25
陕西（人）	29889	1685	6847	11835	4485	1216	2319	1382	121
占比（％）		5.64	22.91	39.60	15.01	4.07	7.76	4.62	0.40
甘肃（人）	20445	1793	6813	6337	2700	610	1185	938	68
占比（％）		8.77	33.32	31.00	13.21	2.98	5.80	4.59	0.33
青海（人）	4581	605	1602	1390	428	112	244	192	8
占比（％）		13.21	34.97	30.34	9.34	2.44	5.33	4.19	0.17
宁夏（人）	5210	350	1394	1821	655	189	448	333	20
占比（％）		6.72	26.76	34.95	12.57	3.63	8.60	6.39	0.38
新疆（人）	18087	790	5455	6743	1860	758	1432	989	62
占比（％）		4.37	30.16	37.28	10.28	4.19	7.92	5.47	0.34

注：表中数据是 2016 年全国人口变动情况抽样调查样本数据，抽样比为 0.837%。

数据来源：《中国统计年鉴（2017）》。

从 2016 年全国人口抽样调查统计结果看，西藏文盲人口占 15 岁及以上人口的比重高达 41.12%，远高于全国 5.28% 的平均水平，同时也是西部 12 省（区、市）中文盲率最高的省份，如表 6-7 所示。

表 6-7　2016 年西部 12 省（区、市）文盲情况对比

地区	15 岁及以上人口（人）	文盲人口（人）	文盲人口占 15 岁及以上人口的比重（%）
全国	965321	50980	5.28
西藏	2119	871	41.12
重庆	21611	869	4.02
四川	58371	4799	8.22
贵州	23252	2758	11.86
云南	32301	2853	8.83
内蒙古	18431	859	4.66
广西	31991	1212	3.79

地区	15 岁及以上人口 （人）	文盲人口 （人）	文盲人口占 15 岁及以上人口的比重 （%）
陕西	27265	1423	5.22
甘肃	18235	1587	8.70
青海	4004	538	13.45
宁夏	4581	312	6.82
新疆	15624	591	3.79

注：表中数据是 2016 年全国人口变动情况抽样调查样本数据，抽样比为 0.837%。

数据来源：《中国统计年鉴（2017）》。

医疗卫生事业方面，1950 年以前，西藏仅拉萨、日喀则有规模很小的少数官办藏医机构和私人诊所，以及零星的民间藏医，广大人民群众有病无法得到及时医治。和平解放后，在中央政府关心和全国支援下，西藏已逐步建成以拉萨为中心、遍布城乡的医疗卫生服务网络，全区各级各类医疗卫生机构达 1506 个，每千人拥有床位 4.78 张，卫生技术人员 4.89 人，基本实现村村都有医务室，配备 2 名医务人员。以免费医疗为基础的农牧区医疗制度覆盖全体农牧民，农牧区医疗制度政府补助标准达 475 元 / 人 / 年。人均寿命由 20 世纪 50 年代的 35.5 岁增加到 2019 年的 70.6 岁。

整体来看，随着西藏经济社会的发展，人民的平均寿命不断延长，西藏人口受教育情况也随着国家对西藏教育事业的大力投入而逐渐得到改善。但与全国其他地区相比，人口素质还相对偏低。

第三节 软硬基础设施

一、金融

1951 年 12 月，中国人民银行西藏办事处在拉萨八廓街成立，随着改革开放浪潮的到来，我国推行了一系列特殊优惠政策扶持自治区经济，西藏初步形成了以国有商业银行为主体，中国人民银行为领导，其他金融机构分工协作与并存的金融体系，基本适应了经济发展所需。总体来看，西藏的金融业呈现出如下几个特点：

（一）金融业取得了长足发展，金融体系逐渐完善

西藏金融业取得了长足发展，突出表现为存贷款余额的快速增长。存款总额由 1978 年的 70609 万元增加到 2016 年的 43715488 万元，贷款由 1978 年的 16091 万元增加到 2016 年的 30457728 万元，如图 6-1 所示。2016 年年底存贷和约为 1978 年的 856 倍。无论是存款还是贷款，改革开放 40 年都取得了显著发展，满足了各行业融资需求，有力地推动了西藏经济发展、社会稳定。

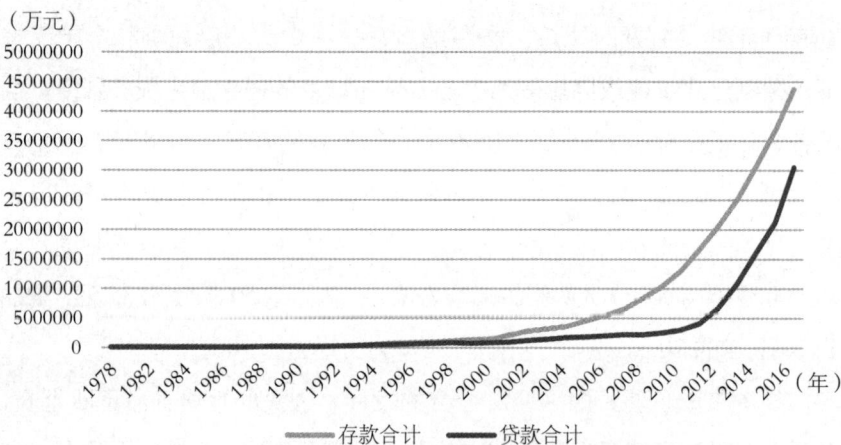

图 6-1　1978—2016 年西藏存贷款余额变动图

数据来源：各年《西藏统计年鉴》。

金融业取得长足发展的另一个重要标志就是金融体系不断趋于完善。西藏辖区内的金融机构数量不断增加，组织体系也日趋完善，经营效益稳步提升。金融机构网点建设不断推进，2016 年新开设浦发银行拉萨分行、中信银行信用卡中心拉萨分中心、民生银行拉萨分行首家社区运行，基本形成了与全国"框架一致、体制衔接"的银行业机构体系格局。截至 2016 年年末，辖区银行业金融机构营业网点 686 个，从业人员 9244 人，银行业金融机构全年实现净利润 89.1 亿元，比 2015 年同期增加 9.9 亿元，增长 12.5%。

（二）西藏金融发展水平相对较低

尽管西藏金融业发展取得了显著的成绩，但不可忽视的事实是，与全国其他地方相比，西藏的金融发展水平相对较低。其一，金融机构数量明显不足。截至 2016 年年底，西藏区内面积 120.24 万平方千米，人口总计 320 余万人，74 个县（区）共有 694 个乡镇，但仅有 9244 个金融从业人员及 686 个营业网点，每个营业网点平均服务面积 1750 平方千米，服务人口近 4700 人。其二，多种金融机构平衡发展，但地区分布不均。截至 2018 年 9 月 12 日，西藏辖内有 713 个已在银保监会登记备案的金融机构点，位于拉萨市的金融机构点占比超过 20%，为 157 个，县域以下唯一的一家金融机构是中国农业银行营业所。中国农业银行是主要为农牧民提供金融服务的银行业金融机构，中国农业银行西藏分行在全区银行业金融机构中占比较大，达 78%。

二、法律

1965 年西藏自治区成立，1979 年设立人大常委会，西藏人大及其常委会围绕西藏经济社会发展，考虑到边疆的稳定安全，制定和批准了地方性法规以及具有法规性质的决议、决定共 374 件，批准拉萨市报批的法律 23 件，其中现行有效的法规 100 件，具有法规性质的决议决定 148 件，以落实自治区人民自主管理本地方、本民族内部事务的民族区域自治权（边巴拉姆，2016），保障了西藏自治区的维护社会稳定自治权、人事管理自治权、环境保护自治权、文化教育自治权以及经济管理自治权等的有效行使。

（一）立法基本原则

改革开放以来，西藏的地方立法始终坚持反对民族分裂，维护祖国统一，确保经济社会全面发展。根据社会局势需求，先后制定了一系列法规及具有法规性质的决议、决定，包括 1988 年制定的《关于维护祖国统一、加强民族团结、反对分裂活动的决议》、1995 年通过的《西藏自治区第六届人民代表大会第三次会议关于坚决反对达赖擅自宣布班禅转世灵童的不法行为的决议》、2007 年公布施行的《藏传佛教活佛转世管理办法》、2008 年出台的《关于强烈谴责达赖集团策划煽动极少数分裂主义分子打砸抢烧的罪恶行径，坚决维护祖国统一，反对分裂破坏活动，促进社会和谐稳定的决议》、2012 年颁布的《拉萨市民族团结进步条例》等一系列法律法规。

（二）立法基本宗旨

保障各少数民族宪法权利的基本宗旨是民族区域自治。西藏通过地方立法保障了这一宪法赋予少数民族的权利。先后制定了《西藏自治区学习、使用和发展藏语文的规定》（1987），保障了少数民族行使和发展本民族语言文字的权利；《西藏自治区施行〈中华人民共和国婚姻法〉的变通条件》（1981）和《西藏自治区实施〈中华人民共和国收养法〉的变通规定》保障了少数民族保持或改革自己的风俗习惯的自由权；《拉萨市天葬管理条例》（2015）在尊重本市藏民族的丧葬习俗的同时，对位于色拉寺东山的丧葬台周边进行治理；并且，为了维护少数民族的文化权益，先后颁布了《西藏自治区布达拉宫保护办法》《西藏自治区文物保护条例》《西藏自治区旅游管理条例》《拉萨市老城区保护条例》等一系列法律法规。

（三）立法引领经济发展、保障生态安全

为确保西藏经济的长足发展，西藏不断加大经济领域的制度建设。西藏自治区常委会于 1978 年 9 月设立后，第一批审批文件包括《西藏自治区林业厅护林防火八项规定》《西藏自治区公路路产保护奖惩办法》《西藏自治区木材运输检查暂行规定》等。同时，依据西藏经济社会发展的需要和我国法律的授权，积极开展多项涉及经济领域的立法活动。

出台了包括《西藏自治区财政监督条例》《西藏自治区冬虫夏草采集管理暂行办法》《西藏拉萨国家级经济技术开发区管理办法》《西藏自治区文化市场管理条例》等一系列涉及经济领域的法律法规。

此外，由于西藏特殊的地理生态环境，西藏十分重视自然资源和生态环境保护的统筹科学开发，先后制定了48件保护自然资源和生态环境科学开发的立法文件。其中包括《拉萨市野生鱼类保护办法》《西藏自治区森林保护条例》《拉萨市水资源条例》《西藏自治区环境保护条例》《拉萨市机动车污染物排放监督办法》《拉萨市拉鲁湿地自然保护区管理条例》等，从法律方面为西藏自然资源和生态环境保护提供了必要的保障。

总之，西藏是极具区域特色、民族特色、高原特色的边疆地区，属经济欠发达的集中连片贫困地区。围绕着新时代依法治国基本战略，加强法治建设工作，建设法治西藏，是西藏全面实现现代化强区和全面建成小康社会的迫切需求。自西藏自治区成立特别是改革开放以来，经过多年的实践与发展，西藏的法治建设工作取得了巨大成就，为西藏的经济持续发展、社会长治久安以及生态安全提供了有力的法治保障。

三、铁路公路设施

（一）纵向比较

地处我国青藏高原腹地的西藏，经济欠发达，基础设施建设是其经济社会发展的重点，但西藏基础设施薄弱，一直以来都被重点关注。自西藏和来解放以来，特别是改革开放以来，中央先后召开六次西藏工作座谈会，确定了一系列援藏政策，在中央政府、对口援藏省市以及中央企业等的支持下，在不同时间相继安排了43项、62项、117项、188项等一大批重大工程项目，相继建成了铁路、公路、机场、能源、通信等重点基础设施，西藏基础设施建设取得了瞩目的成果。

铁路方面，自青藏铁路通车以来，拉日铁路也已正式通车，拉林铁路进入施工阶段，铁路建设步入新时代；西藏目前有拉萨贡嘎机场、林芝米林机场、昌都邦达机场、日喀则和平机场和阿里昆莎机场 5 大民用机场，目前在西藏运营的航空公司有 8 家，开通 48 条国内航线，通航城市达 33 个，国内航线和通航城市倍增；公路建设方面，西藏全区的公路里程从 20 世纪 50 年代初的 1988 千米，增加到 2016 年的 82097 千米，特别是 2000 年之后，在大量财政资金援助支持下，西藏公路通车里程数快速增长，公路交通建设情况迅速得到改善，如图 6-2 所示。

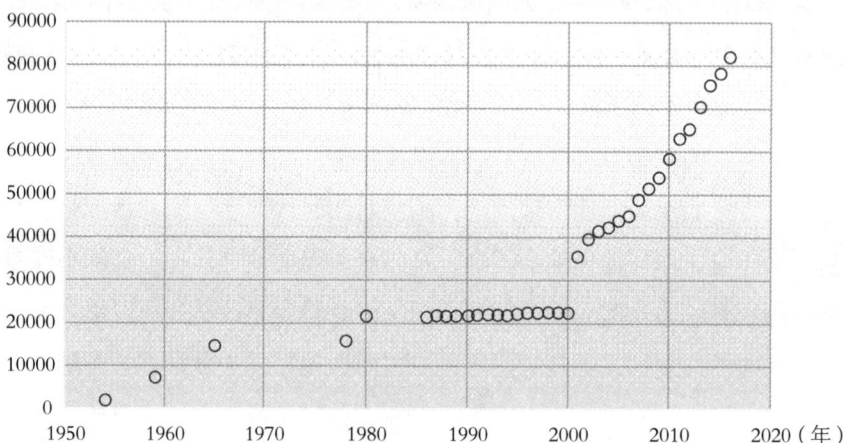

图 6-2　1950—2020 年西藏全区公路通车里程数

近年来，西藏立体化交通体系互联互通和综合保障能力大幅提升，特别是以拉萨为中心，连接藏中南地市的公路、铁路、航空等综合交通基础设施建设全面改善，使藏中南经济圈的通达时间更加快捷、联系更加紧密。一系列重大交通基础设施项目的建设，开启了公路提质增效的新阶段，有力支撑和拉动了全区经济快速发展。

表 6-8　1954—2016 年西藏公路、桥梁、渡口变化情况

年份	公路通车（千米）	公路养护（千米）	桥梁（座/米）	渡口（个）
1954	1988			
1959	7343			
1965	14721	5792	631/11286	6

续表

年份	公路通车（千米）	公路养护（千米）	桥梁（座／米）	渡口（个）
1978	15852	7247	665/15919	6
1980	21511	7944	712/18358	10
1986	21662	17863	744/20178	10
1987	21695	17863	744/20178	10
1988	21834	17863	746/20281	10
1989	21842	17973	757/20549	10
1990	21944	17981	777/21697	10
1991	21944	17981	780/21718	10
1992	21944	17981	881/23960	10
1993	21944	17981	881/23960	10
1994	21842	17981	881/23960	10
1995	22391	17981	882/23988	10
1996	22391	17981	948/27775	10
1997	22455	17981	948/27775	8
1998	22455	17981	948/27775	7
1999	22475	17981	948/27775	7
2000	22503	17981	1011/29472	7
2001	35537	12419	1293/35240	5
2002	39760	12419	1293/35240	5
2003	41302	13129	1528/42106	5
2004	42203	39243	1831/47328	5
2005	43716	39501	2012/59514	1
2006	44813	42645	3507/96062	1
2007	48611	45488	4265/115526	1
2008	51314	47239	4452/118548	1
2009	53845	49592	4906/133932	1
2010	58249	55856	5545/147050	1
2011	63108	57548	5971/157216	1
2012	65198	60518	6437/170288	1
2013	70592	65836	7320/187689	1
2014	75470	68042	7892/198285	1
2015	78000	69689	8188/205654	6
2016	82097	67118	9191/307353	

数据来源：《西藏统计年鉴（2017）》。

（二）横向比较

总体来看，西藏交通运输状况整体取得了明显的改善，但是与其他省市相比仍然存在较大的差距。从表6-9可以看出，西部12省(区、市)中，西藏的铁路营业里程数只有786.3千米，处于最低水平，公路里程数只有82096千米，略高于青海、宁夏两个地区，但它的面积却是青海的1.67倍、宁夏的18.11倍。同时，在高等级公路中高速公路只有38千米，占等级公路比重的0.05%，占比明显偏低。

表6-9 2016年西部12省（区、市）运输线路长度

地区	面积（万平方公里）	铁路营业里程（千米）	内河航道里程（千米）	公路里程（千米）	等级公路（千米）	高速（千米）	一级（千米）	二级（千米）	等外公路（千米）
全国		123991.9	127099	4696263	4226543	130973	99152	371102	469719
西藏	120.23	786.3		82096	71356	38	266	1036	10741
重庆	8.24	2102.1	4352	142921	115955	2817	713	7479	26966
四川	48.60	4622.7	10818	324138	279200	6523	3628	14509	44938
贵州	17.60	3269.5	3664	191626	132264	5434	1140	6681	59363
云南	39.40	3651.5	3979	238052	200898	4134	1196	11752	37154
内蒙古	118.30	12338.8	2403	196061	188340	5153	6682	16913	7721
广西	23.67	5192.1	5707	120547	108947	4603	1372	11934	11600
陕西	20.58	4632.6	1146	172471	156844	5181	1580	8990	15627
甘肃	42.59	4102.1	911	143039	125085	4827	405	9312	17954
青海	72.10	2349.2	674	78585	69956	2878	622	7058	8629
宁夏	6.64	1320.1	130	33940	33767	1609	1826	3595	174
新疆	166.00	5869.0		182085	144113	4395	1323	15671	37972

数据来源:《中国统计年鉴（2017）》。

整体来看，近年来，在国家财政大力扶持下西藏的道路交通设施已经取得了显著的改善，交通条件更加便利，基本形成了以铁路、公路、航空为主的综合交通运输体系。以拉萨为中心辐射四方，东接云南、四

川，西连新疆，北通青海，南达尼泊尔、印度，基本建成了地市相通，县乡连接的公路交通网络。但是，同时与全国其他地区相比，西藏的道路交通设施仍然处于较低水平。

第四节　人文资源

人文资源同社会资源、自然资源一样是经济资源的重要组成部分，是指人类社会有史以来所创造的物质的、精神的文明成果总和。如语言文字、文化传统、思想观念、历史遗存、科学技术等，它是以物质形态和精神形态两种形态表现出来的一种特殊的、其他任何资源都无法替代的资源。几千亿年地质构造的变迁成就了青藏高原特有的生态景观，同时独特的高原生态环境也赋予西藏许多独一无二的资源条件，经过几千年的沿袭形成了具有西藏鲜明特色的人文资源。

一、民族文化特征

作为我国少数民族人口占总人口比重最高的省区，西藏的民族差异性最明显。在西藏自治区内，除世代居住的藏族外，还住有汉、回、纳西、珞巴、门巴、独龙、怒等少数民族，共计 37 个，并有纳西、门巴、珞巴等民族乡。依据 2015 年全国人口抽样调查数据计算，藏族人口占到西藏自治区总人口的 93.8%，因此西藏自治区是以藏族为主的少数民族聚集区。由于各民族演进历史、宗教传统以及民族文化存在差异，因而形成了以藏文化为主的多元地域民族文化。

（一）文化习俗

藏族有属于本民族的文字和语言。藏语分为康巴、安多、卫藏三种方言。藏族的文学丰富多彩，主要包括作家文学和民间文学两部分，其中《格萨尔王传》是已知世界上最长的民间说唱体英雄史诗，《仓央嘉措情歌》也是享誉世界的藏族文学经典。

酥油、糌粑、茶叶、牛羊肉被称为藏族饮食文化中的"四宝"，是藏族日常饭食中的主要食物。其中茶叶主要来自汉、藏之间的"茶马互市"。穿着方面，藏族民族特色服饰至今得以保留完整。不同的地域，服饰也不相同。男装风格雄健豪放；女装风格典雅潇洒，好用金玉珠宝作为佩饰，这是高原女性服装独有的风格。农区主要穿氆氇长袍，脚穿长筒牛皮靴；藏北牧区穿皮袍，头戴羊皮帽；藏族妇女所穿的五彩镶边的藏袍及长衫更是风韵独特。同时，长期自然协作过程中，藏族人民形成了自己的藏医、藏戏、藏族歌舞等具有鲜明特色的文化。

藏族十分注重礼仪，平日里见到长者、平辈都有不同的鞠躬致礼方式。对长者或尊敬的人，要摘下帽子，鞠躬 45 度，将帽子持在手里，接近于地面。见到平辈，头稍稍低下即可，帽子可以拿在胸前，这时的鞠躬只表示一种礼貌。接待客人时献出洁白如雪的哈达，表示热烈的欢迎并献出诚挚的敬意，是藏族待客最高规格的一种礼仪。

（二）行为文化

青藏高原自然环境严酷，在与自然环境斗争过程中，藏族人民形成了乐观、开朗、豪爽、友善的民族性格，同时也促使藏族人民在精神上对神话传说和宗教故事中的神与佛产生了依赖，并萌生出信仰，他们虔诚地祈盼上苍和神佛保佑自己、家人以及部落，并以此作为生存下去的精神支柱。藏族人普遍轻物质，重信仰。为了向大自然、上苍和神佛表达崇敬和感谢，藏族人民创造了属于本民族的独具特色的传统节日庆典文化体系。在节日庆典中，有宗教祭祀、庆贺、纪念、舞蹈娱乐、体育竞赛等丰富多彩的活动。通过这些节日庆典，藏族人民的情感得到了交流、民族自豪感得到了增强、文化得以传承和延续。

藏族的节日丰富多彩，藏历的每个月都有相应的节日。比较有影响力的传统节日有赛马会、萨嘎达瓦节、藏历新年、江孜达玛节、插箭节、沐浴节、望果节、白朗斗牛节、雪顿节等。传统的节日庆典中形成了丰富多彩的体育文化活动，藏族最宝贵的文化遗产由此得以传承延续。

二、人文景观

独具特色的高原生态环境赋予了西藏得天独厚的资源条件，独领风骚的人文景观使西藏高原令无数人心驰神往。藏族对高原生态环境和景观不断认识并利用，在这其中逐渐发展形成了属于藏族自身的人文景观，这是人和自然整体和谐、有机统一的一种体现。现如今市场经济飞速发展，西藏高原人文和生态两大特色为西藏社会经济跨越式发展提供了独特的优势，为特色经济、旅游产业的发展提供了资源基础。

西藏具有优越和独特的旅游资源。有山景、水景、地景、天景和生景，交相辉映，更显丰富多彩。西藏是藏传佛教的发源地和广布之地，有着悠久的文化历史。人文景观具有独特的民俗、民族风貌，种类繁多。西藏有众多的古城佛塔、石窟壁画、寺庙殿堂等景物，物尽其妙。西藏现有保护完好、管理有序的寺庙 1700 多座，形成了独特的人文景观。主要有以大昭寺与布达拉宫为代表的藏族经济、政治、宗教、文化、历史、中心人文景观区；以桑耶寺、山南雍布拉康、藏王墓群、昌珠寺为代表的藏文化发祥地人文景观区；以藏北"古格王朝古都遗址"为主的文物古迹人文景观区；以日喀则扎什伦布寺、萨迦寺为代表的后藏宗教文化人文景观区；以昌都康区文化为代表的"茶马古道"历史文化人文景观区；等等。全区现有国家优秀旅游城市 1 座：拉萨市；世界文化遗产 1 处：布达拉宫及其扩展项目大昭寺、罗布林卡；国家级历史文化名城 3 座：拉萨、江孜、日喀则；一年有风俗各异的民间重大节日共 14 个。

西藏现有名胜古迹大多被列入了各级文物保护范围，目前，全区有251 处各级文物保护单位，其中，27 处国家级重点文物保护单位，55处自治区级重点文物保护单位，地（市）、县级文物保护单位 169 处。国家级重点文物保护单位有：(1) 布达拉宫，西藏现存最大最完整的古堡建筑群，位于拉萨市中心，解放前是达赖的冬宫。1995 年列入世界文化遗产名录。(2) 大昭寺，位于拉萨市中心。(3) 甘丹寺，位于达孜区。(4) 萨迦寺，位于萨迦县。(5) 扎什伦布寺，是历代班禅驻锡寺，位于日喀则市。(6) 昌珠寺，位于山南市乃东区。(7) 江孜宗山抗英遗址，位于江孜县。(8) 藏王墓，吐蕃王朝时期藏王的墓葬群，位于琼结县。(9) 古格王国遗址，位于札达县。(10) 色拉寺，位于拉萨市北郊。(11) 哲蚌寺，位于拉萨市西郊。(12) 罗布林卡，解放前是达赖的夏宫，现为人民公园，位于拉萨市西郊。(13) 托林寺，位于札达县。(14) 夏鲁寺，位于日喀则市。(15) 桑耶寺，是西藏的第一座寺院，坐落于扎囊县。(16) 扎塘寺，位于扎囊县。(17) 卡若遗址，位于昌都市卡若区。(18) 白居寺，位于江孜县。(19) 朗赛林庄园，位于扎囊县。(20) 小昭寺，位于拉萨市中心。(21) 大唐天竺使出铭，位于吉隆县。(22) 吉如拉康，位于山南市乃东区。(23) 拉加里王宫，位于曲松县。(24) 科迦寺，位于普兰县。(25) 桑喀古托寺，位于洛扎县。(26) 吉堆吐蕃墓群，位于洛扎县。(27) 列山墓地，位于朗县。

第七章

西藏产业甄别与诊断

新结构经济学认为一国或一地区的产业结构是由当地的要素禀赋结构决定的（林毅夫，2017），因此，西藏地区特定的要素禀赋结构决定了其产业结构。西藏地区要促进经济发展，必须清晰把握自身在当前和未来阶段的要素禀赋结构及其动态变化趋势，进而改变西藏的生产和贸易模式，形成同地区发展阶段要素禀赋结构相匹配的竞争优势产业。本章根据新结构主义经济学提出的竞争优势产业甄别和政府因势利导的六步框架对西藏地区的追赶型产业、国际领先型产业、转进型产业、换道超车型产业进行了甄别和诊断。产业甄别是建立现代产业体系的重要内容，甄别过程不能独立开展，而需要综合考量地区产业体系中的要素禀赋、产业存量、发展路径、社会文化、生态环境等特征（芮明杰等，2017），进而确定西藏具有潜在比较优势的产业类型以及产业调整和升级路径。产业诊断旨在分析西藏具有潜在比较优势的产业存在的发展障碍，并进一步为扫除这些障碍提供政策建议。

四种类型产业的甄别和诊断，有助于西藏形成现代产业体系，充分发挥其在高高原地区分工格局中的作用，促进本地区产业升级和经济发展。其中，追赶型产业是西藏地区模仿要素禀赋结构相似的先行地区发展的产业，有助于西藏发挥潜在比较优势，顺利实现对先行地区的产业承接；国际领先型产业是西藏通过地区外的科研成果，开发适合在本地区发展的新产品和新技术所形成的产业，有利于西藏打造具有独特性、差异性的优势产业；转进型产业是西藏因为要素禀赋结构变化而失掉比较优势后向产业链高端环节转移的产业，可以实现西藏相关产业的优化升级，提高产品附加值；换道超车型产业是西藏的新兴产业，有助于打造西藏经济新增长点。

第一节 追赶型产业

一、西藏追赶型产业的甄别

根据新结构经济学思想对追赶型产业进行的分类与甄别，在禀赋结构相似的先行省份（地区）中寻找出发展比较成熟的出口产业，再基于西藏地区具体的要素禀赋结构和比较优势，根据前文所述的筛选标准对西藏在此类产业部门中的发展潜力进行评价，并且找出本地区已实现自我发现和成长的此类型产业，最终甄别出具有潜在比较优势的追赶型产业，具体步骤如下：

（一）选取参照对象

甄别追赶型产业的第一步应该是找到一个参照地区，其人均GDP超过西藏的100%—300%，禀赋结构与西藏类似，并且正处于快速增长时期。但是由于西藏的人口总量不大，虽然GDP总量最少，但人均GDP实际高于青海、甘肃、云南、贵州四个省，因此同时参考GDP总量、人均收入、要素禀赋、产业结构四方面因素，大致参考范围如表7-1所示。排除增长缓慢的甘肃、内蒙古，资源差异较大的山西、广西、宁夏、云南、贵州，最终选择青海作为主要参照对象。另外，由于部分产业的发展并不是按照传统产业发展时序在演变，在分析具体产业时还可参考新疆、四川、浙江、广东等省，同时还可参考其他高高原地区和国家的产业。

表 7-1　2017 年部分省、自治区经济指标

省份	人均 GDP（元）	人均收入（元）	GDP 总量（亿元）	GDP 增速（%）
西藏	39259	15457.30	1310.60	10.00
青海	19001	19001.02	2642.80	7.30
甘肃	29326	16011.00	18595.38	3.60
云南	34545	18348.34	16193.30	9.50
贵州	37956	16703.65	13540.83	10.20
山西	40557	20420.01	14973.50	7.00
广西	41955	19904.76	20396.25	7.30
新疆	45099	19975.10	10920.00	7.60
宁夏	46919	20561.66	3453.93	8.10
内蒙古	63786	26212.23	16103.20	4.00

数据来源：各省、自治区统计局。

表 7-2　2017 年其他高高原地区经济指标

国家	人均 GDP（美元）	GDP 总量（亿美元）	GDP 增速（%）
厄瓜多尔	6199	1030.57	3.0
玻利维亚	3394	375.09	4.2
尼泊尔	835	244.72	3.2

数据来源：全球宏观经济数据网。

　　青海位于青藏高原东北部，绝大部分也属于青藏高原。全省平均海拔 3000 米，大部分地区海拔为 4000—5000 米，形成了独具特色的高原大陆性气候。青海省内拥有高山、峡谷、盆地、高原、台地等多种多样的复杂地形地貌，具有丰富的旅游资源、矿产资源、水能资源、畜牧草场和野生动植物资源。青海是个多民族聚居的省份，其中藏族人口比例在 21% 左右，全省的人力资源比西藏的情况要好，较多数省份落后。整体上来说，青海与西藏的要素禀赋结构最为接近。其他高高原国家中，厄瓜多尔的人均 GDP 与西藏最为接近，但厄瓜多尔、玻利维亚和尼泊尔的 GDP 增速都远不及西藏，可参考这些高高原国家的部分产业。

（二）甄别增长部门

一个地区能对外出口产品并且保持增长的产业，必然是符合地区的资源禀赋的产业，对追随者来说，也就是具有高增长潜能的部门，而追赶型产业便是从中甄别出符合西藏的禀赋结构、具有潜在优势和发展空间的产业。

青海出口产品分析：2006—2013 年，青海出口商品品种就达到 1180 多种，主要产品有硅铁、纺织纱线、地毯、服装及衣着、坯绸、山羊绒、机电和高技术产品、新材料等。2017 年青海出口情况如表 7–3 和表 7–4 所示。

表 7–3　2017 年青海主要商品出口额及增长速度

指标名称	绝对数（亿元）	比 2016 年增长（%）
出口	28.75	−68.2
铁合金	7.40	142.9
纺织纱线、织物及制品	5.45	−53.5
未锻轧铝及铝材	3.36	346.1
焦炭、半焦炭	2.94	265.2
文化产品	2.90	−59.5
服装及衣着附件	2.58	−84.3
农产品	2.34	104.1
机电产品	1.09	−95.2

数据来源：青海统计信息网。

表 7–4　2017 年青海对主要国家进出口额及增长速度

指标名称	绝对数（亿元）	比 2016 年增长（%）
出口	28.75	−68.2
美国	4.57	−45.7
巴基斯坦	3.33	−39.1
日本	2.90	−1.9
南非	2.79	210.5
吉尔吉斯斯坦	2.24	−75.5

数据来源：青海统计信息网。

从 2017 年青海的对外贸易现状来看，铁合金、焦炭／半焦炭和纺织纱线、织物及制品仍然是出口产品的主要构成，特别是焦炭、半焦炭出口增速也相当快。近年来青海的出口商品结构也在不断调整，民族服装、汽车零件、中药材、纺织服装、机械设备等产品比例在增加，同时青海也在加大出口藏毯、穆斯林民族服饰及用品、牛羊驼"三绒"织物及制品、高原特色枸杞及沙棘等生物制品、高原特色农畜产品、新能源、新材料、高新技术材料等特色产品。青海产品出口国家和地区有南非、巴基斯坦、美国、日本、中国台湾等。

2017 年西藏对外贸易进出口总值 58.85 亿元，出口额和进口额分别为 29.50 亿元和 29.35 亿元，同比增速分别为 -5.6％ 和 43.6％，贸易顺差 0.15 亿元[①]。西藏出口商品以传统劳动密集型产品为主，出口前三的产品为其他塑料制鞋面的鞋靴、棉制男式长裤马裤、鲜苹果。进口商品主要为航空器和医药产品，二者合计占进口总值的 87.5％。西藏前三位贸易伙伴为尼泊尔、法国、比利时，三国合计占全区进出口总值的 72.1％，法国为最大进口来源地，尼泊尔为最大出口市场。

根据参照省份与西藏的进出口情况分析，列出金属矿产业、机械设备制造业、民族手工业、高原特色产品加工业等出口产业作为符合西藏要素禀赋比较优势的增长部门，并进一步分析西藏在相关产业上的发展潜力。

（三）评价西藏的发展潜力

主要参考青海省出口产品与相应的生产部门，在对比其他先进省份的相关产业之后，选出对西藏而言具备增长潜力的产业部门，当前主要为劳动力密集或资源密集型产业，并分析西藏在这些产业或相关产业上的潜在优势，如表 7–5 所示。

---

① 数据来源：《2017 年西藏自治区国民经济和社会发展统计公报》。

表 7–5 增长部门甄别

参照省份的出口产品	西藏潜在优势和劣势分析
铁合金 未锻轧铝及铝材	矿产资源丰富,但矿产开采难度大,矿产加工受到电力、运输、技术、资金等约束,生态环境脆弱制约着矿产业发展。目前已开发生产的矿业有铬铁矿、锂矿、铜矿、锌矿、铟矿、钴矿等,但矿业多处于资源开采、初级冶炼环节。已存在大型企业如西藏矿业、西藏珠峰。2017年规模以上黑色金属矿采选业下降23.4%,有色金属矿采选业增长12.1%,非金属矿物制品业增长1.9%,有色金属矿产业发展形势相对更好
机械设备	本地机械设备制造产业基础非常薄弱,精细化设备基本依靠外地购入,以机械设备零售业为主,发展受到成本与环保等因素的制约影响较大
文化产品	藏族文化独具特色,唐卡、藏香等藏族文化产品越来越受到国内外市场的青睐,文化产业是西藏地区的高原特色产业之一,与旅游业紧密结合。现已陆续建立了大批藏民族特色文化龙头企业,文化产业示范园区和示范基地,特色文化产业正处于高速发展时期,发展空间巨大,但文化产品的品质、品牌需要持续加强,避免低端化、同质化,以致失去竞争力
纺织纱线、织物及制品	西藏有多种畜牧动物,适合发展毛纺织工业。毛纺织业全盛时期已过,但少数质量精良的毛织品或手工毛织品仍然畅销,也是高品质民族服装的重要原材料
民族服饰及用品	藏族服饰文化内涵丰富,层次多样,传统技艺与时尚元素的结合深受消费者喜爱,同时作为一种文化产品具有很大的输出市场。目前民族服饰产业发展迅速,是农牧民群众增收致富的重要渠道,也是高原特色产业的重要组成。目前存在产业发展水平低、品牌意识不够、欠缺改良等问题
民族手工业品	民族手工业一直以来是西藏工业的重要组成部分,手工艺品与民族特需品、文创旅游纪念品、艺术收藏品这几大类交叉融合,远销海内外市场。但家庭作坊式的手工业效益低,竞争力薄弱,没有形成产业合力,藏式工艺品被模仿生产的现象越来越多。民族手工业需要整体上的提质增效、合理规划,打造品质化、品牌化、产业化

续表

参照省份的出口产品	西藏潜在优势和劣势分析
高原特色生物制品	以高原青稞制品、肉制品、乳制品等为重点的农牧产品加工产业格局已形成，青稞种植和产量保持增长，牲畜存栏总数近两年在减少，奶类产量保持增长。特色农畜产品是多个延伸产业的基础原材料来源，特色农牧业基地需要与时俱进，提高生产和经营水平，保证农畜产品原料的供应能力。除农畜产品以外，野生动植物资源也可得到开发，如名贵中药、珍稀菌类，不仅功效独特，还具备纯天然、无污染的特质。野生资源有限，可以通过技术引进实现产业化、市场化生产和经营，特色生物制品还需要做精做优 2017年农副食品加工业增加值同比下降15.5%，食品制造业下降26.8%，特色食品加工业的增长情况不容乐观。农畜产品加工业需要和生产基地紧密联系共同发展，同时向深加工、精加工转变，增品种、提品质、创品牌，充分发挥高原特色和绿色净土的竞争力
中药材	2017年医药制造业增长8.1%。藏医药是具有区域特色和民族文化内涵的中医药，是2006年全国唯一被列入首批国家级非物质文化遗产名录的少数民族医药学，具有自身的品牌影响力。藏药材的保护、开发与种植，藏成药和藏药饮片的研制和推广都已受到高度重视和大量投入。医药工业仍须创新发展、延伸产业链、优化工业布局
新能源	风电、光伏发电、地热等新能源和清洁能源水电都已得到开发，电源建设正在快速扩张。新能源产业的制约因素是生态环境脆弱，工程建设难度大、成本高，消纳困难。若清洁能源可以输送到印度、尼泊尔等缺电地区，则可发挥西藏的资源和区位优势
新材料	有色金属等矿产资源作为高性能结构材料、新能源材料的上游资源，是西藏一大优势，但在产业链下游研发等环节和新材料领域，缺乏产业基础和竞争力。生物医用新材料可能在藏医药工业的发展过程中获得新机遇
高新技术材料	本地区在高新技术材料方面较为缺乏，建材产业具有一定基础。绿色建材是建材产业转型和壮大发展的方向，进入西藏基础设施建设快速发展的关键时期，水泥、民爆、钢材等重要建材的需求旺盛，新型节能建材、装饰装修材料、新型水泥具有广大市场

数据来源：根据《2017年西藏自治区国民经济和社会发展统计公报整理》等资料分析整理。

（四）寻找成功实现自我发展的产业

除了以上参考青海的出口产品部门以外，还需关注西藏本地产业现状，找出私人部门已经较为活跃、成功实现自我发展的产业。如2017年啤酒产量增长8.5%，包装饮用水产量增长28.6%[①]。另外还有基础功能强、综合效益高的产业，如节能环保产业、邮电和通信业、商贸物流业、电子商务、金融业，以及包含互联网、云计算、大数据、物联网等在内的高新数字产业，包括商务服务、科技服务、工程技术服务、养老服务在内的新兴服务业。其中，天然饮用水产业的发展空间具有很大弹性，不仅满足本地区的基本需求，还可以作为高端品牌产品对外输出。边贸物流、电子商务的溢出效应强，将推动整个地区的内外贸易融合发展，信息产业全面渗透各产业，促进整个产业结构不断升级。

（五）确定追赶型产业

基于以上产业信息，从增长潜力、发展可行性与经济重要性三方面进行产业价值链分析，增长潜力包含增长、就业和溢出，发展可行性包括缩小竞争力差距的能力、政策改革的可能性、私人部门从业者的能力，经济重要性考虑对局部地区与整个西藏地区各方面的影响。预选出的产业如下：农畜产品和生物制品加工业、天然饮用水产业、藏医药产业、民族手工业、文化产品制造业、节能环保产业、新能源和清洁能源产业、绿色建材产业、优势矿产业、物流业、信息技术产业、电子商务、金融服务业。

最后再根据产品所需要的资本投入、人力资本水平、供应链的要素禀赋进行考察，预选产业基本符合。最终确定追赶型产业为：高原特色生物产业（农畜产品、生物制品）、民族手工业、文化产品制造业、清洁能源产业、绿色建材产业、商贸物流业、金融业。相对而言，天然饮用水产业、藏药与生物医药产业具备相对领先优势，将其归为国际领先型产业。

---

① 数据来源：西藏自治区统计局。

二、西藏追赶型产业的诊断

理论上，西藏的追赶型产业具有潜在增长能力与增长空间，但在实际发展过程中面临着各方面因素制约，尤其是极端的自然环境造成的长期以来的基础设施欠缺，产业发展普遍面临着技术和人才、电力和燃料、仓储和运输、审批和监管等方面的问题。因此诊断产业增长面临的制约因素以及消除制约因素，是政府和私人部门最重要的挑战，也是政府进行因势利导的途径。

以高原特色食饮品产业为例，依托青稞、牦牛、食用菌和高原天然饮用水等青藏高原特色动植物和水资源，西藏的高原特色食饮品产业取得一定的发展成就，企业对自身成长潜力具有信心，但当前整体上仍然处于初级阶段，相比广东、江苏等发达省市，产业规模与层次比较落后。总体来说，产业规模较小且分散，产业有量无品牌、有市场无批量，产品的产业链条短，科技含量低，缺乏高附加值，产业带动能力弱，导致优质资源的效益没有充分发挥。目前已有产业园区通过引入先进生产设备和技术，建立产业示范和技术扩散中心，但整体上产业需要持续升级。具体来说，特色食饮品加工制造业的发展存在一系列典型的发展约束，例如，目前的市场占有率、流动资金增长和销售额增长一般，特色品牌缺乏统一、权威的认证标准，运输成本太高；企业对高素质管理人才、技术人才和销售人才的需求难以满足，行业知识经验欠缺对行业发展的制约严重；企业普遍面临融资困难，融供给服务亟须创新；行业在国际化方面也比较滞后，没有外企投资也没有企业走出去。此外，企业还面临着用水供电、商业环境和生活配套服务等软硬基础设施不足的问题。

针对产业发展面临的制约以及企业对政策支持的诉求，政府应该发挥因势利导作用，尤其应该着重于解决具有公共性的问题。一是在硬件基础设施方面，加大对用水供电和交通等基础设施方面的建设，通过发展产业园区聚集企业，形成产业规模效应，降低企业的交易成本。同时需要完善园区内公交、餐饮、购物、休闲等生活服务配套设施，增强对人才的吸引力。二是在软性基础设施方面，产品认证是单个企业无法施行的，需要政府和行业协会共同协调制定，政府部门要和行业协会联合研究力量建立高原特色产品的标准化生产体系和产品认证体系，加强市场监管和规范，打造和宣传高原特色品牌。同时，产业的转型升级需要产品的研发创新，技术引进与本地的产品创新研发和升级是产业向先行地区追赶必不可少的环节，政府应鼓励创新，建立技术开发平台等。三是在禀赋升级方面，对于特色农牧产业基地给予适当支持，保证原材料供应能力。更重要的是在劳动力资源方面，需要政府的公共服务支持，在普及义务教育、大力引进高技术人才的基础之上，通过建立技能培训中心、职业技术学校等方式加强本地劳动力的素质教育和职业技术教育，鼓励农牧民主动就业，适应现代企业对劳动力素质的要求。

可见，通过价值链分析对追赶型产业的增长制约因素进行诊断，不同产业普遍面临着以下几类共性约束：（1）硬件基础设施缺乏，尤其是水电和道路。（2）软性基础设施缺失，如缺少质量标准、品牌认定和品牌营销，市场不规范。（3）融资困难，融资渠道和数额与企业需求不相适应。（4）缺乏先进技术和人才，技术和职业教育体系还不能适应市场需求。

对于追赶型产业普遍面临的制约因素，尤其涉及基础设施和公共服务的方面，政府应该着力重点解决，通过改善外部环境帮助企业发掘自身增长能力。对应每一类约束，政府可采取的措施如下：（1）硬件基础设施：加强西藏地区的输电通道建设与电网连通，同时在高增长潜力片区建设独立发电厂，在工业园区建设带有专用电力和输送线路等。加强水资源的开发利用和污染处理，保证水资源的供应能力。推进建设公路、铁路、航空的交通设施，促进现代物流体系的建立，整体上提升区内产业的输出能力。（2）软性基础设施：加强市场监管与市场规范，与行业协会共创质量标准与品牌认定。设立专有部门，为企业的申请、审批等工商程序提升速度，对产业进出口提供政策便利。（3）融资供给：鼓励金融服务创新，拓展企业融资渠道，提高贷款的可获得性和额度，引入优惠利率信贷，通过招商引资引入区外资本、民间资本等。（4）人才与技术：通过福利政策引进高技术人才，在本地建立技能培训中心、职业技术学校等，完善技术和职业培训体系。

除以上四类共性问题以外，对于每一个产业具体面临的增长约束，政府应遵循因势利导原则，采取相应的干预措施，因地制宜，有的放矢，预期结果是企业最终获得自身增长能力，劳动力就业充分，产业保持强劲增长并赶上先行地区。具体产业面临的主要增长约束与可能的应对措施，如表7-6所示。

表7-6　具体产业的增长约束与应对措施

产业	增长约束	应对措施
高原特色生物产业（包括农畜产品、生物制品）	农畜产品的供给能力和产品品质不能保障产业化需求；精深加工不足，品质、品牌需要加强，产品附加值需提高	协调完善加工企业与农牧民的利益联结机制，促进产业链一体化。支持关键技术和设备的研发、推广，建设研发平台；建立质量监控体系，打造全区标准化、高端化的高原净土产品品牌
民族手工业和文化产品制造业	商业模式落后，精品不突出，易于被模仿，工艺传承需要加强	推动建立生产工艺标准及产品标准体系，引导提高现代化技术装备水平；打击假冒伪劣产品，强化质量和品牌，推动精品化和品牌化；定制化和电子商务创新商业模式；制定手工艺传承艺人培养计划
清洁能源产业	输电通道、电网建设不足；工程建造难度大、成本高；对环境产生一定破坏	建立覆盖全区的统一电网，加强与外省电网连接的输送通道建设；给予开发企业成本补贴，以政府购买形式引进或支持新技术研发；严控开发时序和布局
绿色建材产业	建材转型，轻质、高性能、低耗能等要求；缺少合理的节能环保装备会造成较大的环境污染	鼓励企业加大技术研发力度，推进国有建材企业整合重组，引进和培育绿色新型建材企业。严格执行国家和地区环保标准，清洁生产和资源循环利用

续表

产业	增长约束	应对措施
商贸物流业	地区偏远,对外沟通相对困难,商业体系和物流体系尚未形成	商业街区整合工程优化商业网点空间布局;建立起城市集散带和城乡市场体系连通的商贸市场网络体系,建立起分级物流体系,建设商品转运基地
高新数字产业	信息网络基础建设相对落后,硬件设备比较缺乏,互联网普及程度偏低,本地自主知识产权与技术比较缺乏	逐步完善信息基础设施,通过建设数字经济示范园、搭建中小微企业公共服务平台、制定电子信息产业优惠措施等方式,引入企业和人才进藏。在医疗、教育、交通、旅游和文化创意等诸多领域推行"互联网+",提高网络普及度,落实重点行业信息化解决方案。支持龙头企业进行产业整合,培养骨干企业,完善产业发展环境
电子商务	互联网普及度不够,信息技术应用有限,交通运输和商品集散的压力大	通过建设商贸流通渠道助推电子商务,通过建设区内电商平台体系形成电子商务产业聚集发展,以形成规模经济效应,共享与共建资源,降低产业整体成本
金融业	金融覆盖面有限,投融资渠道形式有限,民间资本资源少	在藏银行业金融机构利差补贴和特殊费用补贴政策,完善各行各业的保险保费和补贴政策。创新金融制度,建立金融开放格局,以引入海外资本、民间资本;大力发展科技金融、能源金融、交通金融、物流金融、绿色金融等产业金融,促进产业融合。同时完善金融监管体系,建立金融风险防范机制

第二节 国际领先型产业

一、国际领先型产业的甄别

根据前文所述高高原地区国际领先型产业的标准,对西藏的领先型产业进行分析和甄别。但是鉴于西藏地区科技水平普遍落后,大多数产业基础薄弱，因此其领先型产业更加依靠本地特有的资源，充分发挥其"独一无二"的优势，增强竞争力，形成国际领先型产业。此外，领先型产业甄别还应该考虑产业可持续增长潜力和国际市场。具体的产业甄别过程如下：

第一，明确西藏地区的要素禀赋结构与资源优势，西藏在生物资源、矿产资源、水资源、人文资源等方面具有丰富、不可替代等优势（详见第六章）。

第二，筛选出西藏地区产业发展水平或技术水平领先的产业，但由于西藏产业相关数据少，因此利用可获取的数据，如表 7-7 所示，重点结合要素禀赋的比较优势、产业增长潜力进行选择。

表 7-7　2017 年西藏产业增长相关指标

指标	增加值 / 总收入 / 产量	增长率（%）
第一产业增加值	122.80 亿元	4.3
第二产业增加值	514.51 亿元	11.9
第三产业增加值	673.32 亿元	9.7
旅游总收入	490.14 亿元	29.2
工业增加值	103.02 亿元	
黑色金属矿采选业	—	−23.4
有色金属矿采选业	—	12.1
非金属矿物制品业	—	1.9
农副食品加工业	—	−15.5
食品制造业	—	−26.8
酒、饮料和精制茶制造业	—	16.4
医药制造业	—	8.1
建筑业增加值	411.49 亿元	12.2
水泥产量	642.14 万吨	5.9
铬矿石产量	6.06 万吨	−10.8
啤酒产量	17.86 万吨	8.5
藏医药产量	2253.00 吨	10.1
包装饮用水产量	68.70 万吨	28.6

数据来源：西藏统计调查信息网。

基于西藏地区现有产业发展水平的分析，甄别出其发展水平相对领先、发展前景广阔的产业，如高原医学研究与医药制造业、藏医药产业、高端饮用水产业、旅游业，并分析产业当前的发展水平，如表7-8所示。

表7-8　产业发展水平分析

产业部门	产业特点与发展现状
旅游业	西藏被称为"地球第三极"，独特的地理环境孕育出独一无二、奇特瑰丽的风光，吸引大量的中外游客。旅游业已成为西藏重要的支撑产业，国际化水平日益提高，正打造世界重要旅游目的地。2018年全区游客接待量达3368.73万人次，旅游总收入达490.14亿元，增长29.2%
天然饮用水产业	西藏地区增长最为强劲的特色产业之一，行业整体生产技术及工艺标准先进，特别是"5100"、珠峰冰川等高端饮用水品牌，在国内国际市场享有盛誉。以"卓玛泉"为例，引进了欧洲全自动生产线，由ALECTIA丹酿公司提供技术工艺保障，采用世界领先的一体化生产工艺 根据相关统计数据，天然饮用水产业的工业总产值从2013年的4.08亿元增长至2017年的15.79亿元，产量从7万吨增长至68.70万吨，目前设计总产能突破400万吨（张京品，2018）
高原医学研究与开发产业	高原病是全世界高高原地区居民与外来人士的主要健康威胁，高原医学和药学研究始终是技术前沿攻克的难题。我国高原医学研究者已在相关生理学、病理学、临床学、流行病学、生物学等领域的研究上取得了引人瞩目的成绩。结合传统中藏医药学与现代医学对高原病进行防治的研究不断深入，并形成高原医学特色理论体系（格日力，2005），发展空间仍然广阔
藏医药产业	藏医药在雪域高原传承两千余年，是中国目前最为完整、最有影响的民族医药之一，其具有悠久的发展历史、鲜明的民族特色、独特的诊疗方法、系统的理论体系和成功的临床实践，在我国民族医药中占有十分重要的地位。藏医所用药物大多采自高海拔、大温差、强日光的高原地带，藏药配方在治疗消化系统、心血管系统、类风湿疾病等方面疗效独特 "十二五"期间，全区医药工业产值年均增速达18.7%，藏药材品种达2000多种（杨僧宇和杜燕飞，2017）。2017年，全区医药制造业实现工业增加值7.75亿元，同比增长8.1%，藏药生产企业总产值达14.5亿元（李梅英，2018）

针对每一类产业，基于西藏地区的要素禀赋结构进行潜在优势与劣势的分析，如表7-9所示，并确定为西藏的国际领先型产业。西藏可利

用后发优势，引进更加先进的技术设备和人才，并在此基础之上加以创新，进行新产品、新技术的研发，从而形成行业内独有的领先型优势。

表 7-9　产业部门甄别

产业部门	西藏潜在优势和劣势分析
旅游业	西藏旅游资源禀赋高、独特性强，自然景观、民族文化等方面高度稀缺，具有不可比拟性、不可复制性，受到国内外游客的青睐。旅游业带动性强，资源消耗、资本和技术投入的门槛相对较低，符合西藏经济社会发展实际和需要。西藏旅游业已具备相当的产业基础，在"一带一路"建设指引下，打造世界旅游目的地的潜力得到发挥
天然饮用水产业	西藏年平均水资源总量为4394亿立方米，占全国的16.5％ 2；西藏天然饮用水具有天然、纯净、优质健康等优势，冰川矿泉水代表高端品牌定位。但生产和包装等技术水平仍需提升；地理条件导致生产成本与运输成本大幅增加；高端品牌营销弱，竞争力不强
高原医学研究与开发产业	青藏高原是高原医学研究理想的天然实验研究场，具备科学研究的地理优势与群体优势，具备药物开发的高原独特生物资源优势；高原医学研究的中外合作已有多年历史，西藏已经具备高原医学研究所，获得区政府及美国纽约中华医学基金会（CMB）等支持
藏医药产业	藏医药从医疗、教学、研究到藏药生产等都在西藏取得了蓬勃发展，近年来相关基础研究与医疗机构的设施建设得到巨大支持，藏医医疗服务网络已初步形成。截至2014年年底，78％的乡（镇）卫生院和20％的村卫生室都能够提供藏医药服务，基本形成以高等教育为主，师承教育、继承教育相结合的多层次、多渠道藏医药人才培养格局，建立起藏医药文化传承和发扬的人才队伍（周晶，2017）

二、国际领先型产业的诊断

针对国际领先型产业，诊断此类产业特征与增长约束，其主要面临的挑战有研发投入不足，缺乏高端人才，品牌效应不强，国际市场难以打开等方面。

一是研发资金与人才不足。例如，高原医学研究与藏医药研究开发方面具备相当的领先优势，但产业化程度低，规模有限，适合向高精尖方向发展，对技术和人才的要求很高，而人才引进困难是最大的制约因素之一，研发创新不足也成为普遍问题。二是发展方式相对粗放。西藏旅游业依托其独一无二的旅游资源，在全球都具有相当的竞争力，但旅游业过度粗放的发展造成对资源的浪费和破坏，缺乏创新导致旅游业跟不上现代消费需求的升级，基础设施建设不足和现代化、信息化滞后制约旅游业的扩容升级。三是国际品牌营销不足。西藏领先型产业依托资源和环境的独特性，其国际品牌化的打造非常重要，否则容易丧失竞争力，例如西藏的冰川矿泉水已是有相当影响力的高端天然饮用水产业，创有"喜马拉雅""圣地""5100"等品牌，但实际上在高端矿泉水消费领域的市场份额还有待提升。相比之下，法国的依云矿泉水尽管也有高运输成本，却能保持高额售价，并且占据中国高端矿泉水市场极大市场份额。因此，如何增强其高端品牌和市场，成为保证产业领先的重要环节。

相应地，政府要从几个方面给予公共性政策支持，帮助产业创造并且保持领先优势。一是支持产业技术革新与自主研发。高高原地区技术基础相对落后，政府可以从设备、人才等方面引入发达国家的成熟技术体系，作为催化产业技术革新的方式。在此基础上支持基础研究与自主研发，特别是前期基础研究具有相当的重要性和前沿性，但企业的试错成本太高，缺乏动力，就更需要政府主导的研发支持。例如，高原病理学研究对本地区以及世界上其他高高原地区都有着重要的贡献作用，政府可以通过与高等院校和先进企业设立研究中心，建立研发和技术转化平台，促进创新成果的产业化等。二是保护生态环境和资源。对于领先型产业所依托的独特资源，尤其需要政府发挥监管和保护的角色，避免公共资源逐渐流失的悲剧。并通过行业进入门槛、循环经济等方式保证产业的可持续发展。三是打造国际化品牌。国际化品牌的打造和营销需要政府的通力合作，加强与其他地区、国家间的交流合作，在品牌营销、销售渠道方面给予支持等。此外，针对具体产业的增长约束与应对措施如表7-10所示。

表 7-10　具体产业的增长约束与应对措施

产业	增长约束	应对措施
旅游业	交通、通信等硬件设施仍须提高；专业型人才不足，缺乏设计理念与创新思想；对当地造成生态环境污染	加大投资建设交通和交通服务设施，完善"智慧旅游"服务体系，通过连通路线规划旅游生态圈，提高旅游的便利度、友好度和可进入性；建立健全各项规章制度、救援体系建设，加大投诉查处力度，加强旅游从业人员的服务培训，规范景区运行机制，提升旅游服务整体水平通过引进人才、培养专业人才、建设文化创意基地、支持机构与企业合作等方式，促进旅游产品的研发创新，提高旅游产品的品质和内涵，提高产品附加值，凸显西藏独特性，推动文化创意产业升级，打造藏文化创意国际化品牌。坚持生态保护战略，实现旅游可持续性发展
天然饮用水产业	水质保护；生产与运输成本高；生产技术与工艺需创新、升级，营销策略需创新和提高	加强水资源勘查和保护；从先进国家和地区引进生产线，根据当地情况加以创新开发；加强与援藏省市的对接，打通销售渠道；从引进外资、优惠贷款等方面给予资金和技术上的支持。引导多层次的市场定位和品牌差异化，打造国际化高端冰川矿泉水品牌，适度发展母婴用水、化妆用水等特定用途水
高原医学研究与开发产业	研发投入不足，缺乏专业性人才；产业化程度低	基础研究需要政府大力支持，通过政府基金设立相关科研机构，引进高技术创新型人才，支持大学和科研机构等进行基础知识的科学研究。支持建立基础科研机构与医药等企业合作的产学研机制，形成人才培养体系，促进产业化。促进国际化交流，支持技术前沿创新
藏医药产业	藏药材生态环境脆弱；缺乏标准化体系和研发人才队伍，产学研结合不紧密，新产品研发能力不足；医药品牌影响力不足，销售市场打不开；中小企业融资困难	加大藏药材的品种保护、繁育和规范化种植；在土地场所和研发技术方面有所支持，通过立项建设等重点支持藏药生产领域关键技术的攻关、新产品研发、新品藏药生产线建设。通过市场准入政策从源头上遏制藏药低水平重复建设，促进藏药、生物医药生产的标准化、规模化；在企业开办、新药报批等方面开辟"绿色通道"，加强藏医药知识产权保护，通过医药行业协会拓展检测认证、国际交流等功能，增强行业自律、加强组织建设。规范藏医药生产销售流程，推进国药准字的藏药在各大医院落地，加强品牌营销

第三节　转进型产业

改革开放 40 多年来，西藏的经济取得腾飞式发展，特别是近年来经济发展一直保持两位数的高速增长。2017 年，全区 GDP 为 1310.63 亿元。其中：第一产业增加值 122.80 亿元，增长 4.3%，主要以种植业和畜牧业为主；第二产业增加值 514.51 亿元，增长 11.9%，主要以非金属矿物制品业、有色金属采选业、医药制造业等为主；第三产业增加值 673.32 亿元，增长 9.7%，主要以旅游业为主。三次产业结构比为9.4：39.2：51.4①。但是由于独特的自然地理环境和历史发展情况，西藏的经济和社会发展水平相比于我国其他省份仍然存在较大差距，各产业发展不平衡、不充分的问题比较突出。因此，西藏地区的转进型产业的甄别与诊断需要立足于当地的具体发展情况，推动转进型产业的转型和升级。

转进型产业是指过去符合比较优势，现在失去比较优势，需要转型升级或退出的产业。这种类型的产业主要特征在于市场需求增长率趋于下降，产业增长出现有规则减速，行业效益低下甚至亏损，呈现萎缩趋势。根据前文的论述，西藏地区的转进型产业的甄别应当聚焦于只具备初级产品形态和仍采用原始落后的生产工艺的产业。

具体来说，第一产业方面，受限于青藏高原独特的自然环境与气候特点，西藏的农牧业结构比较单一。而西藏第一产业中存在的问题主要有：一是西藏的农产品主要还是停留在初级产品形态，加工转化率较低，生产经营模式仍是粗放型、分散型，集约程度不高，生产方式落后。二是西藏牲畜出栏率较低，农畜产品产量规模小，质量较差，良种率仍有待提高。三是草场超载严重，生态环境压力较大。四是农业产业

---

① 数据来源：西藏自治区统计局。

结构偏离严重，主要农产品是青稞和小麦，青稞的消费者主要是藏族群众，市场比较狭小。主要畜产品是牛羊肉，供应具有明显的季节性，不利于牧民实现收入最大化。

第二产业方面，采矿业、制造业、能源和建筑业是西藏第二产业的主要构成部分。其中非金属矿物制品业和有色金属矿采选业在西藏工业产值中占据了重要比例。2016 年，这两类产业在西藏工业总产值中共分别占据了 23% 和 18%。而这两类产业在西藏面临较大的发展压力。一方面矿产品价格下行压力增大，矿产业利润进一步缩窄，矿业企业生产积极性受挫。并且西藏脆弱的生态环境使得矿产业面临较大的生态环境压力。另一方面西藏区外水泥不断涌入区内，使区内水泥行业面临竞争增大，导致西藏水泥企业产品价格下降，利润收窄。并且在国家推进供给侧改革、去产能的背景下，水泥行业面临较大的淘汰压力。

第三产业方面，近年来西藏第三产业发展迅速，2017 年在三次产业中占据 51.4% 的比重。其中，西藏旅游业发展迅猛，对经济的贡献近三成，这主要得益于西藏得天独厚的自然地理风貌和独特的人文历史。但是，西藏旅游业的发展也存在着一些不可忽视的问题：一是庞大的旅游人数对自然环境带来较大的承载压力，一些热门景点人口密度过大，给当地居民的生活带来了一定的负面影响，同时也造成了一定的生态环境污染。二是存在旅游线路单调、旅游产品设计不合理、旅游服务质量不高、精品线路缺失的问题。三是基础设施不完善，旅游通达性不够便利。四是行业管理体制不完善，缺乏相应的行业规范和规章制度，造成低端旅游业的无序发展，也对西藏地区环境产生极大影响。

综合以上分析，西藏地区的转进型产业主要涵盖农畜业、矿产采选业、非金属矿物制品业、低端旅游业。由此需要政府出台相应政策引导此类产业的转型升级。第一产业方面需要优化结构，合理布局。立足当地的农牧业资源禀赋，重点培育马铃薯、青稞、荞麦、牦牛等藏区特色农产品深加工，提高农牧业附加值，提高生产经营的专业化水平和集约化水平，促进农牧业生产标准化和规模化。第二产业方面规范化矿产勘探与开采，促进产业深加工。立足当地矿产与能源资源条件，做好战略资源储备。延伸矿产行业产业链条，发展冶炼等深加工产业。加强产能指导，淘汰落后生产工艺，同时防止其他产能过剩产业转移进入藏区。第三产业方面要提升旅游景区品质，提高旅游产品质量。立足当地特色旅游资源，完善旅游软硬件配套。加强基础设施建设，完善旅游景区设备。建立健全旅游法律法规和行业标准。打造知名品牌，开发精品路线，推动藏区旅游业整体质量的提升。

第四节　换道超车型产业

新技术引发的轻资产短周期的换道超车型产业是人力资本需求高、研发周期短的新兴产业。由于现代科技的特性，有些产业的新产品、新技术的研发周期短，以人力资本投入为主。互联网产业、电子信息技术产业及移动通信产业是此类产业的典型代表。西藏地区独特的自然地理环境及历史发展，要求西藏地区必须要发展受自然环境限制较低，能够实现资本快速积累的换道超车型产业，即互联网产业和移动通信及信息化产业。一方面，西藏地区需要通过利用及时、准确的信息资源来实现跨越式发展；另一方面，互联网产业结合西藏优势及特色产业，能够催生新的产业形态及商业模式，促进西藏自生能力的提升。

西藏地区发展换道超车型产业的优势在于可以依托中国巨大的市场，以消化新发明、新创造出来的产品或技术，同时可以依托中国齐全的零部件配套硬件设施。但需要认知到的是，换道超车型产业要求较大的人力资本投入、大量的研发资金投入以及雄厚的科研创新能力。而据全国科技经费投入统计公报显示，2018 年西藏地区研发经费 3.7 亿元，研发经费投入强度仅为 0.25%，规模以上工业企业中仅有 10.7% 开展研发活动，科技人员匮乏，科研项目数量少，科研投入严重不足。由此导致西藏地区生产要素中的人力和知识技术资本匮乏，知识产权和能大幅度提升产业技术的高科技成果较少，高技术产品附加值低，市场竞争力相对较弱，技术创新机制还没有形成。

因此，西藏地区要发展换道超车型产业，政府需要出台相应政策以创造良好的创新发展环境。具体而言，一是完善技术创新基础设施建设。建立科技孵化园、创新企业孵化基地、科技产业园区，充分利用外部援藏省市和企业的创新平台，为西藏地区的企业和创业者提供发展空间。二是加强金融体系建设。完善信贷、税收政策，降低创业融资成本，拓宽融资渠道，鼓励资本进入创新企业，加强研发投入。三是鼓励高校毕业生创新创业。建立起政府、高校、企业的联动机制，提高科研创新转化率，支持高校和科研机构人员创业。四是加强信息网络基础设施建设。充分利用我国在通信基础设施建设方面的优势，完善西藏地区的通信网络，布局新一代通信基站，为西藏地区的电子制造业和信息技术服务业的发展提供良好的硬件配套设施。

第八章

西藏经济发展与民生改善

经济发展与民生问题不仅事关广大人民群众的根本利益，而且影响到国家改革、发展与稳定的大局，是党和国家工作的重中之重。习近平总书记指出，做好经济社会发展工作，民生是"指南针"，抓民生也就是抓发展。自民主改革以来，西藏在党中央的特殊关怀、兄弟省市的无私援助与全区各族人民群众的共同努力奋斗下，即将实现由"温饱"向"小康"的历史性转变。做好西藏工作，必须发展经济、改善民生，这更是一个重大政治问题。必须按照习近平总书记提出的要求，牢牢把握改善民生、凝聚人心这个出发点和落脚点，大力推动西藏经济社会发展，才能确保西藏经济社会持续健康发展和长治久安，才能确保西藏各族人民与全国人民一起全面实现小康。经济发展与民生保障具有内在统一性，生产为了消费，消费需求引领生产。经济发展为民生改善打下了坚实基础，改善民生领域发展不平衡不充分问题，这又能进一步促进经济发展。因此，西藏应该着眼未来、着力当下，率先解决发展不平衡不充分的问题，从改善"民生难"的突出问题中看到新的经济增长点。

民生状况的改善，是人们生活水平提高、政府相关政策效应显现的直接表现。近年来，西藏农牧区民生状况不断改善，但由于西藏地处边陲，民生改善工作可借鉴的理论指导与实践经验较少，加之农牧区地广人稀，公共服务供给半径大。因而民生改善呈现出任务重、难度大的困难局面。此外，西藏农牧民人口基数大，占全区总人口的80%，广大农牧区民生状况是全区民生水平的短板，从根本上制约着全区民生水平发展。因此研究西藏民生问题，必须重点关注和深入研究农牧区民生状况。本章研究旨在分析西藏农牧区民生水平的现实状况与发展变化情况，着眼于真实、客观、科学地记录西藏农牧民民生动态发展，对拉萨市民生政策的实施效果做出科学客观的评估，为政府发挥因势利导作用、制定持续改善民生的政策提供事实依据。

第一节　西藏经济发展事实与民生概况

党的十八大以来，西藏主动适应经济发展新常态，贯彻落实新发展理念，全区呈现出发展速度快、质量效益好、民生改善实、改革开放深、生态环境优的良好局面，显示出美好的发展前景。

宏观层面，经济社会发展质量越来越高。经过几十年的发展，西藏地区经济社会实现了质的提升，人民生活水准不断提高、收入持续增加。全区GDP持续增长，2015年突破千亿大关，2016年达到1150.07亿元，连续三年增速名列全国前三。2017年全区GDP达到1310.63亿元，按可比价格计算，同比增长10.00%。在经济持续健康发展的推动下，社会民生状况也得到了持续改善。2017年，全区居民人均可支配收入15457元，同比增长13.30%。其中，城镇居民人均可支配收入30671元，同比增长10.30%；农村居民人均可支配收入10330元，同比增长13.60%。全区居民人均消费支出10320元，同比增长10.70%。其中，城镇居民人均消费支出21088元，同比增长8.50%；农村居民人均消费支出6691元，同比增长10.20%。全区城镇居民人均自有住房面积28.60平方米，农牧民人均自有住房面积33.90平方米。全区城镇新增就业人口超过5.46万人，全区城镇登记失业率为2.68%。全区参加企业职工基本养老保险人数达到 17.78 万人，城乡居民社会养老保险人数为 162.75 万人，工伤保险人数为 29.64 万人，失业保险人数为 14.50 万人，生育保险人数为 26.33 万人，城镇基本医疗保险人数为 68.88 万人。

微观层面，民生满意程度越来越高。据 2017 年、2018 年拉萨市两区五县①农牧区居民入户调研结果分析，拉萨市居民家庭收入稳中有增、消费持续增长、就业情况十分乐观、家庭住房全面保障、文化教育普及程度高、医疗卫生保障度高、社会保障力度大、交通方式多样化发展、生产安全管理严格、自然灾害善后救助制度完善、社会治安持续良好、食品安全可靠、日常能源多样化、电力供给能力越来越强、生活垃圾处理方式环保，总体呈现出群众满意度高的良好态势。

实现经济发展与民生保障的良性循环，不仅仅是广大人民群众的美好向往，更是国民经济发展运行逻辑的内在要求，以及国民经济发展到一定程度的必然要求。党的十九大报告明确指出，进入新时代，我国社会主要矛盾已经转化为人民日益增长的美好生活需要与不平衡不充分的发展之间的矛盾。2017 年，西藏人均 GDP 达到 5816 美元，属于中等偏上收入经济体，成绩可喜，但是与高收入经济体 1.26 万美元的门槛相比还有很大的差距。在民生改善方面，西藏已经取得巨大成效，但与人民群众的期待以及转型发展阶段的未来趋势相比还存在较大差距。因此，西藏要继续以满足人民日益增长的美好生活需要为目标，解决"民生难"的突出问题，从教育、医疗、住房、养老等领域入手，切实把"民生难"转化为经济增长点，形成以服务业发展为主导的产业结构，主动适应新时代经济发展的新形势、引领经济新常态。

坚持改善民生、凝聚人心。不断改善民生才能切实凝聚西藏各族人民群众的人心，切实凝聚人心才能更好地推动西藏经济社会发展和长治

---

① 两区五县是指林周县、当雄县、尼木县、曲水县、堆龙德庆区、达孜区、墨竹工卡县，城关区除外。

久安。人民群众在就业、教育、医疗、居住、养老等方面所面临的难题恰恰说明老百姓在民生领域的需求还没有得到切实满足。"难"就是需求所在，需要政府主动作为，运用社会化、市场化手段，提供有效供给，满足人民群众高层次的安全、社会交往、情感、精神追求等消费需求，促进经济增长。因此，本书将结合杨丹等（2018）构建的西藏民生主观满意度评价指标体系，如表 8-1 所示，应用西藏大学珠峰研究院民生研究中心 2017 年、2018 年两年针对拉萨市农牧区的民生发展状况的入户追踪调查数据①②。从居民生活、公共服务、公共安全、生态文明四个维度，详细分析拉萨市农牧区民生发展状况，深入探索西藏民生领域需求不平衡不充分的根源，挖掘促进西藏经济发展的新增长点。

表 8-1 西藏民生主观满意度评价指标体系

总指标	二级指标	三级指标	四级指标
民生满意度总指数	［25%］居民生活	［25%］收入	［100%］您对您家今年的收入状况的满意度
		［25%］消费	［35%］今年的总消费与去年相比的变化
			［35%］今年的总消费支出（货币支出）与去年相比的变化
			［15%］对您家目前主要使用的能源方式的满意度
			［15%］对目前电网用电稳定性的满意度
		［25%］就业	［100%］您对自己目前工作状态的满意度
			［100%］您对近期找到工作的预期
		［25%］居住	［100%］对目前的房屋居住状况的满意度

① 为科学客观调查西藏地区农牧民的生活条件、记录全区民生状况、民生发展动态以及民生改善事实，西藏大学珠峰研究院西藏民生研究中心联合西南财经大学等高校与研究机构共同组成的拉萨市农牧区民生发展调研组于 2017 年、2018 年两次在拉萨市两区五县（近 29000 平方千米）63 个村进行了专项跟踪调研，以抽样方式完成村委员与农牧民问卷调查，其中 2017 年抽样完成 746 户（实得 2016 年数据），2018 年追踪完成 692 户（实得 2017 年数据）。

② 拉萨市是西藏自治区的首府，聚集了自治区六分之一的人口，而全市三区五县中除城关区外的两区五县均为农牧区，且地理环境条件差异较大，是较有代表性的区域，因此此次研究西藏的民生问题，以拉萨市农牧区为研究对象。

续表

总指标	二级指标	三级指标	四级指标
	[35%] 公共服务	[20%] 教育	[100%] 对目前政府提供的义务教育的满意度
		[20%] 医疗	[50%] 对目前本村 / 镇卫生所或医院提供的医疗服务的满意度
			[50%] 对目前县医院提供的医疗服务的满意度
		[25%] 社会保障	[50%] 对目前政府提供的社会养老保障的满意度
			[50%] 对今年从政府获得的各种补贴的满意度
		[20%] 社会服务	[50%] 对目前乡 / 县政府的行政办事效率的满意度
			[50%] 对目前乡 / 县政府的行政办事态度的满意度
		[15%] 交通	[50%] 对目前出行可选择的公共汽车方便程度的满意度
			[50%] 对目前本村 / 乡镇道路状况的满意度
	[20%] 公共安全	[40%] 公共安全	[50%] 对目前在自然灾害发生后政府采取（或预计可能采取）措施的满意度
			[50%] 对本村 / 乡镇目前的社会公共治安状况的满意度
		[20%] 生产安全	[50%] 对目前在生产安全事故发生后政府采取（或预计可能采取）措施的满意度
		[20%] 卫生安全	[50%] 对政府在牲畜传染病防治方面采取（或预计可能采取）措施的满意度
			[50%] 对政府在人传染病防治方面采取（或预计可能采取）措施的满意度
		[20%] 质量安全	[100%] 对目前身边可购买的食品在食品安全方面的满意度
	[20%] 生态文明	[30%] 垃圾处理	[100%] 对您家目前日常的垃圾处理的满意度
		[40%] 水质达标	[100%] 对您家目前饮用水水质的满意度
		[30%] 农村环境	[100%] 对目前您家周边环境状况的满意度

第二节　居民生活

居民生活是人民群众生活条件的综合反映，从整体上可以反映一个国家或地区的经济社会发展状况和文明程度，广义的居民生活既包含物质生活内容，又包含居民对自身生活状况的主观感受（杨丹等，2018）。研究西藏农牧区的居民生活，结合西藏民生主观满意度评价指标体系，我们将从与农牧民生活关系较为密切的收入、消费、就业和家庭住房四个方面着手进行深入分析。

一、居民收入

居民家庭收入是决定家庭消费水平的根本因素，是影响居民生活质量的关键所在。调研分析发现，拉萨市农牧区居民家庭收入呈稳定

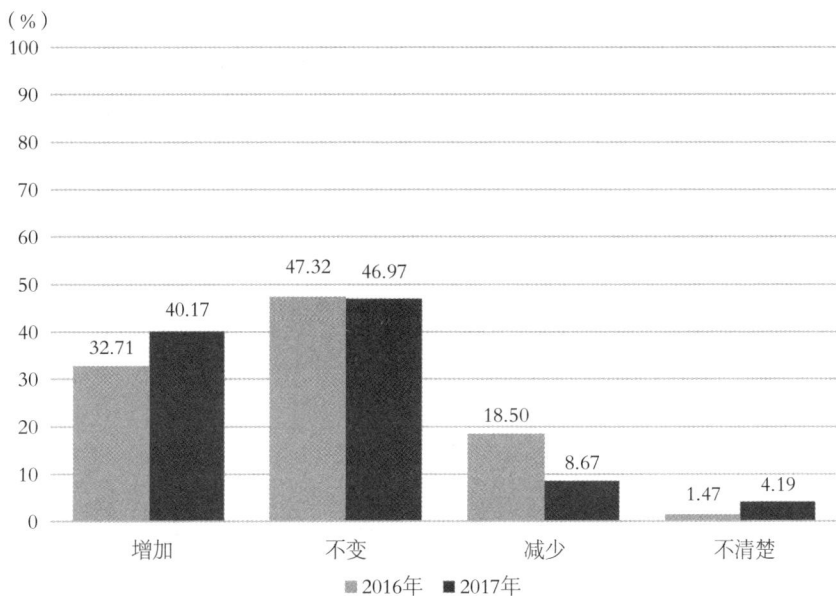

图 8-1　2016 年、2017 年居民家庭货币收入的变化情况

增长态势。如图 8–1 所示，2017 年全年家庭货币收入比 2016 年增加的家庭占样本总数的 40.17%，增幅较 2016 年提升了近 8 个百分点；2017 年保持不变的家庭占比 46.97%，与 2016 年增幅基本持平；仅有8.67%的受访家庭 2017 年家庭收入有所降低，与 2016 年的 18.50%相比明显降低。居民家庭收入增长归根到底是经济发展和就业增长的结果，实现居民家庭收入可持续合理性增长离不开平稳较快的经济增长和就业增长。

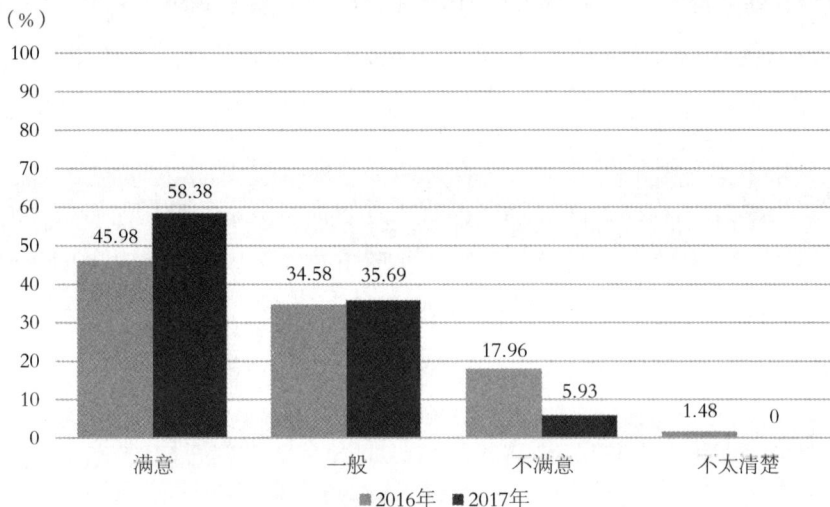

图 8–2　2016 年、2017 年居民家庭收入状况满意度情况

数据显示，居民家庭收入和满意度呈现正相关态势。2017 年对家庭收入情况感到满意的农牧民有 404 户，占比为 58.38%，较 2016 年增加了近 13 个百分点，如图 8–2 所示。这表明随着西藏总体经济状况的向好，农牧民收入水平持续上升，与此同时居民生活满意度也得以提升。究其原因，我们认为自 2015 年西藏开始正式实施精准扶贫政策，精准到户施策效果显著，一方面农牧民收入水平提升，另一方面农牧民对政府政策满意度不断提升。

二、居民消费

居民家庭消费水平从某种程度上反映了其收入状况，随着居民家

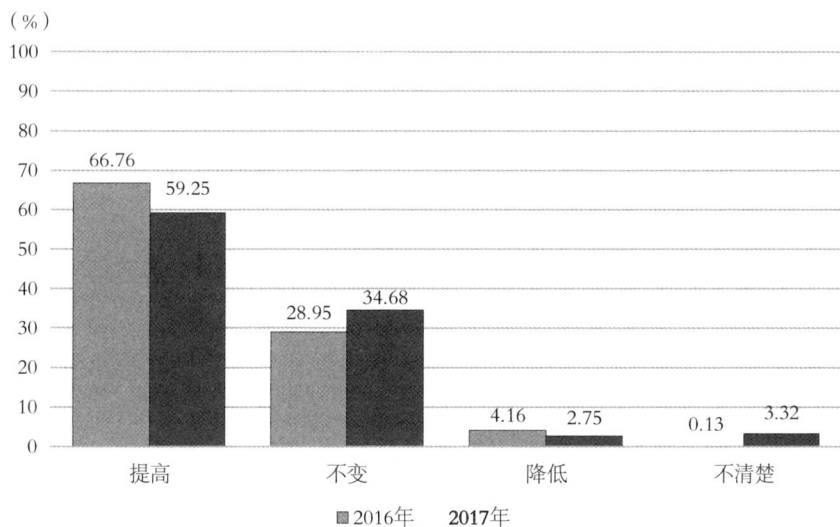

图 8-3　2016 年、2017 年全年总消费的变化情况

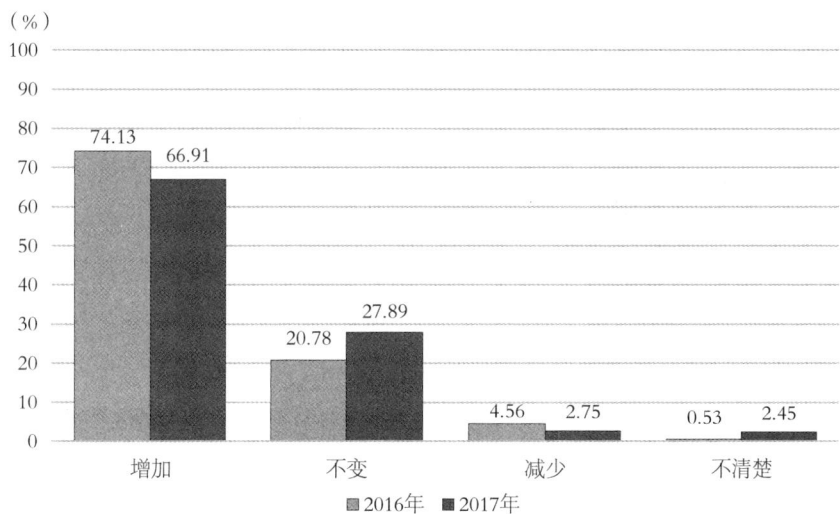

图 8-4　2016 年、2017 年全年货币支出的变化情况

庭收入的不断增加，家庭消费水平也持续提升。西藏整体消费水平从
2016 年大幅提升后，自 2017 年开始呈现出趋于持续平稳增长的态势。
调查发现 2017 年有 59.25%的受访家庭总消费提升了，与 2016 年相比
提高幅度有所降低，如图 8–3 所示。货币支出变化情况与总消费变化情
况相同，如图 8–4 所示。但总体来看，居民家庭总消费呈现出普遍上升
的态势。这表明，消费结构正在不断升级，需求导向、消费驱动将成为
未来经济增长的总体特征。

　　随着居民收入与消费水平的提高，居民的物质生活得到很大的改
善，居民开始更加注重生活品质，希望获得质量更好、更安全的产品和
服务。调研发现，总体上，居民对家庭主要使用能源方式的满意度很
高，基本无变化，如图 8–5 所示。随着收入水平的不断提升，农牧民家
庭电器设备使用逐渐增加，对电力供给的需求不断提高，供给端难以满
足相应需求。所以，2017 年农牧民对电网用电稳定性满意度有所下降，
如图 8–6 所示。

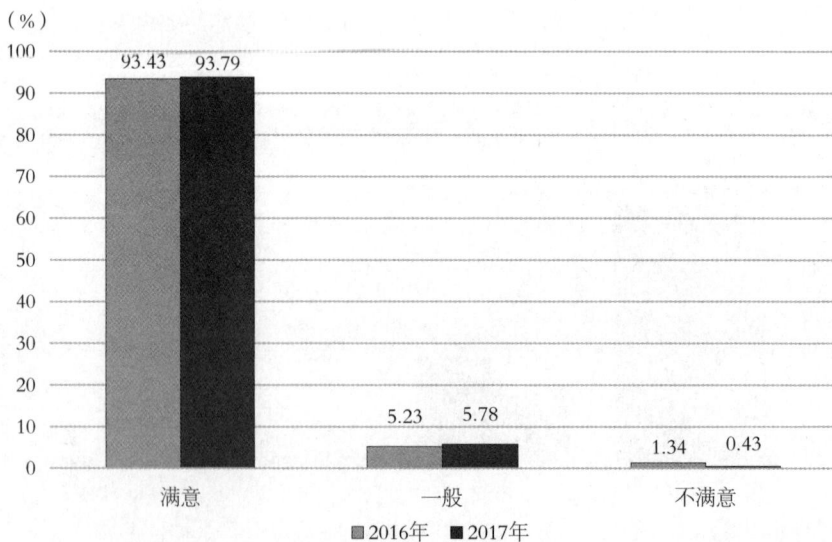

图 8–5　2016 年、2017 年居民对家庭主要使用能源方式的满意度情况

(%)

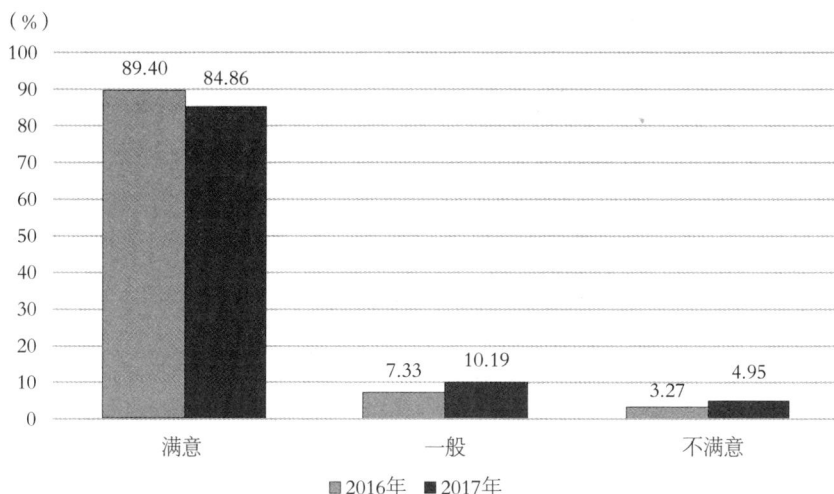

图 8-6 2016 年、2017 年居民对电网用电稳定性满意度情况

三、就业情况

"就业是民生之本",稳定的工作是人民群众生存和生活的根本前提。要想就业富民,需要政府主导创造更多就业机会,确保居民工资性收入比重持续增加。通过连续两年的跟踪调研分析发现,随着国家脱贫攻坚政策的落地实施,尤其是精准扶贫政策由"输血式"向"造血式"的转变效果明显,居民的就业问题得到很大程度改善,有固定工作的群众的比例基本保持不变,且对工作的满意度不断提升,如图 8-7、图 8-8 所示。

2017 年有 72.09% 的居民对工作状况满意,较 2016 年提高了 2.45 个百分点,对当前工作状况不满意的情况下降了近 4 个百分点。就总体情况而言,受访对象对工作状况的满意度较高,基本上对目前的工作状态是持正面积极认可的态度。这一数据直观地表明,通过就业培训、产业脱贫等政策,农牧民获得相对稳定工作的机会呈现出不断增加的趋势。

（%）

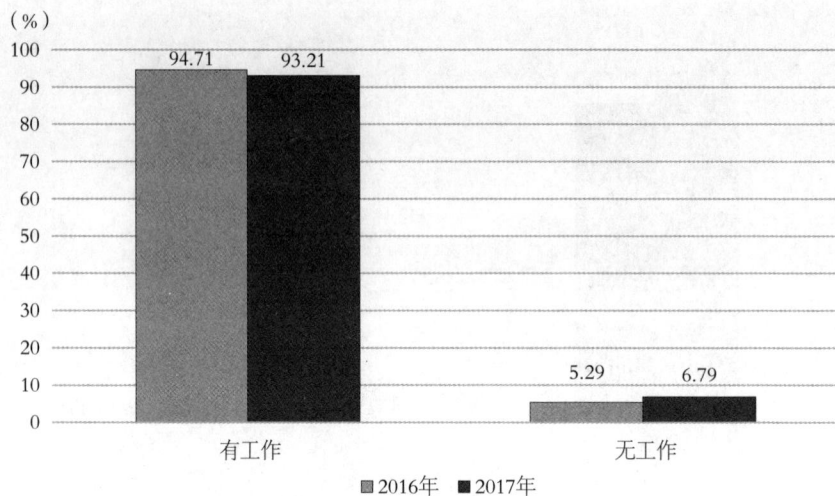

图 8-7　2016 年、2017 年居民工作状况

（%）

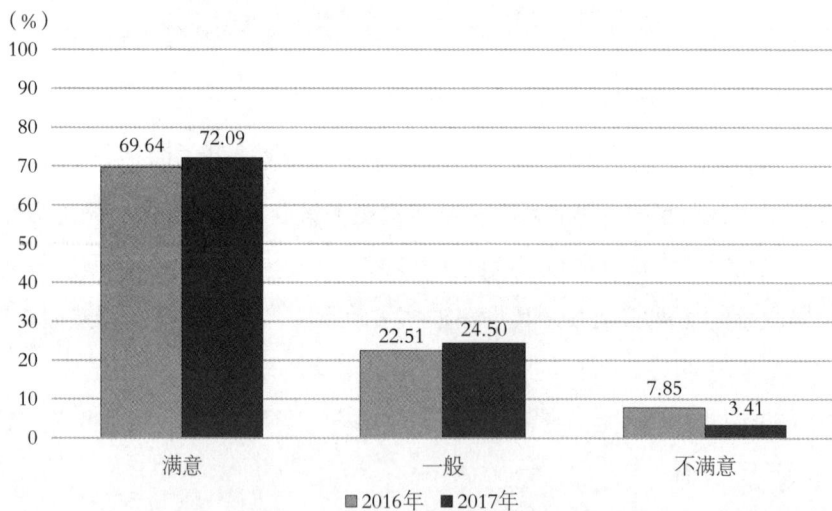

图 8-8　2016 年、2017 年居民工作状况满意度

四、家庭住房

习近平总书记在党的十九大报告中指出："坚持房子是用来住的、不是用来炒的定位，加快建立多主体供给、多渠道保障、租购并举的住

房制度，让全体人民住有所居。"①"住有所居"的标准是第一个层次的需求，同时还应该坚持"住而宜居"的第二个层次的需求。调查发现，受访者对家庭住房状况感到满意的比例有所提升。2017 年对家庭住房满意的受访者占 60.54%，较 2016 年上升了 3.16%，不满意的则降低了 3% 左右，感到一般的基本没有变化，如图 8–9 所示。说明随着易地搬迁的保障实施和西藏乡村基础设施的持续改善，居民对自身居住环境越来越满意。

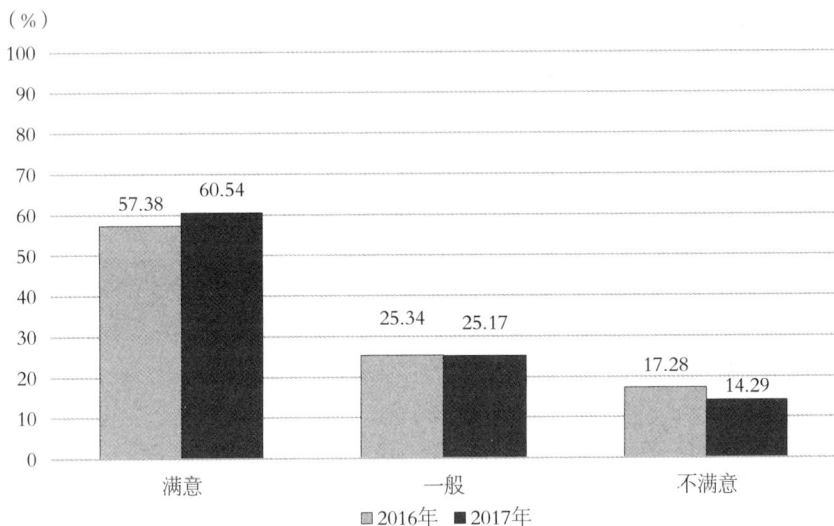

（%）

	满意	一般	不满意
2016年	57.38	25.34	17.28
2017年	60.54	25.17	14.29

■2016年 ■2017年

图 8–9　2016 年、2017 年居民对家庭住房状况满意度

五、小结

通过对居民收入、居民消费、就业情况、家庭住房 4 项指标的深入分析，我们可以进一步得出 2016 年、2017 年的居民生活满意度指标得

---

①　习近平：《决胜全面建成小康社会　夺取新时代中国特色社会主义伟大胜利——在中国共产党第十九次全国代表大会上的报告》，人民出版社 2017 年版，第 47 页。

分，如表 8-2 所示。

表 8-2　2016 年、2017 年拉萨市农牧区居民生活满意度指标得分

二级指标	三级指标	得分		四级指标
		2016 年	2017 年	
[25%] 居民生活	[25%] 收入	45.98%	58.38%	[100%] 您对您家今年的收入状况的满意度
	[25%] 消费	23.37%	20.74%	[35%] 今年的总消费与去年相比的变化
		25.95%	23.42%	[35%] 今年的总消费支出（货币支出）与去年相比的变化
		14.16%	14.07%	[15%] 对您家目前主要使用的能源方式的满意度
		14.41%	12.73%	[15%] 对目前电网用电稳定性的满意度
	[25%] 就业	69.64%	72.09%	[50%] 您对自己目前工作状态的满意度
				[50%] 您对近期找到工作的预期
	[25%] 居住	57.38%	60.54%	[100%] 对目前的房屋居住状况的满意度
2016 年居民生活满意度指标				11.50%＋19.47%＋17.41%＋14.35%＝62.73%
2017 年居民生活满意度指标				14.60%＋17.74%＋18.02%＋15.14%＝65.50%

由表 8-2 可知，拉萨市居民生活满意度不断提高，2017 年比 2016 年提高了 2.77 个百分点。说明随着国家对西藏的大力扶持，西藏政府围绕教育援藏、精准扶贫等一系列政策，居民的就业情况得到很大的改善，居民收入不断提高，居民生活质量不断提高，居民生活领域的民生满意度不断改善。

进一步分析发现，一方面，应继续增加居民收入。其核心途径是通过教育富民、就业富民、创业富民、资本富民等惠民富民政策持续提高居民的收入水平。另一方面，应继续提升居民消费。当前，居民消费需求没有得到完全的释放，政府应该优化居民消费产品，转变经济落脚点。

第三节　公共服务

公共服务是指政府为满足社会公共需要而提供的产品和服务的总称，居民对基本公共服务的满意度是当地居民需求满足程度的反映，也是当地社会福利水平的反映。公共服务是 21 世纪公共行政和政府改革的核心理念，包括加强城乡公共基础设施建设，发展科教文卫体等公共事业，保障公民参与社会经济、政治、文化活动，不断谋求社会民众的利益（杨丹等，2017）。《中共中央关于制定国民经济和社会发展第十二个五年规划的建议》明确指出，着力保障和改善民生，必须逐步完善符合国情、覆盖城乡、可持续的基本公共服务体系，提高政府保障能力，推进基本公共服务均等化，构成了当前社会建设的重点内容，以民生为重点的社会建设关系到发展大局，是民之所系，发展之本。为全面深入了解西藏农牧区公共服务状况，进一步提高西藏社会公共服务质量和效率，建设人民满意的服务型政府，我们将结合西藏民生主观满意度评价指标体系，从文化教育、医疗卫生、社会保障、社会服务、交通状况等方面来进行分析。

一、文化教育

教育是民生之基。文化教育是一种社会现象，是人们在长期生产劳动创造过程中的产物，教育具有传递、保存、交流、融合、选择、更新和创造文化的功能。政府教育投入是缩小地区间、学校间教育差距的根本前提，是推进教育公平的关键举措与重要保障。实现教育富民，需要政府通过保护知识产权、推动经济结构调整、推动企业技术改造等措施，努力提高劳动生产率，实施全民再教育工程。调查发现，拉萨市农牧区居民对政府提供的义务教育的满意度呈现上升趋势。如图 8-10 所示，2017 年拉萨市农牧区居民对政府提供的义务教育满意度占样本总

量的 91.33%，与 2016 年相比增幅基本持平，对义务教育不满意的比例
已经从 2016 年的 0.94% 下降为 0，说明政府把教育作为第一民生工程，
制定出台的除坚持义务教育"三包"政策不断扩标提面之外，还实施
15 年免费教育等系列惠民利教政策，切实发挥了作用，得到广大农牧
民的普遍认可。

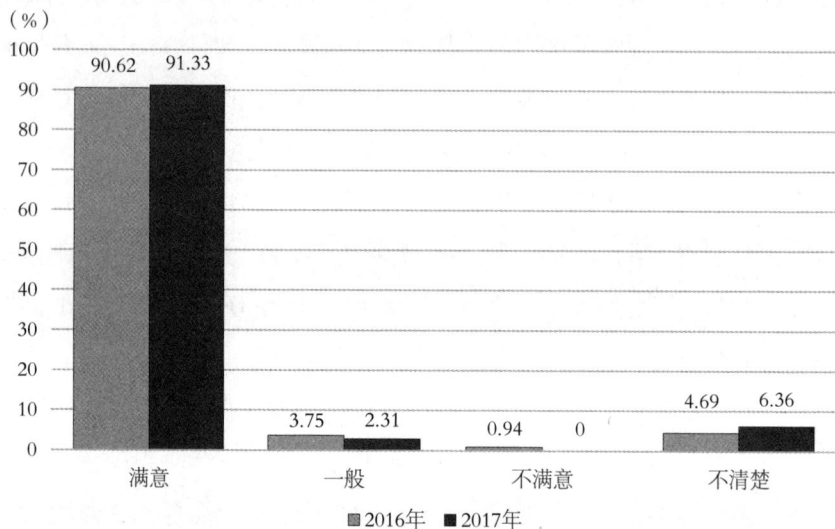

图 8-10   2016 年、2017 年政府提供的义务教育满意度的变化情况

二、医疗卫生

公共医疗卫生是民生中的重大问题。公共医疗卫生服务与农牧区的
健康息息相关，关乎经济社会的持续稳定发展。由于西藏特殊的自然环
境和地理条件，广大农牧区公共医疗卫生服务供给难度更大；对民生改
善的影响也更加突出，分析广大农牧区公共医疗卫生服务的满意度对于
民生研究有着重要意义。本部分从农牧民对目前本村 / 镇卫生所或医院
提供的医疗服务满意度以及对目前县医院提供的医疗服务满意度进行
评价。

　　针对本村／镇卫生所或医院提供的医疗服务满意度分析，如图 8-11
所示，2017 年调查发现，对本村／镇卫生所或医院提供的医疗服务满意
的家庭占样本总量的 83.38%，较 2016 年增幅近 16%；2017 年感到不
满意的占比 2.31%，相较 2016 年的 7.64% 下降了 5.33%。说明随着西
藏医疗保障政策的强化、医疗队伍的充实以及医务人员水平的提升，尤
其是村医的配备使得农牧民对于本村／镇卫生所或医院提供的医疗服务
的满意度呈现上升趋势。

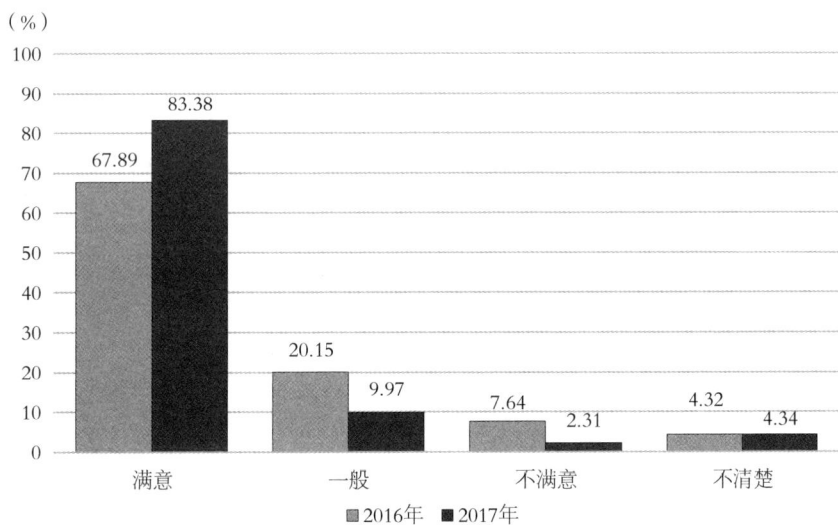

图 8-11　2016 年、2017 年医疗服务满意度的变化情况

　　针对县医院提供的医疗服务满意度的分析，如图 8-12 所示，2017
年对县医院提供的医疗服务满意的家庭占样本总量的 79.19%，较 2016
年增加近 8%；2017 年感到不满意的占样本总量的 1.16%，较 2016 年
下降了 3.27%。总体来看，农牧民对于县医院提供的医疗服务的满意度
呈现上升趋势，说明 2017 年系列重要医疗政策相继制定发布，开启公
立医院体制改革，制定了科学的医保药品支付政策；同时，西藏对基层
医院医疗人员引进和医疗设施配备，这一系列举措解决了部分看病难和

（%）

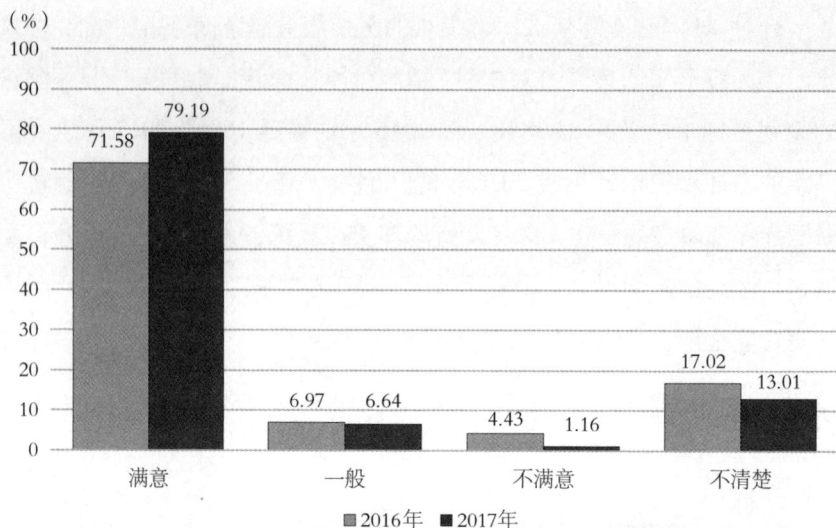

图8-12 2016年、2017年县医院提供的医疗服务的满意度的变化情况

就医难的问题，基本实现了就近医治。

　　进一步分析发现，随着新型农村合作医疗的全面覆盖，西藏农牧区医疗保险的覆盖率有所提高（2017年农牧民医疗保险覆盖率为28%，其中77%都是购买的新型农村合作医疗），但离"全民医保"还有一段距离一定差距。又由于农村医疗卫生服务相对薄弱，农牧民进城看病成本高，农牧民的医疗费用负担重，所以迫切需要政府同时实施医疗救助制度和"大病保险"。

三、社会保障

　　社会保障体系是为了给有需要的社会成员提供最基本的生存需求。社会保障体系如果不健全，就会对社会的稳定造成一定的阻碍，进而就会对经济发展和民生改善造成一定的影响。西藏经济社会发展水平相对滞后，生活处于相对贫困状态的农牧民占比较高，为了深入了解农牧民家庭生活情况，尤其是农牧民享受的社会保障福利的现状，本部分从农牧民对目前政府提供的社会养老保障的满意度和今年从政府获得的各种补贴的满意度进行分析。

　　针对目前政府提供的社会养老保障的满意度分析，2017 年农牧区居民对目前政府提供的社会养老保障满意的占比为 82.51%，较 2016 年增加近 4%；2017 年不满意的样本量为 0，相较于 2016 年的 1.34% 大幅度下降，如图 8–13 所示。说明西藏社会养老体系在不断地健全和完善，农牧民生活有了保障，养老保险让农牧民实现了老有所依。

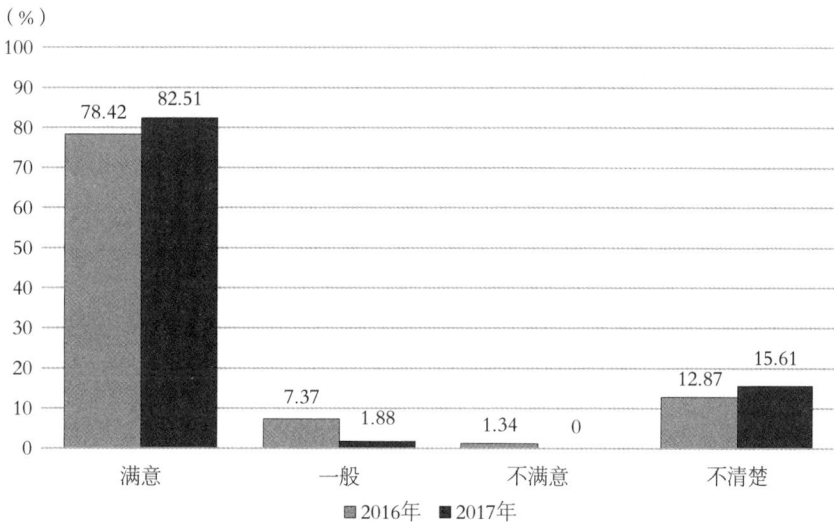

（%）

图 8–13　2016 年、2017 年对社会养老保障满意度的变化情况

　　针对从政府获得的各种补贴的满意度分析，2017 年对当年度从政府获得的各种补贴满意的占样本总量的 90.67%，较 2016 年增加了7.42%；2017 年感到不满意的占样本总量的 0.78%，与 2016 年的 3.89%相比下降了 3 个多百分点，如图 8–14 所示。农牧民对从政府获得的各种补贴的满意度呈现上升趋势，说明西藏出台的惠民利民政策，为企业退休人员、城乡低保对象、优抚对象、五保户等低收入群体一次性发放生活补助金，对保障和改善民生发挥着重要作用。

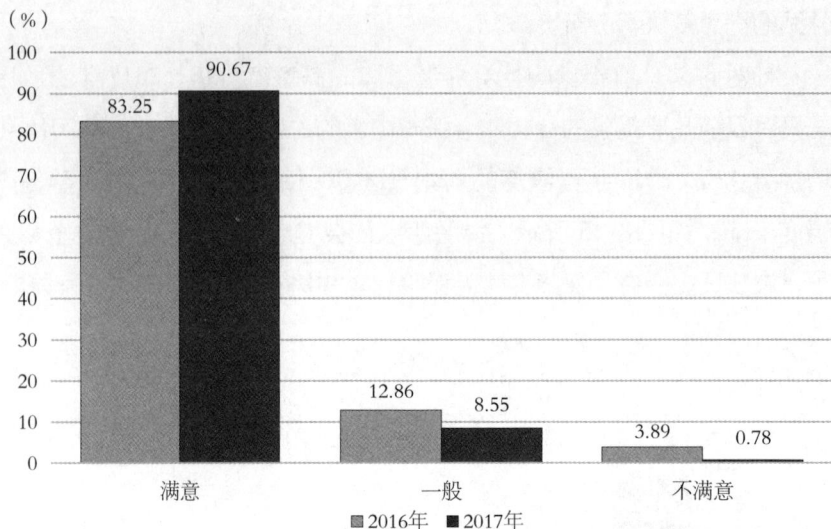

图 8-14　2016 年、2017 年对政府补贴满意度的变化情况

四、社会服务

社会服务是直接为改善和发展社会成员生活服务而提供的服务。随着居民收入和消费的提高，人们希望获得覆盖面更广、质量更高的服务。社会服务主要包括农牧民对目前乡 / 县政府的行政办事效率与乡 / 县政府的行政办事态度的满意度。结合拉萨市两区五县农牧区社会服务发展状况，本部分从农牧民对目前乡 / 县政府办事效率满意度和行政办事态度的满意度两方面来展开讨论，并在此基础上深入分析拉萨市居民社会服务基本情况以及满意度。

针对农牧民对乡 / 县政府办事效率的满意度分析，2017 年调查的对乡 / 县政府办事效率感到满意的占样本总量的 80.35%，较 2016 年增加了 2.06%；2017 年感到不满意的占样本总量的 2.17%，与 2016 年的7.23% 相比下降近 5%，如图 8-15 所示。说明自抓作风建设以来，由于乡 / 县政府加大了问责力度，严明了政治纪律，对办事推诿拖拉等不作为、乱作为现象按规定坚决予以严肃处理的态度，促使公职人员不断提高自身素质，坚持为人民服务，所以农牧区居民对于乡 / 县政府办事效率满意度呈现上升趋势。

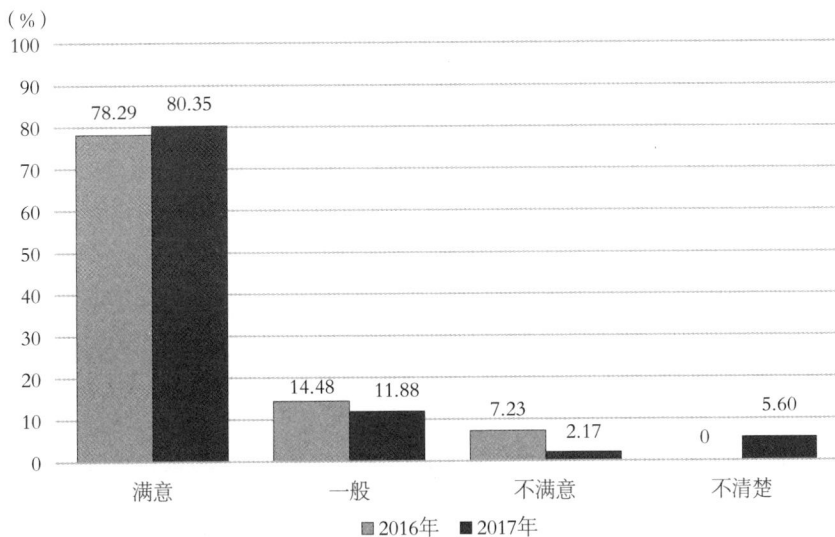

图 8–15　2016 年、2017 年对乡 / 县政府的行政办事效率满意度的变化情况

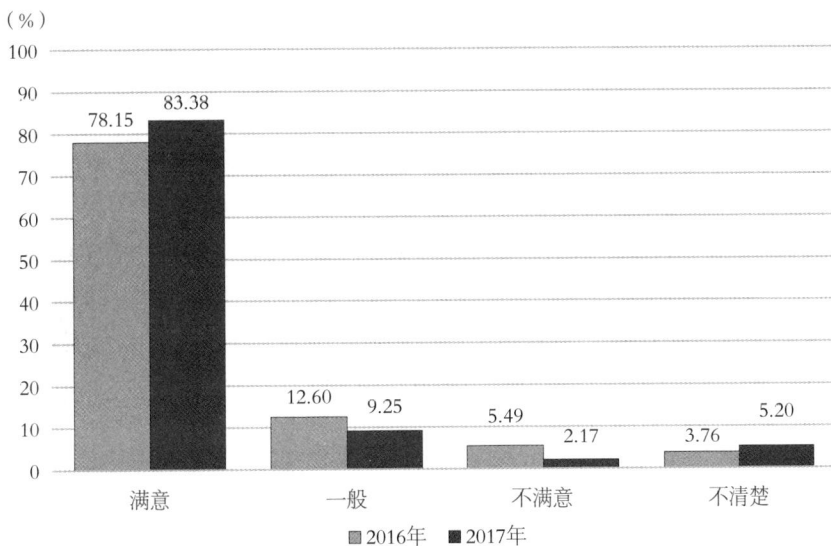

图 8–16　2016 年、2017 年对乡 / 县政府的行政办事态度满意度的变化情况

针对农牧民对乡／县政府办事态度的满意度分析，2017年感到满意的占样本总量的83.38%，较2016年增加5.23%；2017年感到不满意的占比2.17%，与2016年的5.49%相比下降3.32%，如图8-16所示，其原因是政府将公职人员的服务态度纳入了考核机制，政府公职人员的素质在不断提高，故农牧民对于乡／县政府办事态度满意度呈现上升趋势，不满意度呈下降趋势。

五、交通

交通是连接城市的重要纽带，也是为城市发展运送人流、物流的重要通道，是城市发展的连接动脉，同时交通对生产要素的流动、地区的互通有无、现实经济规模和城镇化扩大具有重要影响。交通和网络的快速发展将加快生产、生态、生活空间的重构，使空间距离对资源配置的障碍越来越小，实现各区域协同发展。

随着农村公共汽车普及度的上升，以及乡村道路的修整，农村居民

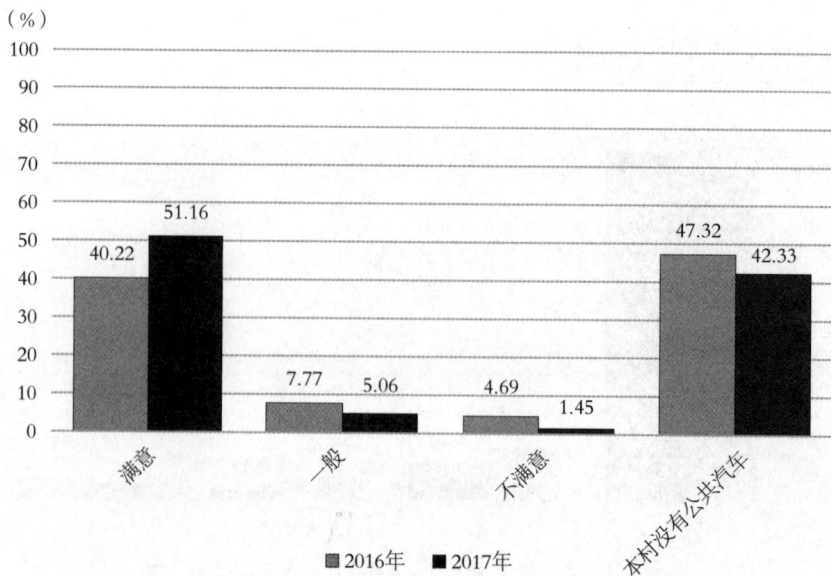

图8-17　2016年、2017年对公共汽车的满意度的变化情况

对公共汽车的满意度也随之持续上升。2017 年对公共汽车感到满意的占比为 51.16%，较 2016 年增长了近 11 个百分点；2017 年不满意的占比 1.45%，相较 2016 年的 4.69%下降了 3.24%，如图 8–17 所示。说明随着政府对公共汽车投入力度较 2016 年有所增加，农牧民对公共汽车满意度呈现上升趋势。但总的来看，满意度还不够高，公共交通依然需要加大投入力度。

随着居民生活水平的提升，公共汽车和小汽车的普及，居民对村镇道路的要求越来越高。2017 年对乡镇农村道路感到满意的占比 70.66%，较 2016 年减少了 0.52 个百分点，如图 8–18 所示。因为随着农牧民生活水平的提高，农牧民家中添置的交通工具逐渐增加，原有道路难以满足居民日益增长的需求，所以满意度呈现下降趋势。

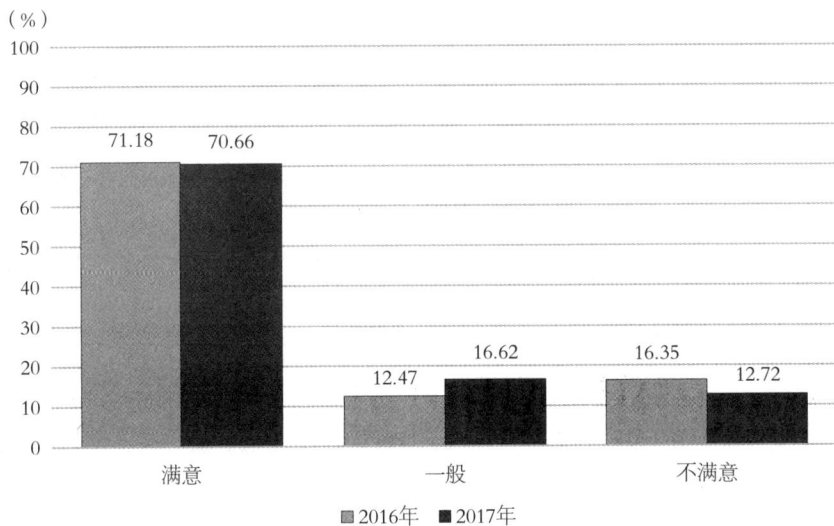

（%）

图 8–18　2016 年、2017 年对本村／乡镇的道路状况满意度的变化情况

六、小结

通过对教育、医疗、社会保障、社会服务、交通等 5 项指标的深入

分析，我们可以进一步得出 2016 年、2017 年公共服务满意度指标得分，
如表 8–3 所示。

表 8–3 2016 年、2017 年拉萨市农牧区公共服务满意度指标得分

二级指标	三级指标	得分		四级指标
		2016 年	2017 年	
[35%]公共服务	[20%]教育	90.62%	91.33%	[100%]对目前政府提供的义务教育的满意度
	[20%]医疗	33.91%	41.69%	[50%]对目前本村/镇卫生所或医院提供的医疗服务的满意度
		35.79%	39.60%	[50%]对目前县医院提供的医疗服务的满意度
	[25%]社会保障	39.21%	41.26%	[50%]对目前政府提供的社会养老保障的满意度
		41.63%	45.34%	[50%]对今年从政府获得的各种补贴的满意度
	[20%]社会服务	39.15%	40.18%	[50%]对目前乡/县政府的行政办事效率的满意度
		39.08%	41.69%	[50%]对目前乡/县政府的行政办事态度的满意度
	[15%]交通	20.11%	25.58%	[50%]对目前出行可选择的公共汽车方便程度的满意度
		35.59%	35.33%	[50%]对目前本村/乡镇道路状况的满意度
2016 年公共服务满意度指标				18.12%+13.94%+20.21%+14.64%+8.36% =75.27%
2017 年公共服务满意度指标				18.27%+16.26%+21.65%+16.37%+9.14% =81.69%

由表 8–3 可知，拉萨市农牧区公共服务满意度不断提升，提升幅
度最大的是本村/镇卫生所或医院提供的医疗服务的满意度，提高了
近 8%；其次是对出行可选择的公共汽车方便程度的满意度，提高了近
5%；另外，对县医院提供的医疗服务的满意度和对今年从政府获得的
各种补贴的满意度，都提高了 4% 多。说明随着国家对西藏民生方面的
大力扶持，西藏各级政府围绕教育援藏、医疗援藏、社会保障等制定实

施的一系列优惠政策成效显著。

第四节　公共安全

公共安全是指社会公民从事和进行正常的生产、生活、工作、学习、交流所需要的稳定的外部环境和秩序。杨丹等（2018）认为西藏公共安全事件主要包括两大类：一是与内地相同的一般突发性公共事件，如自然灾害、事故灾难、生产安全、卫生安全、质量安全等；二是西藏独特的地理位置和特殊的历史因素造成的公共危机事件，如激烈的反分裂斗争。为进一步了解拉萨市农牧区的公共安全状况，我们将结合西藏民生主观满意度评价指标体系，从生产安全、自然灾害、社会治安、传染疾病以及食品安全等五个方面进行分析。

一、生产安全

意外事故是生产过程中不能完全避免的事情。根据西藏实际情况，

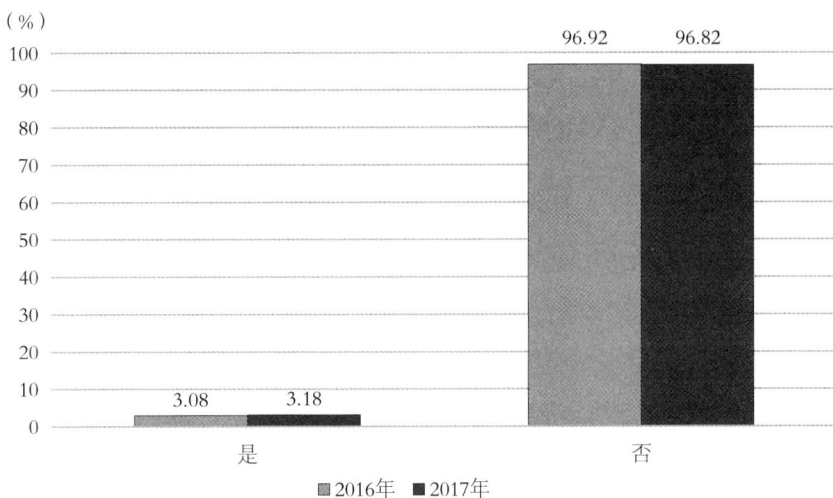

图8-19　2016年、2017年家人或自己是否发生过生产安全事故

结合西藏民生主观满意度评价指标体系，公共安全领域中的生产安全主要是指高寒缺氧环境下的工业企业、矿业、建筑业、交通基建业生产建设当中发生的安全事故以及农牧业生产工具造成的人身伤害。

调查发现，2017 年家庭中没有发生过生产安全事故的有 670 户，占全部样本的 96.82%；有 22 户占比 3.18% 的受访家庭发生过生产安全事故，与 2016 年的家庭生产安全事故 3.08% 的发生率相比基本持平，如图 8–19 所示。这与西藏生产安全知识普及做得越来越到位且全区人民群众都普遍提高了生产安全事故的防范意识密不可分。但还是有极少数部分家庭对生产安全知识的接受度不高，说明安全生产知识还需继续长期深入普及。

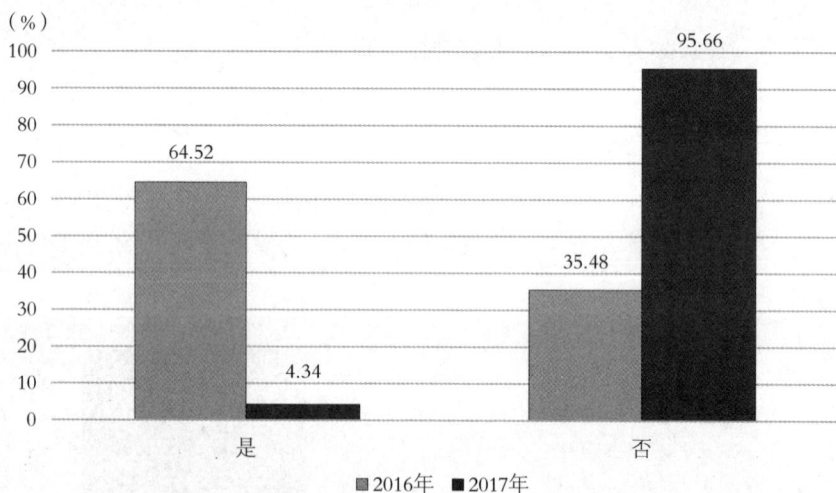

图 8–20　家庭所在的村 2016 年、2017 年是否发生生产安全事故

2017 年全村没有发生生产安全事故的有 662 户，占 95.66%；只有少数 4.34% 的村落发生了生产安全事故，如图 8–20 所示。2017 年，西藏安全生产管理抓得好、抓得严，有效避免了事故的发生，相比 2016 年村落生产安全事故 64.52% 的发生率来说，避免了 60.18% 的生产安全事故的发生，极好地保障了农牧民的人身安全。

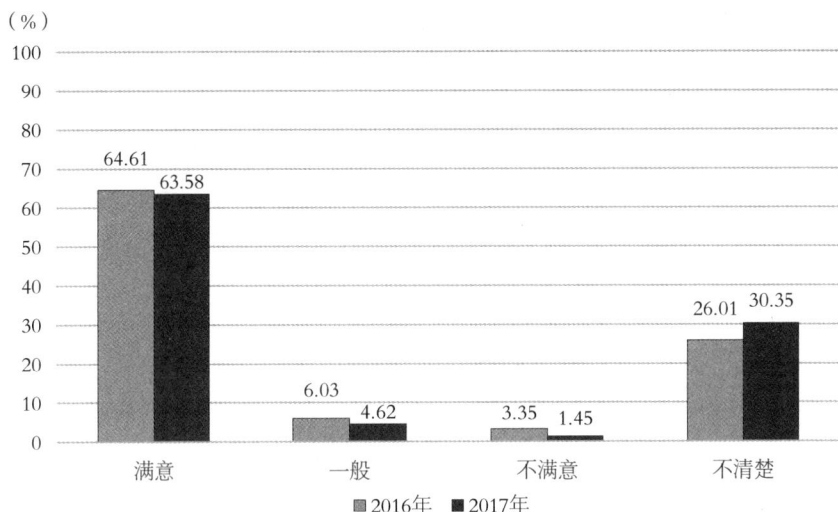

图 8–21 2016 年、2017 年对发生生产安全事故后政府采取措施的满意度

　　2017 年有 63.58% 的受访家庭对生产安全事故发生后政府采取的措施感到满意，与 2016 年相比略有下降；2017 年有 1.45% 的受访家庭对此表示不满意，与 2016 年的 3.35% 相比降低了 1.9%，如图 8–21 所示。说明各级政府关于安全生产事故的善后处理工作以及采取的相关措施的惠民程度和效用都比较高。

二、自然灾害

　　由于青藏高原特殊的地理环境和特殊的自然条件，自然灾害对经济社会发展的破坏力较强、影响程度较大。根据调查，2017 年有 78.47% 的村落没有遭受自然灾害，与 2016 年的未遭受自然灾害率 77.88% 相比基本持平，如图 8–22 所示。虽然自然灾害不可抗，但政府对自然灾害的防范措施工作比较到位。

　　拉萨市农牧区居民对 2017 年发生自然灾害后政府采取措施感到满意的占比为 80.54%，相比 2016 年，2017 年居民的满意度增加了 9.49%；相应地，2017 年感到不满意的同 2016 年相比减少了 1.60%，如图 8–23

（%）

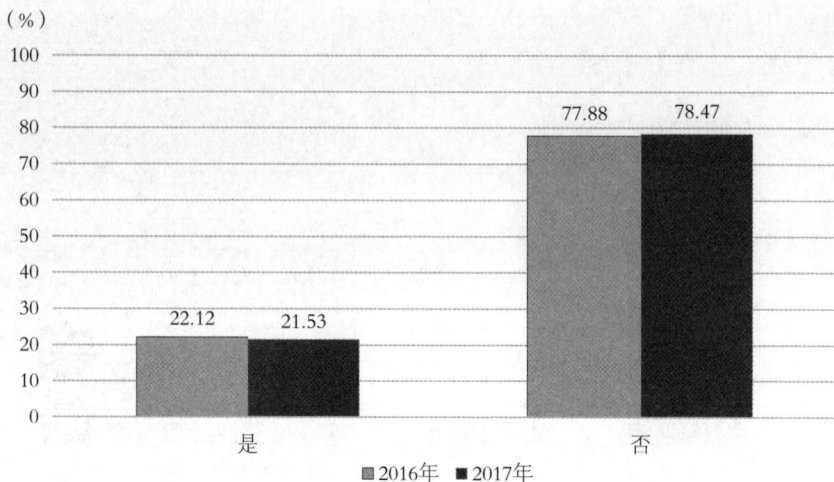

图 8-22　2016 年、2017 年家所在村 / 乡镇是否遭受自然灾害情况

所示，说明自然灾害发生后，政府的善后工作做得比较好，居民对政府善后工作较满意。5.37%的不满意度也要求，各级政府必须持续加强对自然灾害的善后工作处理措施，既要提升居民满意度，更要保障居民避免因灾致贫。

（%）

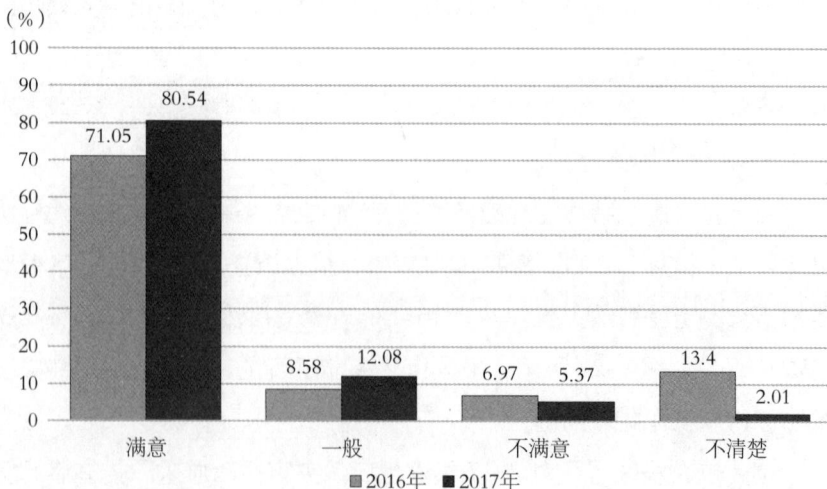

图 8-23　2016 年、2017 年对发生自然灾害后政府采取措施的满意度

三、社会治安

良好的社会治安是西藏实现长足发展和长治久安的重要保证，是居民公共安全感的重要感知来源。678 户受访家庭没有发生过治安安全事

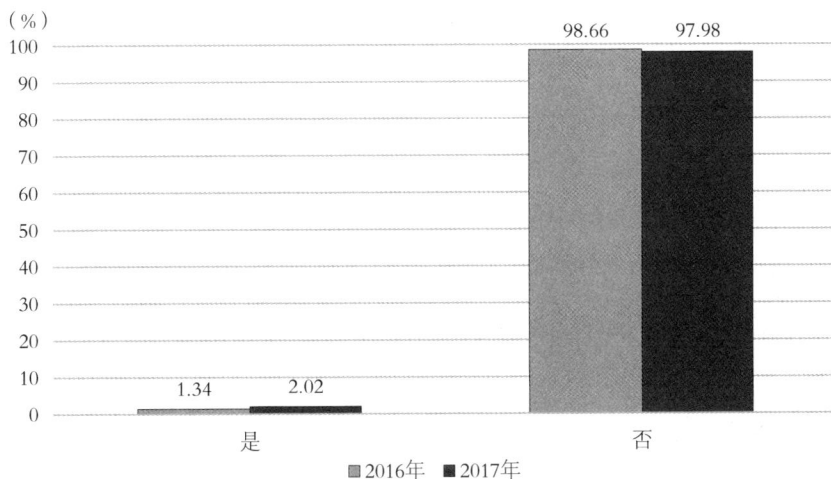

图 8-24 2016 年、2017 年家庭发生治安安全事件的情况

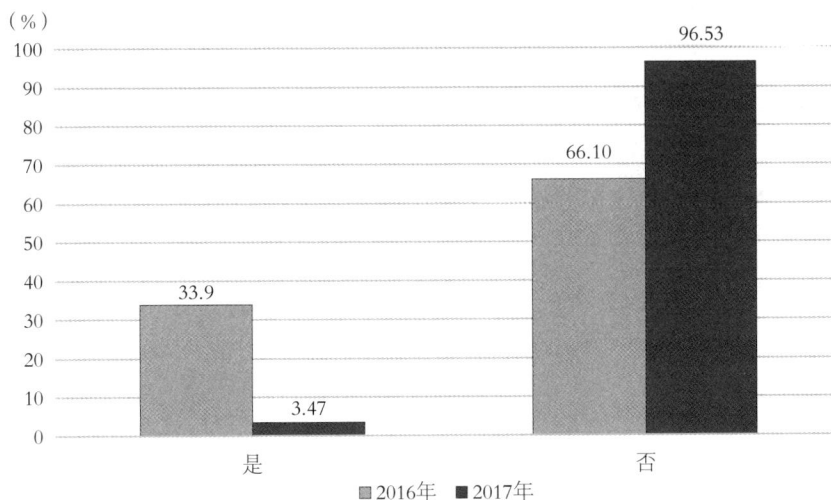

图 8-25 2016 年、2017 年所在村落发生治安安全事件的情况

件，占总样本的 97.98%，与 2016 年基本持平，如图 8-24 所示。说明 2017 年治安管理工作切实有效。依然有 3.47% 的受访家庭所在的 24 个村落中发生了治安安全事故，但与 2016 年 33.90% 的村落治安安全事故发生率相比，2017 年的治安管理工作成效比 2016 年更加显著，如图 8-25 所示。

在针对"对所在村落发生治安安全事件后政府采取措施的满意度"这一项的调查中发现，有 69.07% 的受访家庭对政府关于治安安全事件的善后处理措施是满意的，与 2016 年的 93.03% 相比下降了近 24%，如图 8-26 所示。深入分析这一大幅逆向变动的原因，发现主要是 2016 年未剥离"不清楚"这一选项，而 2017 年"不清楚"这一选项占比高达 26.88%。因此，对于"不满意"情况的比较分析十分重要，对比两年不满意度发生情况，发现 2017 年不满意度相比 2016 年下降了 0.71%。2017 年有 1.3% 的受访家庭不满意，这就要求政府持续提高治安安全事件发生后的反应速度和处理效率，努力确保人民群众 100% 满意。

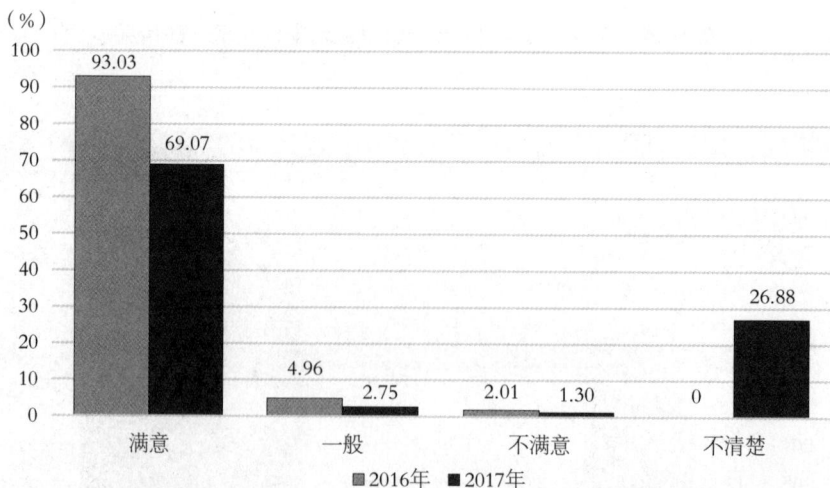

图 8-26　2016 年、2017 年对所在村落发生治安安全事件后政府采取措施的满意度

四、传染疾病

控制传染疾病是保障农牧区人民群众健康安全的重要措施。调查发现，通过加强人民群众的疾病预防意识，成效十分显著，所在村落人群出现传染疾病疫情从 2016 年的 41.94% 下降到 2017 年的 2.31%，下

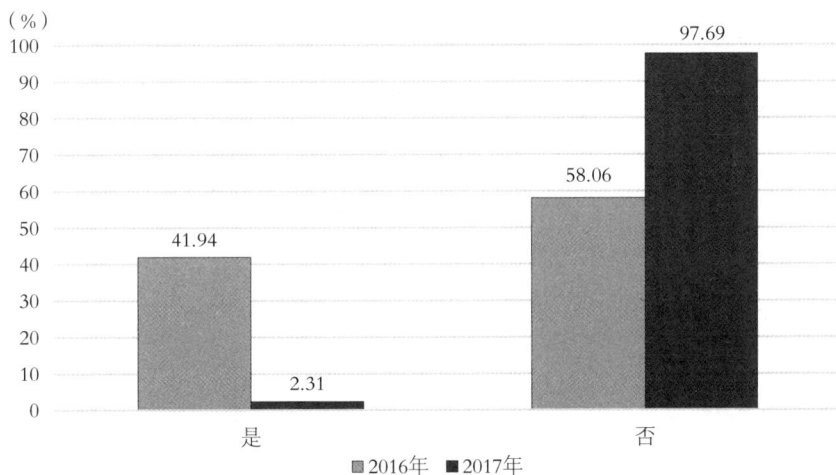

图 8-27　2016 年、2017 年所在村／乡镇是否发生人群传染病

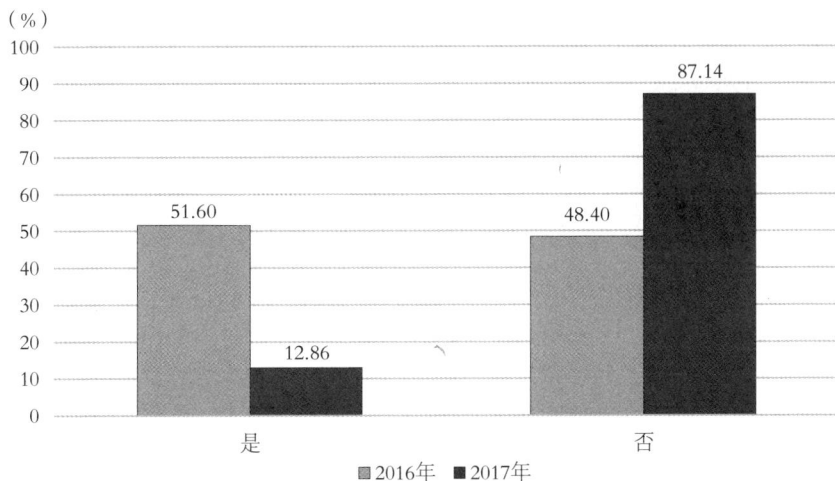

图 8-28　2016 年、2017 年所在村／乡镇是否发生牲畜传染病

降幅度高达 39.63％，如图 8–27 所示。受访者所在村落牲畜的疫情由 2016 年的 51.60％大幅度地降低为 2017 年的 12.86％，如图 8–28 所示。说明西藏疾病防控的知识普及一年比一年到位，人民群众越来越重视疾病预防。

　　77.89％的受访户对人群传染病发生后政府采取的措施感到满意，但与 2016 年 82.71％的满意度相比下降了近 5％，如图 8–29 所示。深入分析发现，主要是 2017 年表示不清楚的农牧民与 2016 年相比增加近 7％，2017 年表示不满意的与 2016 年比下降了近 1.6％。2017 年，极少数牲畜传染疾病疫情发生后，83.38％的受访户对政府采取的措施感到满意，但与 2016 年 92.36％的满意度相比下降了近 9％，如图 8–30 所示。深入分析发现，主要是 2017 年表示不清楚的农牧民与 2016 年相比增加了 7.21％，2017 年表示一般的与 2016 年相比增加了 2.11％，2017 年表示不满意的与 2016 年相比下降了 0.34％。表明一方面是农牧民对疫情发生后政府相关部门的工作反应关注度越来越高，另一方面说明政府在传染疾病疫情发生后的措施和应对工作还有待提升。

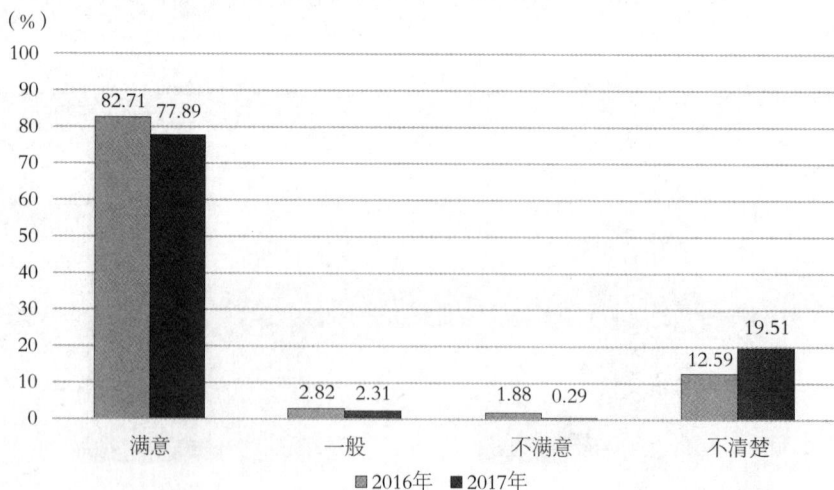

图 8–29　2016 年、2017 年对人群传染病发生后政府措施的满意度

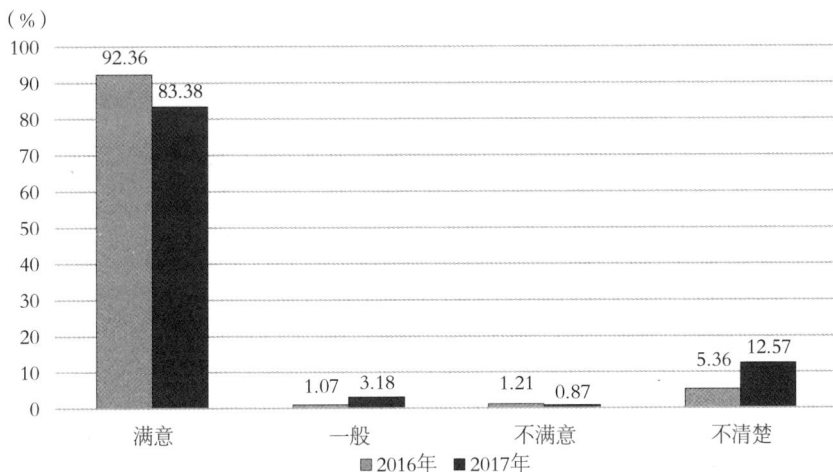

（%）

满意　　　　一般　　　　不满意　　　　不清楚
■2016年　■2017年

图 8-30　2016 年、2017 年对牲畜传染病发生后政府措施的满意度

五、食品安全

食品安全是公共安全的核心内容。2017 年家庭食品为自己种植及养殖和市场购买各占一半的比例最大，占 51.59%，与 2016 年的 36.06% 相比之下增加了 15.53%，如图 8-31 所示。说明农牧区市场化程度逐步加强。

调查发现，2017 年只有 75.15% 的受访家庭对身边可购买食品的安全感到满意，3.61% 的受访家庭对身边可购买食品的安全感到不满意，但相比 2016 年，不满意度降低了 3.9%，如图 8-32 所示。说明政府在食品安全方面的工作正在发挥重要作用。民以食为天，食品安全一直是群众关注的重大问题，2017 年仍然有 3.61% 的受访家庭对食品安全不满意，这就要求政府必须进一步重视和关注食品安全，持续加强食品安全的监督工作，从根源上消除食品安全隐患，共创健康生活。

（%）

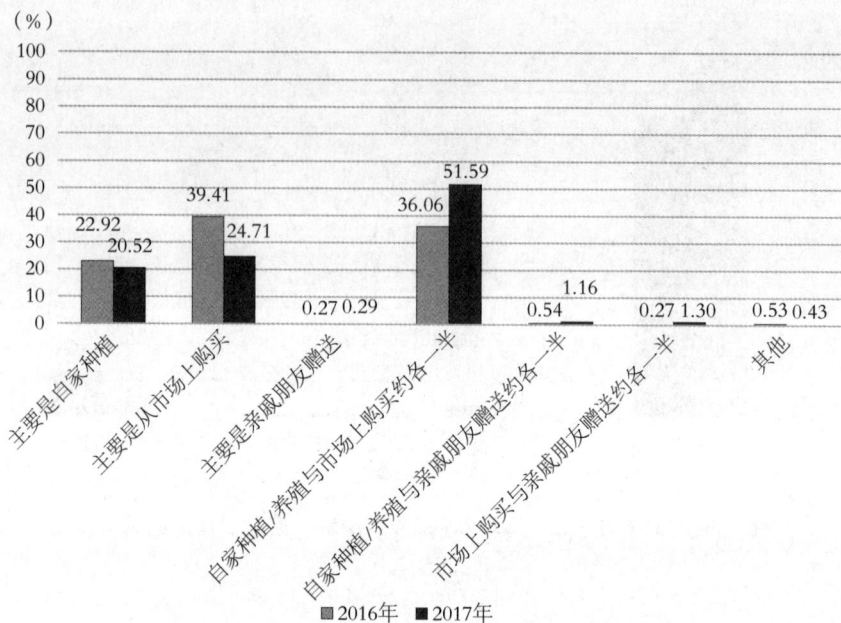

图 8-31　2016 年、2017 年日常消费的食品来源
（包括主食、副食、蔬菜、蛋禽肉类、奶制品、油等）

（%）

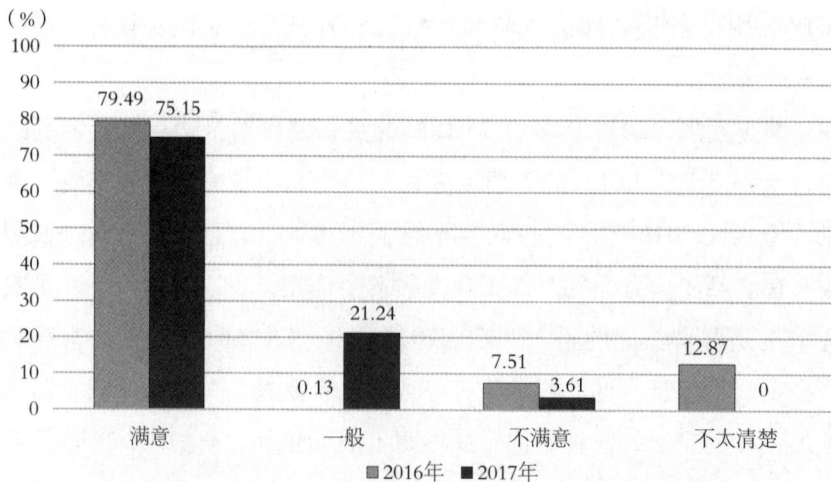

图 8-32　2016 年、2017 年对购买食品的安全性满意度评价

六、小结

通过对公共安全、卫生安全、质量安全 3 项指标的深入分析，我们可以进一步得出 2016 年、2017 年居民生活满意度指标得分，如表 8-4 所示。

表 8-4　2016 年、2017 年拉萨市农牧区公共安全满意度指标得分

二级指标	三级指标	得分		四级指标
		2016 年	2017 年	
［20％］公共安全	［40％］公共安全	35.53％	40.27％	［50％］对目前在自然灾害发生后政府采取（或预计可能采取）措施的满意度
		46.52％	34.54％	［50％］对本村 / 乡镇目前的社会公共治安状况的满意度
	［20％］卫生安全	32.31％	31.79％	［50％］对目前在生产安全事故发生后政府采取（或预计可能采取）措施的满意度
		46.18％	41.69％	［50％］对政府在牲畜传染病防治方面采取（或预计可能采取）措施的满意度
	［20％］卫生安全	83.71％	77.89％	［100％］对政府在人传染病防治方面采取（或预计可能采取）措施的满意度
	［20％］质量安全	79.49％	75.14％	［100％］对目前身边可购买的食品在食品安全方面的满意度
2016 年公共安全满意度指标				32.82％ +15.70％ +16.74％ +15.90％ =81.16％
2017 年公共安全满意度指标				29.92％ +14.70％ +15.58％ +15.03％ =75.23％

由表 8-4 可知，首先，2017 年拉萨市农牧民在食品安全的满意度较 2016 年有所下降，下降幅度最大的是居民对本村 / 乡镇的社会公共治安状况的满意度，下降近 8％；其次，2017 年农牧民对政府在人传染病防治方面采取（或预计可能采取）措施的满意度较 2016 年下降近 6％；最后，2017 年农牧民对政府在牲畜传染病防治方面采取（或预计可能采取）措施的满意度较 2016 年下降近 5％。通过分析发现，主要是因为 2017 年对以上问题表示不清楚的农牧民大幅度增加，剥离"不清楚"

这一情况后，真正表示不满意的仍然呈现出下降趋势。总体来说，西藏地区的公共安全还是稳定的，但公共安全的建设和维护是个长期过程，需要重点关注并持续投入。

第五节　生态文明

生态文明是人类赖以生存和发展的基本条件，农牧区生态环境是农牧业生产和农牧区经济发展的根本基础，直接关系着农牧民的生存环境和身体健康。为了解西藏农牧区生态文明状况，我们结合西藏民生评价指标体系，从日常的垃圾处理、饮用水水质及农牧民家周边环境三个方面（杨丹等，2018）进行分析。

一、居民对日常垃圾处理满意度

随着政府对日常垃圾治理力度的不断加大，居民对日常垃圾处理的满意度也持续上升。2017 年对日常垃圾处理情况感到满意的占比为

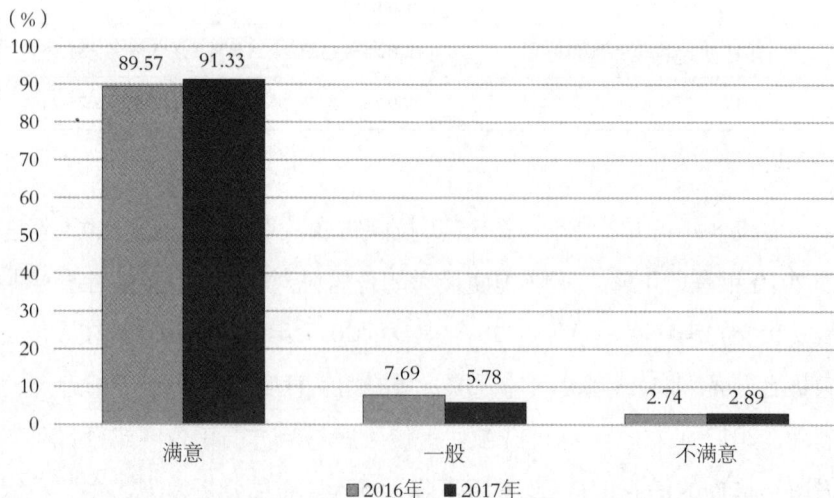

图 8-33　2016 年、2017 年居民对日常垃圾处理满意度

91.33%，较 2016 年增加了近 2 个百分点，如图 8–33 所示。这表明随着环境综合治理政策的出台，西藏政府的强力推进，居民日常垃圾处理的满意度持续提高，同时也推进了生态文明建设。

二、居民对饮用水水质满意度

随着健康意识的普及和提高，健康饮水的关注度也越来越高，从普遍流行的桶装水、瓶装水，到今天家庭使用的净水器，可以看到人们对饮用水安全的重视程度逐渐提高。调研发现，拉萨市农牧民饮用水的满意度不断提高。2017 年有 86.70% 的居民对饮用水水质状况满意，与 2016 年相比基本持平，而对饮用水水质不满意的情况与 2016 年相比则上升了 2.14 个百分点，如图 8–34 所示。随着生活水平的提高，农牧民对生活饮用水的要求越来越高，政府应持续加强饮用水水质的监管与提升。

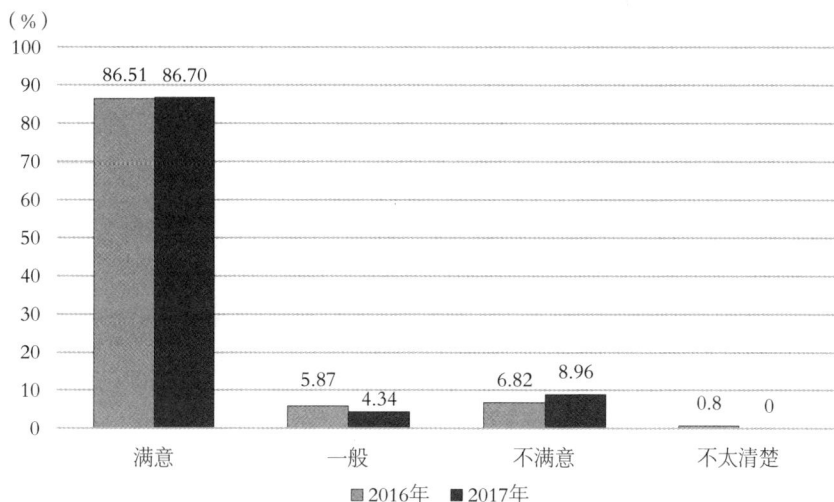

图 8–34　2016 年、2017 年居民对饮用水水质满意度

三、居民对居住地周边环境的满意度

随着人们经济水平的不断提高，居民生活水平不断改善，对住房的需求已呈现出多样化的需求，如人们选择住宅时所关注的焦点已从只关注房型逐步转向关注周边环境建设情况。居民对居住地周边环境满意度不断提高，2017年较2016年相比满意度提高了3.29个百分点，如图8-35所示。说明：其一，近两年政府在基础设施、环境保护和生态建设方面成效明显；其二，居民环保意识逐步提高；其三，西藏经济社会、生态文明等呈现良好的发展态势。

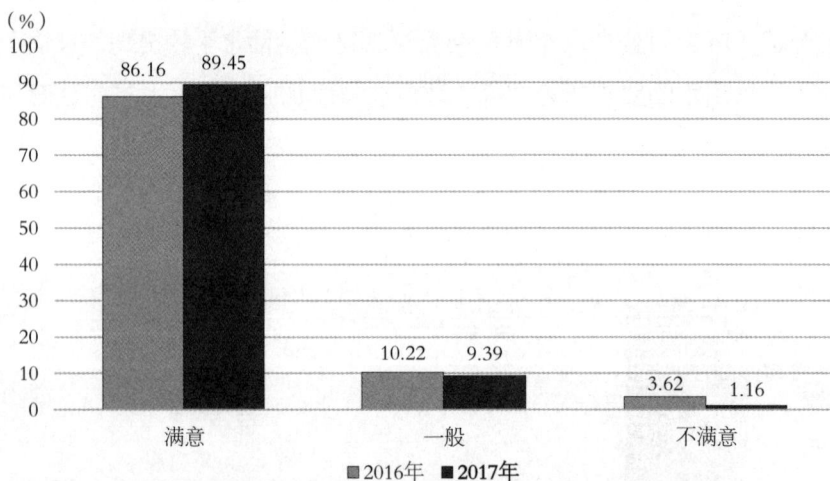

图 8-35　2016 年、2017 年居民对居住地周边环境的满意度

四、小结

通过考察居民对日常垃圾处理满意度、饮用水水质满意度及农牧民家周边环境满意度，分析得出 2016 年、2017 年拉萨市农牧区生态文明满意度指标得分，如表 8-5 所示。

表 8–5　2016 年、2017 年拉萨市农牧区生态文明满意度指标得分

二级指标	三级指标	得分		四级指标
		2016 年	2017 年	
［20%］生态文明	［30%］垃圾处理	89.75%	91.33%	［100%］对您家目前日常的垃圾处理的满意度
	［40%］水质达标	86.51%	86.70%	［100%］对您家目前饮用水水质的满意度
	［30%］农村环境	86.10%	89.45%	［100%］对目前您家周边环境状况的满意度
2016 年生态文明满意度指标		26.93% +34.60% +25.83% =87.36%		
2017 年生态文明满意度指标		27.40% +34.68% +26.84% =88.92%		

由表 8–5 可知，拉萨市农牧区生态文明满意度不断提高，特别是农村环境满意度，提高了近 3.35%。我们认为随着国家对西藏的大力扶持，西藏政府围绕基础设施、环境保护等一系列政策实施，使得居民的生活环境得到很大的改善。

第六节　实现经济发展与民生改善良性循环的政策建议

民生改善是经济社会发展决策的出发点和落脚点。党的十九大报告明确要求"坚持在发展中保障和改善民生"，同时还明确提出了保障和改善民生的原则和步骤，就是要"抓住人民最关心最直接最现实的利益问题，既尽力而为，又量力而行，一件事情接着一件事情办，一年接着一年干"。在西藏与全国一起全面建成小康社会的历史节点，展望西藏民生愿景，在经济发展的同时，探讨保障和改善西藏民生的可行性政策建议，实现人民群众收入、购买力同步提高，从而实现经济发展和民生改善良性循环，不仅符合党的十九大精神和党的执政理念，也给经济增长提供了动力，更是发展方式转变的关键，这具有重大的理论意义与实践价值。

近些年来，伴随中央对西藏财政投入力度的加大、援助省份和中央

企业援助力度的增加，西藏各地民生状况得到很大程度改善。居民生活、公共服务、公共安全与生态文明等方面都有很大改观，人民群众的满意度也比较高，但是仍然存在一些薄弱环节与短板，需要政府重点关注、切实关心，在解决"民生难"问题中挖掘新的经济增长点。

一、保障和提升居民生活水平

居民生活水平主要体现在居民收入、居民消费、家庭就业与家庭住房四个方面，切实保障和提升居民生活水平就需要增加和稳定居民收入、保障和增加居民消费、增加家庭就业、保障家庭住房。在保障和提升居民生活水平中，稳定居民生活是核心任务，收入稳定增加是消费增加、住房条件改善的先决条件。

一方面，根据广大农牧区的不同地理位置和不同区位条件，坚持因地制宜、宜旅则旅、宜农则农、宜牧则牧的原则，发挥不同优势，增加和稳定居民家庭收入。在城镇近郊区和景区交通线附近坚持宜旅则旅的原则，挖掘藏家乐、牧家乐等传统特色民族文化，做好旅游服务。在广大农牧区腹地则坚持宜农则农、宜牧则牧的原则，发展高原特色农牧业，同时推进农牧科技服务，增加高原特色农牧产品产量，创新特色农牧产品研发，通过延长特色农牧产品产业链，提高农牧产品附加值。另一方面，积极努力稳岗增岗以增加就业稳定居民家庭收入。通过延长农牧产品产业链、组织化输出劳务、建立劳务专合组织、对接生态岗位、发展特色种植养殖加工业等，稳岗增岗，确保农牧民就近就业、不离乡不离土融入产业发展、稳定就业。大力宣传并严格落实就业创业优惠政策、积极实施"4321"帮扶机制，引导大学毕业生自主就业、市场就业、区外就业。

二、强化和提高公共服务能力

公共服务能力主要体现在文化教育、医疗卫生、社会保障、社会服务与公共交通五个方面，切实强化和提高公共服务能力，需要全面发展文化教育、提升医疗卫生水平、加强社会保障、推进社会服务、完善公共交通。

大力发展职业技术教育。当前，基础教育阶段已经覆盖整个农牧区、全体适龄学生，需要在基础教育结束后继续提升，即大力发展职业技术教育。职业技术教育既能够增强从业者工作技能，培育产业工人；又能够增加劳动价值，实现劳动增值。大力推进专项医疗卫生。当前，基础医疗服务已经基本实现农牧区全覆盖、农牧民全服务，基本解决了广大农牧民看病难、就医难的老问题。但是亟待研究一些区域共性的病理，调查发现一些地方存在大量残疾等区域性共同病理，需要大力推进针对这些区域性共同性病理的专项研究治疗。大力实施多样性社会保障。当前，广大农牧民对社会保障满意度比较高，说明实施情况好。但是，研究社会保障类型可以发现，当前的社会保障以各种保障性经费的发放为主，没有实质性的服务性保障。政府应该瞄准这一块短板，建立公益服务保障体系，尤其是对丧失生活能力的孤寡老人的养老问题。避免这一群体虽然享有政府的保障经费，但是不能真正解决养老等实际问题。继续提升社会服务能力。经过一系列抓作风建设等，办事难的问题虽然得以解决，但是并没有完全消失，需要持续抓作风建设，让人民群众更方便、更满意。大力改善公共交通条件。当前全区的农区道路建设状况明显好于牧区，需要各级政府和交通运输部门积极做好牧区道路建设规划，确保牧区道路建设到各个行政村村委会所在地，改善牧区对外交通状况，促进牧业发展。建设好"四好农村公路"，在现有道路基础上提升道路质量，实现硬化、黑化，建立乡镇级和村级道路养护机制，维护道路质量。逐步分阶段在居民集中区域实施公共交通出行，方便农牧民交通出行。与此同时，公共资源的均等化配置又能使更多人受惠，这是促进经济增长与民生改善良性循环的重要举措。

三、完善和抓好公共安全管理

公共安全管理主要体现在生产安全、自然灾害、社会治安、传染疾病与食品安全五个方面，切实完善和抓好公共安全管理就需要保证生产安全、预防自然灾害、维护社会治安、防治传染疾病、保障食品安全。西藏公共安全管理工作成绩明显，但是极少数家庭和极少数村镇仍然发生了公共安全事故，给广大农牧区人民群众带来了一定的人身安全危险和财产损失，需要各级政府继续完善和抓好公共安全管理，力争做到公共安全零事故、人民财产零损失，为此需要从三个方面着手进行完善。

一是普及公共安全知识宣传。针对广大农牧民进行公共安全管理知识的普及宣传，让全体农牧民了解并熟悉公共安全事故的预防措施和应对措施，一方面减少公共安全事故带来的损失，另一方面避免公共安全事故发生后带来的二次伤害。二是完善公共安全应急处理。要求应急管理部门提高现场应急处理能力，保证公共安全事故影响不扩散，提高应急处理方案的科学性、系统性，切实保障人民群众的生命安全和财产安全。三是推进公共安全工程建设。一方面是对公共安全管理设施设备的巡查管理，确保公共安全无死角、无空白；另一方面是加强食品安全的管理检查，确保食品健康。

四、推进和创新生态文明建设

生态文明建设主要体现在垃圾处理、饮用水水质与周边环境三个方面，切实推进和创新生态文明建设，需要加强垃圾无害化处理、确保饮用水水质、生产生活中保护好周边自然环境，实现生态宜居。

垃圾处理必须坚持无害化原则，既不困扰居民生活，又不影响生态环境。必须建立垃圾处理全产业链，不仅需要做到分类放置，更需要分类回收、分类处理，不能是居民分类放置，但是混合回收、混合填埋了事。保证饮水水质健康，建立自来水厂，实行集中供水，解决地下水水质较硬的问题。铺设自来水管网，确保家家户户用上自来水，解决取水不便的问题。严格监测自来水水质情况，确保全体农牧民用上安全水、健康水，从源头上减少和杜绝一些因水源污染等问题而引发的传染疾病。同时，通过技术手段、施工手段等，解决冬季水源结冰问题和水管冻胀问题。严格实施生态补偿机制，坚持"谁开发、谁保护，谁受益、谁负责"的原则，引导农牧民在规定区域内耕作放牧，监督工矿企业开发后的恢复与保护工作，切实保护好居民周边自然环境。

第九章

西藏经济发展的政策保障

　　党的十九大以来，在中央特别关心、全国无私支援、各族人民团结建设下，西藏在人力资源、物质资源、软硬基础设施等各方面都取得了成就，呈现出发展速度快、政策保障全、人力资源优、民生改善实、改革开放深的良好局面，展现出健康的经济发展前景。经济发展的本质是禀赋结构、产业结构、技术结构、软硬基础设施等不断变化的过程，在此过程中需要有效市场和有为政府共同推动。西藏自治区各级政府须因地制宜、因势利导，在战略方向和战略思想的指引下对具体问题具体分析，根据不同地区的不同禀赋结构制定相应的发展战略和对策，层层分解细化，着力重点解决，通过改善外部环境帮助企业发掘自身增长能力，并把激活各类要素的配套政策贯穿其中，最后突破不同的发展瓶颈。本章探讨人才、物质、软硬基础设施建设等具体举措，为西藏经济加速发展、产业升级、资源优化提供政策保障。

第一节　人力资源

一、人力资源现状与人才援藏

　　人力资源是西藏经济发展的第一资源，也是推动西藏经济发展的内生动力。自党和政府部署对口援藏工作以来，西藏地区的人力资源素质提升、人力资源结构优化、人力资源储备和管理工作都取得了一定的成绩。

从教育发展来看，西藏人力资源积累取得了重大进展。西藏在民主改革前有 90% 以上的人口相当于文盲，到 2017 年九年义务教育已经全面普及，且高中阶段也为免费教育；西藏全区有普通高等教育院校 7 所、中等专业学校 11 所、中学 132 所、小学 806 所、幼儿园 1239 所，全区小学学龄儿童入学率达 99.5%，青壮年的文盲率已降至 0.52%，人均受教育年限达到 8.8 年。此外，全国范围内多个省、市办有西藏班（校），累计为西藏培养了 3.2 万余名各类毕业生。从党的队伍发展来看，西藏人才资源不断壮大。据《2017 年中国共产党西藏自治区党内统计公报》，截至 2017 年年底，西藏自治区中国共产党党员总数为 36.4 万名，其中少数民族党员占 81.6%，高中及以上学历党员占 45.7%。① 在西藏，党的队伍从无到有、从小到大，逐渐成为西藏社会经济发展和各族人民团结进步的坚强领导力量。此外，西藏人口从和平解放时的 100 万人左右增加到 2016 年的 330.54 万人；人均预期寿命从当时的 35 岁延长到 68.2 岁，2020 年人均预期寿命将达到 70 岁。可见，从人口数量和人口预期寿命来看，西藏人力资源数量和质量发展都取得了显著进展。

民主改革以来，全国各地和各族人民开展对西藏的无私援助，人才援藏政策是援藏政策体系的重要内容。

自西藏和平解放以来，中央就及时开展人才援藏，安排大量各类干部和专业技术人员到西藏工作。1959 年，中央下发了《关于抽调干部赴西藏工作的通知》等一系列文件，从国家机关及其他省（市）抽调8000 余名干部和战士支援西藏。1963 年下发《从内地抽调干部到西藏

---

① 《2017 年中国共产党西藏自治区党内统计公报》，2018 年 7 月 3 日，见 http://cpc. people.com.cn/n1/2018/0703/c64387–30113160.html。

的通知》，陆续选调 392 名干部、教师等专业技术人才进藏工作，1970 年从新疆抽调 170 名干部到西藏工作。这一时期灵活的人才援藏政策为西藏从困境走出来带来巨大帮助。1978 年，中央发布《关于抽调干部支援西藏和在藏干部内返问题的通知》，干部援藏机制初步形成。在 1994 年的中央第三次西藏工作座谈会上，中央进一步明确提出"分片负责、对口支援、定期轮换"的干部对口援藏方针。通过这种方式把内地优秀的干部和成熟区域发展经验输送到西藏，有助于西藏地区经济和社会发展规划的制定，从而达到加快西藏经济社会发展，维护社会稳定的目的。在 2001 年召开的中央第四次西藏工作座谈会上，中央将对口援藏政策时间延长，并扩大了对口援藏的范围，对口援藏的力度也得到了进一步的加强。持续的干部援藏、技术人才援藏和大学生援藏等，对西藏经济、政治、社会、医疗卫生、教育、文化旅游等各方面进步发挥了必不可少的作用。在 2014 年 9 月召开的中央民族工作会议和 2015 年召开的中央第六次西藏工作座谈会上，中央提出加大对西藏的人才支持力度。为贯彻落实中央第六次西藏工作座谈会精神，加快实施人才兴藏战略，西藏自治区党委办公厅、自治区政府办公厅印发了《西藏自治区高层次人才引进办法（试行）》，吸引更多高层次人才到西藏创新创业，支援西藏实际需缺的各类人才，推进西藏经济社会发展和长治久安，使西藏在 2020 年与全国其他省份一起进入全面小康社会。

二、人才政策规划

《西藏自治区"十三五"时期国民经济和社会发展规划纲要》指出，要坚持培引结合，实施重大人才工程，切实用好现有人才，大力引进急需人才，建立管理规范、开放包容、运行高效的人才发展机制，最大限度调动人才的积极性、激发人才的创造力。[①]

---

① 《西藏自治区"十三五"时期国民经济和社会发展规划纲要》。

第一，大力培养自治区内人才。一是着力提升人力资源素质，整合培养教育资源，拓宽培养教育渠道，实施人才培养工程，加强人才资源能力建设。围绕教育、卫生、农牧、文化、科技等民生领域，着力培养素质优良、结构合理的专业技术人才队伍。围绕旅游、能源、天然饮用水、藏医药、农畜产品加工、特色文化、网络信息等产业发展，着力培养具有战略经营眼光、市场开拓精神、管理创新能力和社会责任感的现代企业经营管理人才队伍。二是加强党校基础设施建设，提高党校（行政学院）办学质量和水平，着力培养高素质干部队伍。建立中青年人才跟踪培养机制，发现、培养、集聚高素质专业技术人才、高技能人才、农牧区实用人才、党政人才、社会工作人才。三是加强人才联合培养、融合发展，完善人才在企业、高等院校、科研院所之间的双向流动机制，推动区内外高校、科研院所与企业联合培养人才。四是科学把握人才整体布局。以高层次人才为先导，以应用型人才为主体，统筹抓好地域之间、行业之间和不同经济类型之间的人才配置，优化人才队伍的地区结构、行业结构、专业结构和能级结构，整体推进党政人才、企业经营管理人才、专业技术人才、高技能人才、农村实用人才、社会工作人才队伍建设，实现各类人才队伍协调发展。①

第二，积极引进区外人才。一是注重引进长期建藏人才，创新人才引进和使用方式，在重点领域和关键环节引进急需紧缺人才，强化物质和精神激励，完善家属安置、职称评聘、创业补助、医疗和养老保障等激励政策，实现人才引得进、留得住。二是树立"不求所有、但求所用，不求常住、但求常来"的观念，把引进人才和引进项目、技术相结合，采取双向挂职、项目合作、短期工作、技术指导、智力入股、兼职兼薪、特聘岗位等多种形式，吸引区外高层次人才进藏开展智力服务。三是完善引进人才评价考核机制，提高引进人才水平和

---

①　《西藏自治区"十三五"时期国民经济和社会发展规划纲要》。

质量。①

第三，营造人尽其才的良好环境。一是完善政府宏观管理、单位自主用人、人才自主择业的体制机制，构建新型人才公共服务体系，促进人才在城乡、区域、行业间优化配置，营造尊重人才、有利于优秀人才脱颖而出和充分发挥作用的社会氛围。二是深化人事制度改革，创新分配激励机制，完善人才管理体制和人才培养开发、评价发现、选拔任用、流动配置和激励保障机制，破除各种不利于人才发展的思想观念和制度障碍，按照以人为本的核心理念，构建更加有利于科学发展、更加适合西藏特点的人才发展体制机制，最大限度地激发各类人才的创造活力。三是形成用才的良好环境和政策优势，为各类人才干事创业提供机会和条件，使人才价值在使用中得到体现和提升。四是注重在艰苦地区、复杂环境培养锻炼人才，积极引导人才向基层流动，切实改善基层人才工作生活条件，畅通基层人才向上流动的渠道，稳定壮大基层人才队伍。②③

三、人才政策举措

人才政策既要注重为劳动密集型产业发展积累人力资源和培养人才，也要为资本密集型产业发展提供充足的人才支撑。

第一，劳动密集型产业人才举措。由于劳动密集型产业需要大量的初级劳动力，无需过多资本投资，多注重初级实用人才的培养，一方面各级政府加大培训初级劳动力的力度，特别是对城市低保劳动群体、农牧民的职业培训，增加其实用技术和有关技能知识；另一方面也可补贴企业对员工的培训。但是，随着劳动密集型产业向资本密集型产业转型升级，资本和技能往往是互补的，需要相应技能的提升，此时就需要采

---

① 《西藏自治区"十三五"时期国民经济和社会发展规划纲要》。
② 《西藏自治区"十三五"时期国民经济和社会发展规划纲要》。
③ 《西藏自治区中长期人才发展规划纲要（2010—2020年）》。

取人力资本投资举措。这样不至于让原有产业的劳动力出现结构性失业，也不至于让新兴产业、新兴技术或特色产业遇到无人可用的发展瓶颈。

现阶段，对于很多经济发展水平处于领先的区县来讲，应大力实施人才强县战略，为人才创业提供全方位高质量的服务。需要建立具有激励性的人才政策，完善人力资本激励体系，吸引外来高素质人力资本。大力推进职业教育，优化高中阶段普职比结构，建设符合产业发展需求的职业教育课程体系和专业结构，推动职业院校专业设置与产业需求对接，教学过程中与生产过程对接。[1] 坚持能力和本位教学的原则，构建以能力为主导，以职业实践为主线，以项目课程为主体的技能训练课程体系。合理布局职业教育院校，扩大办学规模，保障办学条件，在人口较多、条件成熟的地（市）发展高等职业教育。实施现代职业教育质量提升计划，推进产教融合、校企合作、校地合作、大力推行订单式培养、定岗式培养、定向式培养等于就业紧密联系的培养模式，强化实习实训，促进工学结合，支持聘请民族技艺大师、能工巧匠、非物质文化遗产传承人担任兼职教师[2]，提高学生实践操作能力。培养大批高技能学生技术尖子，为县域经济建设和社会制度保障工作，留住人才。

第二，资本密集型产业人才举措。资本密集型产业是建立在现代科学技术基础上的，所以要重视专业技术人才队伍的建设。以提高人才的专业水平和创新能力为核心，以高层次复合型人才和紧缺人才为重点，培养或引进高水平学科带头人和中青年高级专家，打造规模宏大、素质优良、门类齐全、结构合理、具有较强创新能力的专业技术人才队伍。[3]

具体而言，应加强人才联合培养、融合发展，完善人才在企业、高

---

[1]　《西藏自治区"十三五"时期国民经济和社会发展规划纲要》。

[2]　《西藏自治区"十三五"时期国民经济和社会发展规划纲要》。

[3]　《西藏自治区中长期人才发展规划纲要（2010—2020 年)》。

等院校、科研院所之间的双向流动机制，推动区内外高校、科研院所与企业联合培养人才。① 依托国家重大人才培养计划，以培养特色优势产业、高新技术产业、重点项目急需紧缺人才为重点，加快实施专业技术人才知识更新工程。实施 21 世纪百千万人才工程，做好访问学者选派工作和少数民族专业技术人员特殊培养工作。举办高级研修班，组织区外专家进藏开展讲学、技术咨询服务。注重专业技术人才的政治素质，加强专业技术人才思想政治教育和职业道德教育。修订完善专业技术职务评审实施细则，统筹推进专业技术职称和职业资格制度改革，形成以能力和业绩为主的用人导向。制定专家培养选拔管理办法，强化激励，科学管理。完善自治区政府特殊津贴制度。积极改善基层专业技术人才工作、生活条件。注重发挥离退休高层次专业技术人才的作用。②

第二节　物质资源

一、物质资源政策规划

西藏地处祖国西南边陲，物质资源丰富，主要有水能、太阳能、地热能、风能等可再生能源以及土地、动植物等自然资源，开发潜力巨大。加快相关物质资源的勘查、开发利用和保护，对西藏经济社会发展具有非常重要的意义。

矿产资源综合开发战略。矿产资源是经济社会发展的重要物质基础，为推进自治区矿产资源利用方式的转变，加快矿业结构调整、转型升级和绿色发展，提高矿产资源对经济社会健康持续发展的保障能力③，政府需要加强对矿产资源的科学调查评价与勘查，根据"统筹规划，合理部署，分步实施，重点突破"的总体思路，依靠新一轮国土

① 《西藏自治区"十三五"时期国民经济和社会发展规划纲要》。
② 《西藏自治区中长期人才发展规划纲要（2010—2020 年）》。
③ 《西藏自治区矿产资源总体规划（2000—2010 年）》。

资源大调查项目，加强基础性地质调查和战略性地质矿产调查评价，积极组织探矿权招投标，引导和促进商业性勘查与开发。同时，促进矿产资源的开发利用与保护，实现矿产资源的高效清洁利用，加强矿山生态环境保护与恢复治理，构建矿业绿色开发新格局。①

土地资源利用政策导向。受自然和社会因素影响，西藏土地资源开发利用程度较低，土地生产力水平和经济效益不高。② 政府应按照"加强生态保护，保障合理需求，坚持适度开发，引导节约、集约，促进持续利用"的土地利用方针，统筹安排城乡土地利用，实现土地资源利用的社会、经济和生态效益的全面提高。坚持严格保护耕地，加强农用地的保护和管理，坚持节约和集约利用土地，提高土地利用水平，坚持保护和改善生态环境，促进国土资源安全和可持续发展，坚持规划与宏观调控相协调，提高土地参与宏观调控的能力，以坚守耕地红线为前提，统筹安排农用地，以节约集约用地为原则，统筹安排各项建设用地，以可持续发展战略为导向，坚持协调土地利用与生态建设，以区域协调发展为目标，统筹区域土地利用调控，以规划制度创新为突破，完善规划实施保障措施。落实耕地和基本农田保护任务，确保 2020 年全区耕地保有量在 35.27 万公顷以上，严格控制土地供应总量，全区建设用地总规模到 2020 年控制在 9.98 万公顷，城乡建设用地规模控制在 4.88 万公顷，城镇工矿用地规模控制在 2.31 万公顷；新增建设用地总量分别控制在 3.66 万公顷以内。提高土地利用效益，科学合理利用未利用地，引导新增建设用地占用未利用地，减轻建设占用农用地的压力。遏制生态环境恶化趋势，计划至 2020 年，全区增加牧草地面积 39 万公顷。优化土地利用格局，建立与气候和水土条件相适宜、各具特色的区域农地利用格局。③

① 《西藏自治区矿产资源总体规划（2016—2020 年）》。
② 《西藏自治区土地利用总体规划（2006—2020 年）》。
③ 《西藏自治区土地利用总体规划（2006—2020 年）》。

生物资源利用政策导向。西藏位于青藏高原的主体，地势高峻，野生动植物、微生物等资源丰富，是世界生物多样性热点地区之一，是开发利用生物资源理想的天然实验室 [迈尔（Myers），2000]。由于人口增长、经济发展的双重影响，西藏生物多样性保护面临挑战。例如：特色生物资源（冬虫夏草、松茸等）可持续利用的方法和措施研究不够，运作模式简单，资源利用效率不高。政府将逐步建立以特色生物资源保护、研究、开发和利用为主的创新体系和产业链，开展特有物种的研究与原产地保护，使其研究与知识产权保护取得突破性进展；建立高原特色生物资源研发基地，建设高原特色生物资源普查与种质资源库①，研究高原特色生物基础与开发利用关键技术，研究珍稀濒危生物资源保护技术，加大对高原生物多样性分布规律、形成机制及的动态研究，在保护生态的同时使生物资源产业成为西藏经济发展的重要支柱。

二、物质资源政策举措

第一，合理开发利用与保护矿产资源。西藏矿产资源具有矿产种类多、分布较集中、资源潜力大的特点，区内外市场需求情况、经济效益状况以及对环境的影响程度等不同，因此应注意合理开发利用和保护矿产资源。针对铜、金、地热、盐湖矿产（硼、锂）、石油、煤炭、矿泉水和宝玉石的开发，在过程中要控制好对环境、社会造成影响的矿产；因为开采铬铁矿、锑将造成较为严重的环境、社会问题，所以限制铬铁矿、锑开采市场供过于求。针对砷、汞和泥炭，由于继续开采的经济效益很差，资源严重不足，同时需求可以通过国际市场解决，开采过程中将造成严重的环境、社会问题，所以禁止砷、汞和泥炭的开采市场严重供过于求。

具体而言，逐步清理关闭生产落后、资源利用水平低以及资源保证

---

① 《西藏自治区中长期科学与技术发展规划纲要（2006—2020 年）》

程度不足、乱采滥挖、浪费资源的矿山企业，减少企业数量，提高企业质量。走联合规模开发的道路，做到矿产资源开发实现统筹规划、合理布局，不断提高矿业开发的经济效益、社会效益、资源效益和环境效益，实现从粗放到集约的转变。严格禁止工艺落后、破坏环境、浪费资源的区外矿业企业向区内转移，确保有效保护和合理开发利用矿产资源。此外，要加快基础设施建设所需的非金属建材的应用。加大科技投入与基础设施建设，积极发展矿产品深加工业，提高矿产品的附加值，逐步改变以出售原矿和初级矿产品为主的局面。依靠科技进步，在利用贫矿、难选冶矿石方面有所突破，实现综合开发、综合利用。[①] 严格执行环境影响评价制度、"三同时"制度、土地复垦制度和排污收费制度，鼓励在"一江两河"和青藏铁路沿线及其他有条件的地区建立矿山生态环境保护与土地复垦履约保证金制度。鼓励采用新方法、新技术，建立环保绿色矿业。坚持矿产资源开发利用的经济效益与环境效益相统一。建立矿山生态环境监测及预警系统，加强相关开采活动的监测和预报。

第二，合理开发利用土地资源。加强区域土地管理，通盘考虑各种利用方式之间的结构比例关系和相互影响。兼顾农、牧、林等产业的协调发展，优化农业产业结构，改进生产方式，发展高效、优质、高产的现代化农业，提高农业集约化水平，加快农业产业化进程。[②] 从提高土地单位面积效益出发，挖掘耕地生产潜力，提高耕地利用率。加强林地、园地建设，积极保持和改善区域生态环境，重视苗木培育及造林成活率的提高，重点建设果菜基地和农田防护林体系工程，逐步实现农田林网化，大力开展植树造林，积极营造农田防护林、用材林、经济林、水源涵养林、薪炭林，提高人工林覆盖率，逐步满足对果品及薪柴的需求。节约用地和集约用地，优先保障能源、交通、水利重点基础设施工程用

---

① 《西藏自治区矿产资源总体规划（2000—2010 年）》
② 《西藏自治区土地利用总体规划（2006—2020 年）》。

地，严格履行申报、审批制度，控制各类建设挤占耕地、牧草地，继续加强旧城镇改造和闲置、存量土地的清理和利用，提高土地利用率。[①]

第三，合理开发利用生物资源。在种质资源库建设方面，充分利用遥感、地理信息系统、全球定位系统等现代化技术手段，开展特色生物资源本底调查，结合特色资源产业发展进行产业化发展潜力分析，建立特色生物种质资源库和生物资源类型、分布、生产力、生态与经济性状、濒危状态、产业化潜力等信息库。在技术方面，利用生物学、生态学、遗传学方法和技术，研究特色生物特征与特性、遗传规律、发育机理等；利用生物技术开展特色生物资源研究的集成创新和特色生物资源开发利用技术改造提升，开展特色生物资源人工繁育、驯化技术及产品开发与产业化的关键技术研究等。针对珍稀濒危生物资源，探索特色生物资源、珍稀濒危生物资源保护模式，开展珍稀濒危生物资源的原产地保护、异地保护与人工抚育技术研究。针对藏药开发方面，研究青藏高原生物地带性分布规律、形成机制、种子分布生态学、地下土壤种子库与地上植被的联系，关键区域生物多样性的动态变化及原因。重点开展药材资源的调查及动态监测、最大可持续利用、保护区建设与管理以及相关的政策法规研究，开展珍稀藏药材野生抚育、人工繁育及规范化种植研究，建立藏药材的人工快繁技术体系。[②]

第三节　软性基础设施

一、软性基础设施政策规划

西藏软性基础设施的发展也应在科学、合理规划的前提下予以推进。

---

① 《西藏自治区土地利用总体规划（2006—2020年）》
② 《西藏自治区中长期科学与技术发展规划纲要（2006—2020年）》。

一是继续深化改革。以供给侧结构性改革为主线，大力发展实体经济，提高发展质量。深化农牧区改革，发展新型经营主体，推进农牧业集约化规模化发展。深化国企国资改革，调整布局，加强监管。深化行政体制改革，优化机构设置，合理配置资源，强化服务职能，深化简政放权，推进政事分开、事企分开、管办分离。推进政府和社会资本合作模式，完善社会信用体系建设，规范举债融资，有效防范化解风险。推动普惠金融和绿色金融发展，促进多层次资本市场发育。支持非公经济和中小微企业发展，帮助提高专业化协作水平和组织化程度。促进市场公开公平，不断优化招商营商环境。推进开放发展，加强与周边省区和对口支援省市、中央企业的经济交流合作。①

二是推动科技创新。实施科技重大专项，在重点领域取得重大突破。在农牧业、特色优势产业、生态环境保护、社会民生等领域加强科技攻关，突破核心关键技术。优化创新基地与平台布局，提升基地平台创新能力，推进科技资源开放共享，建设创新创业载体。完善科技服务体系，做强成果转化基地，推动科技成果转化和示范应用。实施科技创新人才培养工程和创新创业人才计划，壮大科技人才队伍。推进科技计划管理改革，优化科技创新体系，完善科技评价机制，创新科技援藏机制，加强科普能力建设，健全科技激励机制。

三是提升信息化水平。加强顶层设计，加快新一代信息基础设施建设，提升互联网与经济社会各领域融合发展水平，培育新业态，保障网络信息安全。②

二、软性基础设施政策举措

西藏软性基础设施政策具体包括以下几个方面：

---

① 《西藏"十大工程"绘就未来五年新蓝图》，《西藏日报》2018 年 1 月 25 日。
② 《西藏自治区"十三五"时期国民经济和社会发展规划纲要》。

一是深化行政、投融资体制和农牧区改革。加快从事前审批向事中、事后监管转变。持续推进简政放权，大力清理规范行政职权。简化投资审批程序，实现线上审批和网上协同监管。加快商事制度改革，完善"三证合一、一照一码""先照后证"相关配套措施，推进企业登记全程电子化。推广电子政务和网上办公，推行"一站式"服务，促进政府信息和公共数据共享。创新政府服务途径，鼓励政府向社会购买公共服务。放宽中介机构准入条件，实行中介服务清单管理。对行政权力运行、财政资金使用、公共资源配套等信息，依法、全面、准确、及时、主动公开。加快建立多层次多元化投融资渠道，制定实施投资项目三年滚动计划，增加项目储备，引导社会投资，增加金融有效供给。扩大金融有效需求，建立信贷持续增长机制。扩大市场直接融资，推进资产证券化，培育壮大上市企业，支持发行企业债、公司债和中小企业私募债。推广政府和社会资本合作模式，加强 PPP 项目储备和推介。通过贴息、担保、资本注入、以奖代补、有偿使用等方式，鼓励社会资本参与基础设施建设运营、提供公共服务和特色产业开发。鼓励金融机构开辟绿色通道，建立有利于 PPP 项目落地的融资方式、建管模式。深化农村土地制度改革，健全农牧区集体"资源、资产、资金"管理监督和收益分配制度，稳妥推进农村土地承包经营权确权登记颁证和草原确权承包登记，建立健全承包经营权流转市场，完善工商资本租赁土地（草场）监管和风险防范机制，维护农牧民生产要素权益。建立宅基地有偿使用制度和自愿有偿退出机制，探索农牧民住房财产权抵押、担保、转让的有效途径。深化农村改革试验区工作。建立农业农村投入稳定增长机制。

二是提升科技水平，创新驱动发展。加强规划任务与资源配置衔接，建立科技投入稳定支持与增长机制。加大对基础研究、社会公益性研究、共性关键技术研究、科技基础条件建设的财政科技投入力度，切实提高财政科技投入配置效率。以政府投入为引导，鼓励企业加大研发投入。综合运用资金资助、创业投资、贷款贴息、以奖代补等多种方式，引导金融资本和社会资金投入科技创新活动，探索完善多元化、多渠道、多层次的科技投入体系。积极推进知识产权交易，完善知识产权快速维权与援助机制。健全科技成果、知识产权和利益分享机制，提高骨干团队、主要发明人受益比例。积极开展地方知识产权立法工作，建立和完善促进知识产权事业发展的法规政策。加强对创新主体知识产权工作的分类指导。加大知识产权宣传力度。强化政府间科技创新合作机制建设，务实推进特色优势领域的国际科技合作。实施科技"走出去"战略，积极参与"一带一路"建设科技创新合作，结合建设南亚大通道，搭建科技支撑平台与合作机制。加大国际科技合作支持力度，在重大国际合作项目资金配套、外国专家进藏等方面给予有关政策便利。建立健全科技规划监督评估制度和动态管理机制，适时开展制度化、规范化的检查评估，并根据科技发展的新趋势和经济社会发展的新需求进行及时调整。

三是促进网络设施建设及应用，确保网络安全。推进光纤到户，加快宽带入乡进村。开展网络提速降费行动。扩大移动通信网络覆盖面，逐步消除移动通信信号盲区。完善通信普遍服务补偿机制。加强应急通信、党政专用通信和无线电保障能力。积极推进"三网融合"。加强云计算、大数据技术应用，发展网络经济。推进信息资源共享共用和数据开放利用。加快"三农"信息服务体系建设，加强跨语言跨终端网络综合信息服务。推动信息化和工业化深度融合，支持物联网等技术发展，促进传统产业转型升级。引导网络营销、现代物流和第三方支付企业有序发展，搭建西藏特色优势产品"网上天路"。扶持软件开发和信息技术服务行业发展，加快推进藏语文软件和信息化关键技术研发应用。强化网络与信息安全防范措施，健全安全等级保护、安全评估检测、应急演练等监管制度，提升网络信息综合管控能力。规范网络信息登记，完善网络实名认证。实行数据资源分级分类管理，加强信息资源和个人信息保护。加强互联网舆情管理。①

第四节　硬性基础设施

一、硬性基础设施政策规划

西藏地域辽阔、海拔高、山川纵横，交通对西藏的农牧业、工业和旅游等产业发展有极大的影响。随生产范围的扩大和产业多样化，对交通、能源、水利等基础设施的需求将进一步增加（里昕，2013），政府须抓好基础设施的开发和建设，提供与资源禀赋结构相匹配的基础设施，持续为西藏经济社会发展注入强劲动力。

一是构建互联互通综合交通运输体系。政府应加强综合交通运输体系顶层设计，完善交通运输网络，提高交通运输能力和效率。加强区内交通运输网络建设。突出公路主骨架作用，构建四通八达的综合交通运输网络。合理规划区内机场布局，推进支线机场建设，完善区内航线网络，积极发展通用航空事业。加快区内铁路干线和货运专线建设。加强城乡邮政和快递物流基础设施建设，提升乡镇邮政普遍服务能力。加强对外综合交通运输建设。建设高效综合立体的进出藏交通运输体系。提升交通运输效率。促进各种运输方式有机衔接，发挥组合效益，提升综合运输效率。完善交通运输枢纽布局，优化运输组织方式，发展公路、铁路、航空联运业务。加强地（市）客货综合枢纽和县城客运站建设，实现乡镇客运全覆盖。加强交通运输监测网络、交通基础信息联网与服务平台建设，提升交通运输调度与应急能力。积极引进新型高原专用客车，提升公共客运服务保障水平。

二是加强水利基础设施建设。有序推进骨干工程建设，着力解决惠及民生的水利问题，提高水资源利用效率。优化水利设施空间布局。根

---

① 《西藏自治区"十三五"时期国民经济和社会发展规划纲要》。

据水资源分布、地形地貌及经济社会发展需要，合理布局水利设施建设，实现水资源可持续利用。加强农田草场水利建设。完善水利工程建设和管护机制，推进水资源管理体制改革，强化依法治水，切实加强涉水事务管理，有效保障农牧业生产用水。控制草地水土流失，建设沟道治理、坡面治理等工程。大力提高城乡供水保障能力。建立城乡饮水安全保障体系，提高城乡生产生活用水质量。实施城镇水源地工程建设，科学划定城乡饮用水水源地保护区，全面开展县城饮用水水源地水质监测。改善乡镇政府所在地用水条件，提高行政村通自来水率、供水保证率和水质合格率。

三是加强综合能源有效利用。充分利用资源优势，加快能源基础设施建设，优化能源生产消费结构，改善民生用能条件，深化体制机制改革，构建水电为主、多能并举、互联互通的稳定、清洁、经济、可持续发展综合能源体系。优化能源开发布局。因地制宜、因能制宜，推动形成各有侧重、优势互补的区域能源发展格局。完善能源生产供给体系，优化能源结构。发展清洁低碳与安全高效能源作为调整能源结构的主攻方向，改善能源供应和消费结构。积极发展水电，加大区外优质能源输入，大力推广太阳能、天然气利用，提高电力消费比重，控制煤炭、石油消费，加快城乡居民传统生物质能消费替代。

二、硬性基础设施政策举措

西藏发展硬性基础设施的具体政策举措包括以下几个方面：

第一，加快道路铁路航空建设。打造以拉萨为核心，辐射日喀则、山南、林芝、那曲的3小时经济圈，打通国道"断头路"，实现所有县和主要乡镇通柏油路，基本建成3A级以上景区柏油路，加快公路设施成网步伐。拉萨至那曲、昌都至邦达机场高等级公路全线开工，加快萨嘎至朗县、波密至墨脱、琼结至错那、聂荣至青藏界、萨迦县城至萨迦桥等公路工程建设进度。加大农村公路建设力度，实现所有县城通油路、所有建制村通公路，具备条件的自然村和寺庙通公路，90%的乡镇和40%的建制村通硬化路，继续对普通国省干线和农村公路养护经费给予适当补助。推进青藏高速公路建设，加快建设滇藏新通道，全力推动拉林铁路建设，加快日喀则至吉隆口岸、林昌铁路前期工作。加快建设川藏铁路西藏段，提高青藏铁路运输能力并实现电气化，开展滇藏铁路、新藏铁路、玉昌铁路和口岸铁路项目前期工作。完善进出藏航线网络，增加与国内省会城市和重要区域中心城市航线，支持增加西藏航空公司运力规模，鼓励航空公司在区内机场建设基地，加快通用航空和应急救援能力建设，加快实施贡嘎机场改扩建、通用航空应急救援基地工程，力争开工建设当雄机场、普兰机场，加快推进隆子、定日等支线机场前期工作。①

第二，加快城乡农田草场水利建设。加强重点灌区续建配套与节水改造，加快小型农田水利工程建设，因地制宜实施"五小水利"工程，解决"最后一公里"问题，提高灌溉水的利用效率和灌区生产能力。增强牧区水资源供给，采用引水渠道、低压管道输水等灌溉方式，加快人工饲草料基地建设，有效保障草场、林地灌溉和植树造林用水。针对中部河谷区，加强骨干水利工程建设，系统治理、合理开发、有效保护"一江六河"重点河谷段，提高主要江河防护能力及城镇防洪能力、区域水资源统筹调配和供水能力、水土资源综合生产能力、水资源保护能力。东部高山峡谷区，则强化水源涵养和水土保持，加强藏东"三江"干流及主要支流以及中小河流综合治理与保护，提高城镇防洪保障能力，改善干热河谷生态，合理开发利用水能资源。西北高寒区，需要加快人工饲草料地和抗灾饲草料地水利设施建设，促进草地资源可持续利用和草原畜牧业可持续发展。南部边境带，加强"边境五小"水利设施建设，提高边境地区水利民生保障水平。开展跨境河流水资源优化配

---

① 《西藏自治区综合交通运输"十三五"发展规划》。

置研究和规划编制。此外，还需重点加强地（市）行署（政府）所在地饮用水水源地安全保障能力。加强城镇用水应急能力建设，建设规模合理、标准适度的应急抗旱水源工程，有效应对特大干旱和突发水污染事件。①

第三，合理布局民生用能。藏中地区大力开发雅鲁藏布江中游、朋曲、易贡藏布等河流水能资源，推进太阳能、风能、地热能的开发利用。藏东南地区着力打造"西电东送"接续基地，推进太阳能开发利用，实现电力规模外送。藏西北地区重点开发太阳能、风能、地热能等清洁再生能源，提高民生用能和牧业发展能源保障能力。加快雅鲁藏布江中游等河流电源项目和藏中燃气电站建设，规划建设大型并网光伏、光热电站，鼓励发展分布式光伏发电系统，积极开发利用风能、地热能，满足区内需求的电力装机容量达 460 万千瓦，加快推进苏洼龙、叶巴滩、巴塘、大古、加查等水电站建设，力争开工建设拉哇、扎拉、林芝、江达水电站。完成昌都与藏中联网工程，启动藏中与阿里联网工程，推进全区剩余 12 个县主电网覆盖。推进青藏联网工程，实现昌都电网与藏中电网联网，推进阿里电网与藏中电网联网，力争建成覆盖全区的统一电网。研究推进阿里电网与新疆电网联网。加快主电网延伸，实施农牧区电网延伸扩面工程，建设小康用电示范县，完善城镇配电网。升级改造七地（市）城市电网。此外，推进进藏输气、输油管线建设，完善油气运输和储备设施，提升一次能源保障能力。加快重点城镇垃圾处理、给排水、供暖等项目建设。②

---

① 《西藏自治区"十三五"时期国民经济和社会发展规划纲要》。
② 《西藏自治区"十三五"时期国民经济和社会发展规划纲要》。

第十章

西藏经济发展的借鉴意义

西藏作为高高原地区，具有其他地区不同的三大特点：第一，地理因素在其经济社会发展中发挥重要作用。第二，西藏经济发展具有多功能性。第三，政府在西藏经济发展中具有重要作用。在此禀赋条件和时代背景下，西藏经济发展实现了跨越式发展。自西藏和平解放以来，特别是中央第六次西藏工作座谈会以来，在党中央坚强领导下，在全国人民大力支持下，西藏各族干部群众团结一心，艰苦奋斗，解决了许多长期想解决而没有解决的难题，办成了许多过去想办而没有办成的大事，各项事业取得全方位进步、历史性成就。①

西藏产业发展总体处于增长态势，西藏的产业发展规模从无到发展壮大，产业结构从单一的农牧业，农业、工业、交通运输与服务业各占一定份额产业规模的第一、第二、第三产业并重，发展为以高原旅游业、高原特色生物产业、藏医药产业、高原绿色食品产业、农畜产品加工产业和民族手工、矿产、建筑建材业为重点的特色产业发展道路，产业结构不断趋于合理化和高级化（刘刚和沈镭，2007；杨文凤等，

---

① 习近平：《全面贯彻新时达党的治藏方略　建设团结富裕文明和谐美丽的社会主义现代化西藏》，2020 年 8 月 29 日，见 http://www.xinhuanet.com/politics/leaders/2020-08/29/c_1126428830.htm。

2015）。

西藏经济的跨越式发展离不开市场和政府双重作用，西藏的内生驱动力将逐步实现从高高原自然历史资源禀赋驱动向高高原物质和人力资本禀赋驱动的转变，最终迈向高高原知识技术与生态文明禀赋驱动；西藏也将经历从区位劣势、资源禀赋约束和制度障碍的发展初级滞后状态，向充分发挥面向西部南部开放的区位优势、自然资源禀赋比较优势、民族特色文化比较优势、物质与人力资本比较优势、知识技术与生态文明比较优势、制度改革红利充分释放的状态转变；在驱动力转型和约束突破的双重作用下，西藏最终实现西藏经济的跨越式发展。西藏发展将在三大特点基础上成为环喜马拉雅地区引领者，为世界第三极地区提供示范，对世界发展的贡献中国智慧和西藏经验。因此，从地理范围来看，西藏的发展将为世界第三极地区提供借鉴和示范，也将为与西藏拥有类似地理条件的高高原地区提供借鉴和示范；从民族特征来看，西藏发展也将为各地藏族地区的发展提供借鉴和示范。

总之，西藏经济的借鉴意义在于在已有的资源禀赋条件和经济社会发展条件、发展阶段背景下，因势利导形成了自身的产业发展模式，制定出了符合自身发展条件的发展战略，这一过程是在有效市场和有为政府双重作用下产生的，而要素保障和制度创新是推进这一过程发展的重要动力。具体体现在明确经济发展内涵、合理利用资源禀赋、甄选区域特色产业、强化生产要素保障和释放制度改革红利五大方面。

第一节 明确经济发展内涵

党的十九大报告提出："实施区域协调发展战略。加大力度支持革命老区、民族地区、边疆地区、贫困地区加快发展……建立更加有效的区域协调发展新机制。"①西藏位于青藏高原西南部，平均海拔在4000米以上，自然和人文环境独特、生态脆弱，既是民族地区，也是边疆地区、贫困地区，更是重要的国家安全屏障，也是重要的生态安全屏障、重要的战略资源储备基地、重要的高原特色农产品基地、重要的中华民族特色文化保护地、重要的世界旅游目的地。西藏的发展一直牵动着中央政府和全国各族人民的心。然而，西藏经济发展仍然处于追赶阶段，经济总量较小，市场主体发育滞后、体系不健全、结构性矛盾突出，经济发展的初级性依赖性特征明显。一方面，西藏发展要准确把握国家战略全局发展，将区域发展融入全局发展。统筹区域协调发展，推进兴边富民、守土固边，统筹新型城镇化和乡村振兴战略。另一方面，西藏是国家重要的生态安全屏障和战略资源储备基地，其发展必将在最严格的生态环境保护制度背景下，探索兼具比较优势又能够实现资源环境友好的发展战略。在中央第六次西藏工作座谈会上，习近平总书记强调新形势下的西藏工作要始终坚持"依法治藏、富民兴藏、长期建藏、凝聚人心、夯实基础"的重要原则。张裔炯（2015）认为"富民兴藏"是方向，要做到"五个结合"：一是把发挥政府作用和市场作用相结合，在加大政府职能转变的同时，发挥市场在资源配置中的决定性作用。二是把借助外力和激发内力相结合，既要加大对口支援力度，又要着力发展特色优势产业、旅游业、藏医药和民族手工业。三是把对内开放和对外开放相结合，既要推动西藏广大干部群众解放思想、改革创新，又要利用区位优势，引进资金、技术、人才。四是把新型城镇化与新农村建设相结合，加强基本公共服务的均等化。五是把开发建设与生态保护相结合，既要抓好能源资源、基础设施等的开发和建设，又要筑牢高原生态安全屏障。

---

① 习近平：《决胜全面建成小康社会 夺取新时代中国特色社会主义伟大胜利——在中国共产党第十九次全国代表大会上的报告》，人民出版社2017年版，第32—33页。

因此，要深刻把握"发展是解决西藏所有问题的基础"总钥匙，把"维护祖国统一、加强民族团结"作为谋划高高原经济绿色发展的出发点和落脚点，始终严守生态第一红线，着力发展绿色经济，推进产业生态化、生态产业化，以高高原经济绿色发展的优异成绩回报党中央的亲切关怀、回报全国人民的鼎力援助（庄严，2018）。西藏经济发展的启示在于在已有的资源禀赋和经济社会发展条件、发展阶段基础上，明确经济发展的科学内涵：以"五大发展"理念统筹经济发展，即经济的创新、协调、绿色、开放和共享发展。

第一，经济创新发展。创新是推动一个国家和民族向前发展的重要力量，也是推动整个人类社会向前发展的重要力量。创新驱动发展战略是"中央在新的发展阶段确立的立足全局、面向全球、聚焦关键、带动整体的国家重大发展战略"。推动高高原经济绿色发展是探索高质量发展路子的创新之举，是探索边疆少数民族地区高质量绿色发展的理论创新、实践创新(庄严,2018)。创新驱动将成为西藏未来发展的战略导向，西藏经济发展要解放思想、创新观念，鼓励大众创业、万众创新，激发市场活力和社会创造力。

第二，经济协调发展。经济发展一方面要准确把握国家战略全局发展，将区域经济发展融入战略全局发展的一部分；另一方面要明确经济发展阶段在经济发展过程所处的阶段，顺应经济新常态发展态势，推进经济从高速增长向高质量增长转变，从要素驱动向创新驱动转变。明确当前的经济发展阶段和未来中长期和远景的经济发展阶段定位。另外，经济发展要重视产业的协调与融合发展，特别是推进农牧产业与第二产业、第三产业的深入融合发展。

第三，经济绿色发展。党的十九大报告提出"坚持人与自然和谐共生"，这就需要立足资源禀赋条件，明确经济发展不能以牺牲自然资源环境生态为代价，以生态为本底，突出保障国家生态安全、保障粮食安全等重要任务。牢固树立保护生态环境就是保护生产力、绿水青山就是金山银山的理念，把发展建立在生态安全基础上，严守生态安全底线、红线，探索资源环境友好的经济发展方式。推动高高原经济绿色发展是践行新发展理念的破题之举，我们要坚定不移实施创新驱动战略，推进区域协调发展，建设国家生态文明高地，奉行互利共赢开放战略，贯彻以人民为中心的发展思想，推动形成高高原经济全面开放新格局，让各族群众共享高高原经济绿色发展成果（庄严，2018）。

第四，经济开放发展。开放发展是五大发展的重要内容，与创新、协调、绿色、共享发展密不可分。开放发展是内外发展的新态度新理念。经济发展要主动融入世界经济分工，主动对接"一带一路"倡议总体布局，既要"引进来"，也要"走出去"。推进与内陆省份和周边国家开展多种形式的经济合作，发挥区位优势和纽带作用。位于内陆区位劣势的地区可以通过向内陆开放机会，将区位劣势转化为区位优势。

第五，经济共享发展。西藏经济发展要明确是"以人为本"的经济发展，经济发展是民生福利、社会稳定的重要保障，是精准扶贫、精准脱贫的重要路径，要"坚持在发展中保障和改善民生"。另外，经济发展是在国家"兴边富民"政策背景下，加强民族团结，巩固祖国边防，维护国家统一，增进中外睦邻友好的重要基础，经济发展要凸显其在巩固平等、团结、互助、和谐的社会主义民族关系的重要作用。因此，经济增长需要牢固树立"治国必治边、治边先稳藏"重要战略思想，以加强民族团结为基石，以确保寺庙稳定为重点，以法治建设为根本，确保社会大局和谐稳定。

第二节　合理利用资源禀赋

区域资源禀赋是决定产业结构演进的基础条件，需求结构、技术进步、国际贸易和政府发展战略与政策选择等是产业结构演进的外力诱导和调控手段，技术创新能力才是最根本的主导和源泉（杨文凤等，

2015)。如第一章所述，西藏自古以来的发展历程，就是一个建立在已有的资源禀赋或者要素相对稀缺程度上，充分挖掘现有阶段的比较优势，不断推进技术创新和制度创新。

受高寒、高海拔和水热分异规律等因素影响，西藏资源禀赋结构和区域差异巨大。资源禀赋对这样的山地区域经济和产业结构演进具有重要的意义（刘刚和沈镭，2007）。总的来看，西藏产业结构演进，是西藏以传统农牧业、手工业等为主的产业结构在区域资源禀赋基础上，由于西藏独特的需求结构、强力政策引导和技术创新等因素的驱动，信息、旅游、生物等新兴产业逐渐形成，从而实现产业结构升级的以政策性演进为主、诱致性演进为辅的过程（刘刚和沈镭，2007）。由于特殊的地理位置和气候等，西藏具有高原特色资源的比较优势，如矿产资源、特色农产品资源、自然和人文旅游资源、藏医药资源等。西藏产业发展就是以这些特色资源为基础发展起来的特色产业经济。随着中央支援西藏的一系列政策实施、西部大开发战略实施及青藏铁路的开通，民族手工业、高原绿色饮食业、农畜产品加工业等特色产业在西藏得到了迅速发展（杨文凤等，2015）。

因此，西藏经济发展的启示在于尊重自然资源禀赋，兑服资源禀赋约束，合理利用资源禀赋。

第三节　甄选区域特色产业

原有产业发展基础一个区域内产业的发展是循序渐进的，需要原始资本积累和技术进步（杨文凤等，2015）。在第五次西藏工作座谈会上，中央首次将西藏定位为"两屏四地"，即国家安全屏障、生态安全屏障，战略资源储备基地、高原特色农产品基地、中华民族特色文化保护地和世界旅游目的地，为西藏特色产业确定了清晰的发展方向（尕藏才旦，2015）。

因此，从新结构经济学视角来看，西藏经济发展战略需要以创新为驱动，甄选区域特色产业。构建以技术密集型和知识密集型为核心的高端高质高新的具备全球竞争力的现代产业体系，破除"唯GDP论英雄"，积极推进资源环境友好的产业发展路径，重塑区域经济地理，大力发展绿色产业，促进传统产业绿色化。培育主导产业，推动特色优势产业向"高起点、规模化、长链条"方向发展，培育具有比较优势的产业和市场竞争力的品牌。另外，西藏经济发展的启示还在于优化产业空间布局，重塑产业经济地理。在《全国主体功能区规划》"构建高效、协调、可持续的国土空间开发格局"的主体功能区战略定位基础上，对接国家战略总体布局，立足地域特色，按照生产空间集约高效、生活空间宜居适度、生态空间山清水秀总体要求，根据不同区域的资源环境承载能力、现有开发强度和发展潜力，构建具有国际竞争力的现代产业体系，以"五大发展理念"统领产业发展，产业的发展需要从要素驱动向创新驱动转换，从传统产业向新兴产业引领转型，推进产业向中高端发展，提升产业价值链和价值体系。

第四节　强化生产要素保障

西藏经济发展的启示在于推进土地、资本、人才要素和科技创新要素供给与优化配置，提供与资源禀赋结构相匹配的基础设施。这就需要在中央统一部署下，加快推进土地、户籍、劳动就业、金融、财税、科技、教育、国有企业等关键性改革，促进要素自由流动，激发市场主体活力，提升各种要素配置效率（朱尔茜，2017）。

西藏劳动力供给条件具有与全国其他地区完全不同的特殊性，表现为劳动力以自然增长率保持低速增长，劳动规模随时间变化总体呈倒L形。其根本原因在于，高寒缺氧的地理环境在根本上制约着劳动力的生存发展，使西藏无法通过鼓励本地居民提高生育率，或吸引外部劳动力自由流入等方法，获得丰厚的人口红利（朱尔茜，2017）。创新是引领发展的第一动力，也是推动西藏跨越式发展的必要条件。创新发展模式和投融资模式，深化体制改革，最大化引入市场机制，最大化调动社会力量，着力培养创新人才，推动科技突破和信息技术应用，增强自我发展能力。加强高原特色领域的原始创新、集成创新和协同创新，强化引进、消化、吸收先进适用技术与高新技术，实施一批重大科技专项，提升自主研发能力。[①]

第五节　释放制度改革红利

自西藏和平解放以来，中央政府给予西藏一系列特殊的财政支持和补贴政策，这种特殊的"援藏经济发展模式"对西藏的经济社会发展起了重要作用（杨文凤等，2015）。然而，单纯依赖国家产业政策和财政补贴政策的发展模式难以激发西藏发展的内部动力。因此，西藏不断加强和内地各对口援藏省市的协调，探索并挖掘对口援藏内涵，不断尝试和援藏省市间的协同发展、产业合作以及援藏工作管理新模式，拓展思路变"输血"式援藏模式转变为"造血"式援藏模式，不断强化西藏的自我发展能力。另外，西藏自治区政府大力推进简政放权，加速推动"多证合一"的制度改革，为企业登记注册提供便利。西藏自治区政府不断推动农牧业的供给侧结构性改革向纵深延伸，积极推进价格体制改革、深入税收体制改革、深化林权制度改革、逐渐推进国有企业改革重组。

因此，从新结构经济学视角来看，西藏经济发展战略需要着力推进体制机制改革。通过适应经济发展新常态，坚持使市场在资源配置中起决定性作用，充分发挥政府作用，破除经济发展的体制机制障碍，实现西藏自治区范围内的主体功能区得到优化，并且在更小的空间尺度的市

---

① 《西藏自治区"十三五"时期（2016—2020年）国民经济和社会发展规划纲要》。

州层面甚至县级层面形成科学的主体功能区空间划分和功能定位。逐步从以要素驱动为主向创新驱动转变，主导产业带动能力进一步提升，专业化产业集群和相关产业生态圈初具规模，产业发展的生态功能、社会功能、政治功能和文化功能得到进一步凸显。

第六节　本章小节

如前所述，西藏经济的借鉴意义在于在已有的资源禀赋条件和经济社会发展条件、发展阶段背景下，因势利导形成了自身的产业发展模式，制定出了符合自身发展条件的发展战略。虽然当前西藏经济发展受制于基础设施、产业规模、人力资源、开放水平、创新能力等瓶颈约束，经济发展的初级性、依赖性、粗放性特征仍然存在。然而，西藏经济发展自和平解放以来，已经实现了跨越式发展，其经济发展具有重要的借鉴意义。

通过借鉴新结构经济学的省情（禀赋条件）—战略（比较优势）—战术（因势利导）分析框架[1]，本章将西藏经济发展的借鉴意义总结为表 10–1。

表 10–1　西藏经济发展的借鉴意义

省情（禀赋）		战略（比较优势）	战术（因势利导）
发展阶段	经济发展的初级性	技术制度创新战略 对口支援战略 保护与发展兼顾战略 比较优势战略 包容性发展战略	明确经济发展内涵 创新发展 协调发展 绿色发展 开放发展 共享发展

---

① 在林毅夫等（2018）专著中是重点针对县域经济分析，所以分析框架是县情—战略—战术，本书重点分析西藏整个自治区的情况，因此修改为省情—战略—战术分析框架。

续表

省情（禀赋）		战略（比较优势）	战术（因势利导）
禀赋条件	区位特征 自然资源特征 人力资本特征 物质资本特征	内陆开放发展战略 差异化发展战略 资本密集型产业战略 资本密集型产业战略	合理利用资源禀赋 强化生产要素保障 向西向南开放发展 开发高海拔特色产业 机器换人 投资拉动
产业基础	弱质化	产业提档升级战略	甄选区域特色产业
政府能力	援藏经济发展模式	外援与本土化并进战略	释放制度改革红利

通过西藏发展阶段的省情，高高原其他地区在经济发展过程中，也是需要针对自身所处的经济发展阶段，明确该阶段的发展内涵。像西藏一类的经济发展尚处在初级阶段的区域，其发展战略可以开展技术制度创新战略、对口支援战略、保护与发展兼顾战略、比较优势战略和包容性发展战略，以此对应经济的创新发展、协调发展、绿色发展、开放发展和共享发展。以生态环境为本底，实现经济绿色化发展；以民生改善为目标，经济实现包容性发展；以"互联网＋"行动为动力，经济实现智慧化发展；以西藏文化为特色，经济实现差异化发展；以内陆开放为契机，经济实现全球化发展。

通过西藏禀赋条件的省情，高高原其他地区在经济发展过程中，也是需要针对自身所处的资源禀赋结构以及把握其结构的动态变化，合理利用资源禀赋，强化生产要素保障，通过技术和制度创新，打破原有的禀赋约束。第一，像西藏一类深处内陆的地区，将实现由区位劣势向区位优势转变。在"一带一路"建设背景下，经济由过去向东部，面向日、美、欧三大经济体的海洋型开放，转变为向东西双向，新增面向西部、西南部，面向中欧、东南亚、非洲的全方位立体开放。在过去的经济发展中，西藏往往被贴上区位劣势的标签，然而，在"一带一路"建设不断推进的过程中，西藏将彻底转变已有的区位劣势，成为中国"一带一路"建设背景下向西和向西南开放的桥头堡。通过交通等基础设施的不断发展以及"互联网+"推进的互联互通，西藏地区将进一步缩短与国内外各地区的经济距离。第二，像西藏一类高高原地区，将实现资源禀赋约束向资源地区特色发展。西藏地处青藏高原地区，自然资源条件较为恶劣，其经济发展条件和产业结构与其他地区差异明显，这种背景下，结合高高原高海拔、无污染、纯天然环境中长期积淀成型的独特资源优势，诱导出技术的创新，以科学技术催生特色产业向"新、特、奇"的方向快速推进，不断提升特色产品的人文附加值和市场竞争力(尕藏才旦，2015)。伴随着智能制造、"互联网+"和大数据等新兴产业在西藏发展，以及青藏高原综合科学考察事业带动的"政产学研"全面发展。对于高高原地区人力资源数量不足，劳动效率相对低下的情况，可通过加大投资，发展资本密集型产业，传统行业通过"腾笼换鸟""机器换人""品牌塑造""产业融合"等方式向高附加值、高科技行业、新兴战略行业转型升级，传统产业深入融合发展，逐步从以要素驱动为主向创新驱动转变，主导产业带动能力进一步提升，逐步形成具有国际知名度、区域特色和市场竞争力的专业化产业集群和相关产业生态圈。而西藏高原的地理特征和资源禀赋约束将逐步转变成为中国独一无二的资源特色，旅游资源、矿产资源等得以深入开发（尕藏才旦，2015）。

通过西藏产业基础的省情，高高原其他地区在经济发展过程中，也是需要针对自身的产业基础甄选出具有区域特色的产业。像西藏一类产业体系不健全、产业自我发展能力不强和产业结构还需优化的地区，其产业发展要充分发挥其后方优势，通过综合考虑"空间、规模、产业"三大结构，突破西藏经济的分散化、粗放型发展方式，根据不同区域的资源环境承载能力、现有开发强度和发展潜力，统筹谋划人口分布、经济布局、国土利用和城镇化格局，初步形成功能分布合理的主体功能区，科学规划的产业整体布局初步形成，产业结构合理，形成以要素驱动为主、初具带动性的旅游、特色农业等主导产业和具有一定规模的服务业产业集群、旅游、农业、服务业等产业形成产业融合态势，各产业在西藏内部各区域分工明确，产业特色化、差异化发展初具成效。

通过西藏"援藏经济发展模式"的省情，高高原其他地区在经济发展过程中，也是需要针对政府和市场在经济发展中的不同作用，深化体制机制创新。像西藏一类经济发展具有一定依赖性的区域，将实现制度约束向制度创新红利转变。通过形成推动高质量发展的指标体系、政策体系、标准体系、统计体系、绩效评价、政绩考核，创建和完善制度环境，不断深化要素市场化配置改革。西藏经济发展将突破已有的封闭式的制度框架，打破部分地方政府的"地方本位"思想和政治逻辑，着力消除不同区域间的市场壁垒、贸易壁垒，以及行政壁垒，更加立足全国和全国探索制度创新。西藏将通过融入全球经济分工，加强区域合作，打破经济分割，进一步重塑西藏产业经济地理，完善产业发展的组织化和推进产业的专业化、差异化发展，厚植建藏思想，用好对口帮扶制度，形成经济发展的"飞地"、与其他省份共建合作产业园等方式，充分释放制度改革红利。另外，需要更加注重经济对社会、自然的支撑作用和与社会自然的协调发展，特色农业、现代旅游业和现代服务业等产业发展将更加注重其多功能性，即不仅发挥产业的经济功能，还将发挥其生态功能、社会功能和政治功能。需要更加凸显有为政府和针对当地制定的产业政策的重要性，政府的作用将进一步激发经济增长的活力。通过适应经济发展新常态，坚持使市场在资源配置中起决定性作用，充分发挥政府作用，破除经济发展的体制机制障碍，实现区域内的主体功能区得到优化。

第十一章

西藏特色产业发展案例分析

第一节 食（饮）品产业

一、食（饮）品产业的发展概括

西藏地处"世界屋脊"，资源十分丰富。青藏高原拥有丰富的含多种有益微量元素的高质水资源，西藏高寒地区的青稞、荞麦等农作物具有很高的营养价值，为发展饮用水和食饮工业等提供了良好的条件。截至 2018 年 6 月，青稞精深加工、净土健康等领域拥有中国驰名商标 14 个，自治区著名商标 107 个。2017 年，全区农副食（饮）品加工业实现工业增加值 0.9 亿元，食（饮）品制造业实现工业增加值 1.8 亿元。

"十一五"时期，西藏高原生物和绿色食（饮）品产业持续发展，效益稳步提高，产业规模不断壮大，矿泉水、牦牛肉干等绿色食（饮）品等生产能力快速上升，高原之宝牦牛乳业类等农畜产品加工业实力不断增强。产业布局趋于合理，各地区依托资源优势，已初步形成了特色鲜明的产业布局，打造出拉萨国家级经济技术开发区，达孜、堆龙、曲水、日喀则、山南、昌都等工业园区和林芝生物科技产业园区等，加快了产业集聚，初步形成了区域明显、精深加工、优势突出的绿色食(饮)品加工产业布局；拥有了一批经济实力、市场竞争力和行业带动力较强的龙头企业。

近年来，随着西部大开发和全国农业援藏工作的可持续推进，在自治区党委、政府打造"绿色西藏"和自治区农牧厅"打造绿色西藏农业"的决策推动下，位居"世界第三极"的西藏高原凭借地域特色和资源优势，充分利用"原生态绿色食饮"的动、植物资源，经过短短几年时间，使西藏绿色食(饮)品产业取得了显著的成就。特别是党的十八大以来，西藏聚焦"特色、集聚、整合、开放"的发展路径，以改革创新为动力，狠抓提质增效，以天然饮用水、高原特色食饮品业等为主的特色优势产业取得了稳步快速发展。

从 2005 年开始，按照农业部（现农业农村部）、西藏自治区食品安全委员会的要求，西藏大力推进绿色食品认证，明确把绿色食品认证工作作为推进西藏特色食品质量安全建设的重中之重，以认证作为突破口来促进绿色食(饮)品基地建设，从整体上提升西藏食(饮)品行业质量。下面以西藏奇圣土特产品有限公司（以下简称"奇圣公司"）、西藏水和西藏高原之宝牦牛乳业股份有限公司（以下简称"高原之宝"）为例加以说明。

（一）奇圣公司

奇圣公司于 2003 年 3 月 20 日成立，注册商标为"奇圣"，通过了ISO9001 等多项国际认证体系，产品通过电商在区外销售口碑非常好。经过十几年发展，已成为全区牦牛肉产业经济发展中最具活力的企业，是区内发展农产品加工业先进企业，自治区著名商标。奇圣公司是一家集牦牛肉、藏香鸡、藏香猪、青稞食饮研究、开发及深加工为一体的综合型非公企业。目前，公司生产的"奇圣"牌牦牛肉干系列产品 136 个，占市场份额较大。

奇圣公司于 2012 年组建了产品生产车间与展厅，与本地旅行社合作，让游客亲自体验奇圣牌牦牛肉生产过程及品尝现场生产的牦牛肉产品，展厅展出所有产品供游客品尝并选择购买，还提供邮寄服务。公司立足区内市场，不断开拓外地市场，利用"互联网＋"加强产品宣传力度，提高品牌在区内外知名度，就牦牛肉产品销售分析，电商销售占公司销售总额的20%，公司已建立了覆盖全国的网络销售市场，为充分展示公司品牌形象，首先在四川成都双流国际机场和云南昆明长水国际机场设立了"西藏奇圣牦牛肉专营店"。公司各部门管理层细化并建立了严格的管理制度，始终保持严格的内部管理，确保产品质量，提高企业信誉。公司销售部有专门针对网上销售的业务部，负责拓展区外产品销售，并取得了良好的业绩。

（二）西藏水

西藏水、誉天下。一直以来，自治区天然饮用水坚持"市场主导、政府引导、企业主体"原则，按照"高品优质、市场导向、合作共赢"思路，采取有力措施加快天然饮用水企业发展，"西藏好水"品牌影响力、市场知名度不断提升。自治区先后出台了《西藏自治区天然饮用水产业发展规划（2015—2025年）》和《西藏自治区人民政府关于加快天然饮用水产业发展的意见》及其《实施细则》，高于国家标准的《西藏天然饮用水团体标准》也于2017年1月1日正式实施。在主动服务企业发展方面，推动成立了西藏好水行业协会，积极协调天然饮用水产品外运优惠运价，与中铁快运公司续签了物流总包协议，帮助企业协调解决生产水源、电力供应、证照办理等问题。同时，自治区积极搭建合作平台、开拓区外市场，先后在北京、南京、武汉、兰州、广州等区域中心城市成功举办"西藏好水·世界共享"专场推介活动；探索实施"互联网＋"西藏天然水行动，"西藏好水"产品实现线上交易，加快企业"走出去"步伐；加大与区外知名企业战略合作，积极开拓市场。截至2018年6月，全区共有天然饮用水生产企业35家，建成生产线40余条，设计总产能353万吨，行业整体生产技术及工艺标准达到国内中上水平。

天然饮用水产业产量从 2013 年的不足 10 万吨，到 2017 年规模以上企业实现产量 69 万吨，同比增长 28.6%。全区天然饮用水产业拥有中国驰名商标 1 个，自治区著名商标 2 个。

（三）高原之宝

高原之宝成立于 2000 年 5 月，注册资本 1.5 亿元，总投资规模达 8 亿元。公司是目前全国规模最大、最具现代化水平的牦牛乳制品加工企业，国家级农业产业化重点龙头企业，也是西藏唯一一家生产牦牛乳制品的企业。目前高原之宝已通过了 ISO9001 质量管理体系认证和 ISO14001 环境管理体系认证、危害分析与关键控制点（HACCP）体系认证、诚信管理体系认证、良好生产规范（GMP）认证、中国有机产品认证、美国有机食饮认证及欧盟有机牧场认证。公司牵头制定了中国国家牦牛奶行业标准，现正申请中国暨世界牦牛奶生产加工标准，以推动国际国内牦牛奶产业健康、有序发展。公司启动"公司 + 基地 + 经合组织 + 牧民 + 牦牛认养"的全产业链模式，坚持走环保、绿色、可持续、高附加值的产业化有机生态发展道路。

高原之宝目前已在西藏拉萨、四川阿坝、青海黄南、甘肃甘南等青藏高原牦牛资源集中区域建立了四大牦牛奶加工、养殖示范基地，购置了 50 余台冷藏奶车及 3 万个直冷式奶桶以加强硬件支撑，建立了以西藏当雄等十大中心奶站为枢纽，300 余分支奶站为节点的奶源收购网络。覆盖青藏高原 1000 多万头牦牛资源、总面积达 10 万亩的放牧示范基地及可供养殖 15000 头母牦牛的冬储示范基地目前在建，提升了产品的供应优势，实现了牦牛乳优质资源集中区域全覆盖。同时公司持续进行技术创新，在清华大学、四川大学、江南大学设立专项研究项目确保产品特性与高端乳品市场需求无缝衔接，目前公司产品远销全国 20 多个省份及香港、澳门地区，销售业绩年年创下新高。高原之宝已成为中国牦牛奶行业领军品牌。

二、西藏食（饮）品产业发展优势

特殊的地理特征导致了独特的气候类型，同时也造就了极其丰富的生物多样性。西藏是世界上生物多样性最典型的地区之一，是保障地球生物多样性的重要基因库。西藏大部分地州、市没有对环境污染较大的化工、冶金等企业。监测数据表明，西藏大气环境基本没有受到污染，空气质量继续保持良好状态。首府拉萨市是中国环境空气质量最清洁的城市之一。

由于西藏农业集约化程度较低，化肥、农药和其他化学合成物质的施用量很少，1600 多个湖泊周围没有污染，仍处于原生状态。和其他省份相比，环境状况具有比较优势，西藏发展绿色食饮产业农业资源得天独厚。牦牛、青稞、松茸、藏药材等是高原特有气候条件下的特色农产品。

西藏绿色食（饮）品的生产规模和数量与其自然条件相比，还有巨大的发展潜力，国内外客商也十分看好西藏的绿色食（饮）品产业，许多外国客商希望进口西藏的以牦牛为原料的系列食（饮）品、青稞系列制品、油菜、松茸、核桃花椒、藏药材、冬虫夏草等绿色食（饮）品，在西藏发展绿色食（饮）品产业，有着得天独厚的自然条件和广阔的国际市场，发展前景非常看好。

西藏农业自然条件具有明显的区域特点。归纳起来，包括冬无严寒、夏无酷暑、昼夜温差大、日照时数多、太阳有效辐射强、光能与水资源丰富、雨热同季等特点。农作物易形成高产，截至目前，保持着冬小麦、油菜、青稞等作物的最高产量的全国纪录。西藏具有发展绿色食（饮）品和有机食（饮）品得天独厚的条件：一是具有良好的生态环境；二是特色农业自然资源十分丰富。随着旅游人数的不断增多，西藏特色食（饮）品越来越受到内地游客的青睐，知名度也越来越高。近年来，西藏大力培育特色优势产业，不断扶持产业升级改造，产业结构更趋合理，一大批特色商品崭露头角，有效助推了特色加工业的发展和农牧民群众增收。

西藏好水，天下共享。随着西藏交通条件的不断完善，西藏好水也逐渐在内地市场占有一席之地。如今，西藏天然饮用水获证生产企业（含矿泉水）33 家，建成生产线近 40 条，设计产能突破 300 万吨。西藏好水特色产业规模不断扩大，在带动当地群众就业的同时也为西藏经济发展写下了辉煌一笔。近年来，自治区各级党委、政府把培育特色优势产业作为加快转变经济发展方式、提高自我发展能力的重要途径，大力培育天然饮用水产业，发展态势强劲。"西藏好水"品牌知名度迅速提升，多个品牌矿泉水荣获国际大奖。发展特色农牧业是为了惠及占西藏人口总数 80% 以上的农牧民。

2017 年的政府报告显示，西藏大力推动高原特色农畜产品基地建设，21 个农畜产品获国际国内金奖。天然饮用水销量 60 多万吨，增长 41%，"西藏好水"走出高原、走向全国。如今，越来越多的西藏特色产品走向全国、走向世界，特色优势产业正成为西藏经济发展的新引擎。西藏的特色食（饮）品产业发展日趋成熟，形成了一批与生态保护、文化保护相关的优势特色产业，为长期建藏、富民兴藏提供了强大支撑。

三、政府在食（饮）品产业的宏观调控作用

民主改革以来，特别是党的十一届三中全会以来，中央对西藏投入巨资进行大规模的农田基本建设，大力推广农业机械化，同时实行多种优惠政策，极大地改善了西藏农牧业的生产条件。近年来，西藏农牧业发展大打"特色牌"，按照"优势区域，优势产业，优势资源，优先发展"的原则，将发展特色农牧业确定为实现西藏农牧业结构战略性调整与大幅度提高农牧民收入的重要措施和根本途径，因地制宜地建立了一批优质青稞、油菜等具有明显地域特色的生产基地，形成了如古荣糌粑、乃

东藏蒜等一批知名产品，成功开发出青稞啤酒、青稞系列产品。

"十一五"期间，西藏坚持"优势产业优先发展、优势区域优先突破"和"区域集中、规模做大、质量提升、效益提高"的方针，大力实施特色农牧业开发项目。

《中共中央　国务院关于加大统筹城乡发展力度进一步夯实农业农村发展基础的若干意见》指出，2010 年国家将对农民增加良种补贴，启动青稞良种补贴，农作物良种补贴是中央为稳定粮食生产，提升粮食综合生产能力而实行的一项重大政策。中共西藏自治区委员会和西藏自治区人民政府联合颁布的《关于推进非公有制经济跨越式发展的意见》，提出了支持非公有制经济发展的一系列特殊政策，规定从 2012 年 1 月 1 日起，在西藏注册登记个体工商户、非公有制企业以及变更注册登记，将免缴登记类、证照类行政事业性收费，实现"零成本"注册。

青稞作为西藏种植面积最大的粮食作物，西藏已争取国家投资 3000 万元建设青稞基地，在 5 个地区、10 个农业大县建成了优质青稞生产基地；政府坚持良种补贴、农机具购置补贴，调动了农民种植青稞的积极性，使青稞原料产量保持在 60 万吨左右。西藏坚持推进农业产业化经营，引导乡镇企业发展农畜产品加工，大力扶持和培育农业产业化龙头企业，使青稞加工产业化不断得到深入。

牦牛肉被誉为"牛肉之冠"，营养价值极高，近几年，西藏大力扶持特色产品产加销，扶持企业带动基地建设和农户生产，扶持原产品生产向深加工产品生产，不断培育具有特色优势产业和市场竞争力的产业品牌，努力把西藏打造成重要的高原特色农产品基地。西藏在牦牛产业上先后投入 5.7 亿元用于规划制定、基础设施建设、良种推广、科学研究等方面。为了大力发展牦牛产业，西藏自治区农牧科学院等部门也在技术上不断突破，进一步加快了传统畜牧业生产经营方式的转变，以满足人们对牛肉、牛奶等畜产品的消费需求，促进了区域农业结构的优化与升级，提高了区域牧业劳动生产的效率和经济效益。为以牦牛资源为依托的产品深加工企业提供了重要的物质基础。此外，西藏特色产品行业协会积极联合中小企业实现抱团发展，设立特色产业发展基金，规范对特色产业发展基金的管理，推动企业实现兼并重组，支持建设线上和线下两个终端平台，加大了西藏特色产品的宣传力度。

"十三五"时期，产业发展载体不断完善。全区初步形成了具有特色的农畜产品生产基地和农牧业特色产业示范区。拉萨经济开发区、达孜工业园、昌都经济开发区、藏青工业园等成为全区工业发展的主要力量。拉萨综合保税区和吉隆国家级边境合作区建设稳步推进，农牧业综合生产能力稳步提升。农牧业生产基础不断夯实，全力推动青稞增产、牦牛育肥工作，青稞良种推广面积达到 185 万亩，粮食产量突破 100 万吨，建设牦牛短期育肥示范县 7 个，农产品自给率明显提高，农畜产品加工企业总产值达到 36 亿元。实施八大重大科技专项，青稞和牦牛种质资源与遗传改良国家重点实验室和农口院士专家工作站正式成立，建成拉萨、日喀则、那曲 3 个国家级农业科技园区。农田机械化综合作业率达到 60.2%。国家级高新技术企业、孵化科技型企业等较快成长，在青稞种质资源创制、生物技术育种等技术攻关和产业化方面取得重要进展。

党的十八大以来，西藏自治区党委、政府整合中央和自治区相关专项资金，不断加大对西藏特色产业的投入力度，壮大一批以西藏特色产业为主的龙头企业，提升特色产业综合生产能力和深加工能力，以及品牌销售能力，促进西藏特色产业的升级。特色产业规模持续扩大，产业链条不断延伸，主要产品产量稳定。截至 2017 年 10 月，日喀则市天然饮用水产量达 13360.57 吨，实现产值 12443 万元，销售包装饮用水 13781 吨，销售收入 5789 万元。2017 年新建或扩建"十三五"饮用水产业发展项目 5 个，总投资约 10 亿元。珠峰天然饮用水产业被定位为"七大产业"之一。日喀则市青稞总产量达到 38.48 万吨，比 2016 年增产 4.37 万吨，成功实现"强力提升青稞单产，力争每亩增加 50 斤"的目标。2017 年 1—9 月，西藏高原之宝共收购鲜奶 3600 多吨，支付鲜奶款 2450 多万元，实现总产值 5.6 亿元。

四、西藏食（饮）品产业未来发展规划

据了解，在资金和政策引导下，西藏的资源优势正逐步向产业优势转变。高原之宝牦牛肉产品、青稞啤酒、"5100" 矿泉水、冬虫夏草、红景天系列产品、特色食用油、青稞系列食（饮）品等特色产品经过市场化开发和运作，打入国内外市场。2010 年以来，"5100"、藏缘、圣鹿等被评为中国驰名商标，进一步增强了西藏特色产品的市场竞争力。

（一）西藏发展绿色食（饮）品产业的条件

绿色食（饮）品的最基本特征是出自无污染的环境。农牧业是西藏经济的基础，它受工业和现代农业影响较小。由于工业化程度低，环境清洁。这样，开发绿色食（饮）品产业的各项工作将会大大地简易化，从而降低了建设成本。

西藏具有丰富的当地物种特色野生生物资源。西藏牧区有其高原特产——牦牛和羊群，可发展特色绿色畜牧业及其加工业。藏东南林区有极其丰富的林下资源，它本身就是一个天然的绿色食（饮）品基地，如当地的野桃资源每年产量在 1 万吨以上，天然野生沙棘林有 0.4 万公顷，山野菜（主要为蕨菜、香椿、野生食用菌、滑板菜、侧耳根等）也十分丰富，所以藏东南林区适宜发展特色山野绿色食饮。西藏农区的青稞是高原特产，可以发展绿色农业和农产品深加工业。

国家实施西部大开发战略，为西藏发展绿色食（饮）品产业提供了前所未有的机遇。近年来，西藏产业在国内外的影响不断扩大，给西藏带来了巨大商机。西藏以其本身的魅力吸引着众多的中外游人，也带动了其他产业的发展。所以说，虽然西藏的科技与经济相对落后，但科技含量高的产品却有着得天独厚的市场优势。交通条件的改善为产品输出疏通道路。青藏铁路的开通、川藏公路的改修、米林机场的修筑，将极

大地改善西藏的交通状况。

2010 年 8 月，中国绿色食品发展中心授权自治区绿色食品定点监测机构挂牌成立，这是区内第二家有关绿色食品的监测机构，第一家是自治区环境监测中心站。2003 年年底，推介了西藏拉萨啤酒有限公司、西藏红山药泉饮品有限公司、南木林县艾玛农工贸总公司等 6 家企业作为区内首批绿色食品生产基地，树立了区内企业的品牌意识和名牌形象。2005—2010 年，西藏圣禾生物科技有限公司、西藏拉萨啤酒有限公司、西藏特色产业股份有限公司等 6 家企业生产的西藏青稞精粮、拉萨啤酒 11、西藏大蒜油、西藏辣椒油、西藏花椒油、核桃油、白朗糌粑、牦牛肉、红景天、雪莲、冬虫夏草、藏鸡蛋等 33 个产品相继通过认证。

据介绍，下一步西藏将继续坚持"集中区域、做大规模、提升质量、提高效益"的原则，加大财政对特色优势产业的资金和政策扶持力度，落实对特色优势产业的税收优惠政策。目前，对绿色食（饮）品产业的宣传仅仅限于绿色食（饮）品管理系统内部和绿色食（饮）品生产企业，对大范围内的宣传严重不足，这与全国绿色食（饮）品产业的宣传意识不强有直接关系。西藏的最大生态优势转化为资源优势、进一步转化为绿色食（饮）品产业发展优势，不能仅仅停留在对自然资源层面的宣传上。

由于我国长期以来对农产品和加工食（饮）品的要求一直是数量和基本营养，国家的宏观政策和消费者的注意力对食品安全性的关注远不如国外那么显著，因此包括西藏在内的许多地方和企业领导对发展绿色食（饮）品仅仅从经济效益考虑，主要考虑的是短期内能不能达到较高的经济效益，并未从农业产业结构调整、环境保护、绿色食（饮）品产业发展研究护、食（饮）品与健康的高度认识，没有从战略意义和高度上去考虑开发绿色食（饮）品对一个地区、一个企业和农业、农村发展的意义。因此，绿色食（饮）品基础知识的普及程度远远不够，而且由于绿色食（饮）品的申报往往是企业行为，企业对绿色食（饮）品的宣传多是突出自身产品的分散方式为主，不可能形成对绿色食（饮）品的品牌进行集中宣传，因而也就不能形成凝聚消费者注意力的"名牌""金牌"。

（二）西藏绿色食（饮）品产业发展的对策

加强绿色食（饮）品产业的研发，促进创新发展西藏目前的绿色食（饮）品产业还处在初级加工阶段，以初级加工产品为主，缺少深加工产品，所以推进研发和创新生产加工技术尤为重要。首先，鼓励科技人员进行技术研发创新，积极研究绿色食（饮）品新品种、新技术，促进绿色食（饮）品的开发。其次，改革传统的推广模式，把新产品、新技术运用到绿色食（饮）品基地，加强科技人员与农民的联系，一方面是提高农民对新技术的掌握应用程度，另一方面是使得新技术、新产品与经济报酬挂钩，促进技术开发与推广经营相结合。整合和科研机构、高等院校的人才资源，集中力量，联合攻关，建立绿色食（饮）品开发的科技创新体系。积极研究绿色食（饮）品的相关技术，用技术促进绿色食（饮）品的开发。推出适合在西藏地区种植绿色食（饮）品的技术方法，在保障新品种存活率的前提下，加快促进新品种和先进的栽培，提高绿色食（饮）品的科技含量。在进行攻关时，以研发绿色食（饮）品加工技术为重点，配套相关技术相结合，如绿色食（饮）品的储存运输技术和冷藏技术等，促进各环节协调发展。

改变传统生产方式，建立健全"标准化体系"。首先，严格按照我国绿色食（饮）产品标准、生产资料使用标准、产地环境质量标准等法规以及绿色食（饮）品认证等相关程序，加快推进构建农产品品质标准体系。其次，在绿色食（饮）品的生产基地建立质量检测机构，严格实行产地准出制度；对西藏绿色食（饮）品的生产、加工、包装和储运、销售各环节进行规范管理和检测，完善绿色食（饮）品标识管理制度。其次，培养高水平的农业科技人员，加大标准化技术的应用。可以通过电视媒体、现场培训班，也可以通过出版有关农业标准化生产的书籍来提高农民的标准化意识，一切按照标准来生产和经营，在提升绿色食（饮）品质量的同时也加快了传统农业向现代化农业的转化步伐。建立健全标准化农产品生产加工体系、质量认证和检测体系、市场营销体系和完善信息服务体系。

　　加强绿色食（饮）品质量检测手段，完善质量监测体系发展好绿色食（饮）品产业离不开政府等相关部门的指导与规划。其中，完善绿色食（饮）品的质量检测体系是非常重要的。为此，在处于拉萨的食品安全监测中心的基础上，在其他地级市建立二级检测机构来加强农产品的质量检测手段。通过加大资金投入在基础设施建设方面，增加检测仪器，提高检测能力，再根据检测结果将防治措施落实到位，确保农产品生长环境和绿色食（饮）品质量良好。对于那些破坏生态环境造成污染从而影响产品质量的企业，政府要利用行政手段进行整改甚至关停。其次，对于检测机构内部，各检测人员要职能分工明确，利用先进的检测仪器，实施先进的检测制度和体系来提高对绿色食(饮)品的检测能力，确保农产品的安全生产和"绿色品质"。

　　规范食(饮)品标识的使用，加强绿色食(饮)品监管。绿色食(饮)品标识使用不规范现象在西藏的绿色食（饮）品市场大量存在。因此，必须对绿色食（饮）品市场秩序进行整顿，禁止滥用绿色食（饮）品标识、任意扩大使用范围、过期使用等行为。相关部门要严格把控对绿色食（饮）品标识的认证过程，加强对绿色食（饮）品标识使用监督管理，规范绿色食（饮）品企业使用标识行为。在监督的同时也要加快绿色食（饮）品的认证步伐，大力推广绿色标识的使用。

　　加强绿色食（饮）品产业的财政以及金融各方资金的投入政府应该加大财政、金融对绿色食（饮）品的投入，引导绿色食（饮）品产业的经营发展，为西藏绿色食（饮）品产业化的发展提供良好的外在环境。主要有两种途径：一是政府加大对绿色食（饮）品产业的帮扶力度和财政政策，从绿色基地、生产技术、加工等各环节向与农牧民紧密联系、市场竞争力强的项目侧重，增强绿色食（饮）品产业化能力；对绿色食（饮）品加工企业和科研机构，实行税收减免政策。对生产绿色食（饮）品的农户提高生产补贴标准，来引导社会对绿色食（饮）品产业的资金投入、鼓励农牧民生产绿色食（饮）品。二是设立农业发展基金，成立绿色食（饮）品基金会。加大对科学技术的投资，对绿色食（饮）品深加工的企业的科研提供资金补助，对发展较好的龙头企业给予信用担保，进一步加强对绿色食（饮）品产业的资金支持，增强企业的经营动力。除此之外，加大有关绿色食（饮）品生产标准化的培训经费，鼓励加工企业与高等院校的合作，促进新产品的研发，不断加强绿色食(饮)品企业的经营实力，加快向现代化农业的转变步伐。

加强绿色食（饮）品消费理念以及销售力度，拓展销售市场在消费理念上，对于消费者，可通过广播、电视媒体、书籍等方式宣传绿色食（饮）品，提高对绿色食（饮）品的意识，树立绿色消费理念，增加对绿色食（饮）品的消费。在销售力度上，目前西藏的绿色食（饮）品产业在国内外占有一定的份额，但份额还不大，市场狭小。对此，西藏首先应建立健全各级市场，将绿色食（饮）品基地、农产品批发市场、零售市场与消费者相结合，通过拓宽绿色食（饮）品市场范围来促进绿色食（饮）品产业化的发展。其次，将绿色食（饮）品产业与旅游业结合起来，解决西藏绿色食（饮）品销售渠道少的现状。最后，要进一步完善西藏绿色食（饮）品的销售市场就要加强农村网络建设，积极引导物流等进入西藏农牧区，扩大物流的配送范围，提高运输水平，保障绿色食（饮）品的销售渠道流通。还可以通过农产品交易会、展览会等形式来宣传西藏绿色食（饮）品，拓展销售市场。

推动绿色食（饮）品产业品牌建设，扩大市场需求品牌产品对西藏绿色食（饮）品产业的发展十分重要。要发展西藏绿色食（饮）品产业，必须打造和推进绿色食（饮）品品牌化。首先，在生产中，引进国内外先进的生产流程标准，加大科技创新，培育无公害原料。使用先进的技术改进传统生产方式，对天然的农产品进行深加工，提升产品的质量与档次，增加产品的附加值。其次，在销售环节，多种手段开拓市场。加大基础设施建设，利用电子商务等网上销售渠道来构建西藏绿色食（饮）品的销售和交易平台；也可以举办展览会、交易会等活动让国内外更加了解西藏绿色食（饮）品，宣传西藏的绿色食（饮）品，树立品牌，扩大对西藏绿色食（饮）品的需求。

第二节　藏医药产业

《西藏自治区国民经济和社会发展第十个五年计划纲要》明确将藏医药确定为西藏重点培育和发展的六大特色支柱产业之一。[①] 为了促进该产业的快速持续发展，自治区专门制定了《西藏自治区医药工业发展规划（2017—2025 年）》（以下简称《规划》）。《规划》明确指出："到2025 年，基本建立起优势突出、结构优化、创新驱动的医药工业体系，在藏药材保护、开发与种植、藏成药增品种、提品质与创品牌两个方面取得积极成效，将西藏建设成为在国内具有相当影响力的民族医药工业发展示范区，使医药工业成为自治区重要的支撑产业。"

一、藏医药产业类别

新结构经济学强调政府在产业升级中扮演的积极角色，并根据现有产业和国际前沿的差距将中国的产业分为四种类型，分别是追赶型产业、领先型产业、转进型产业、换道超车型产业。

西藏具有藏医药产业发展的独特资源禀赋优势，包括自然资源、文

---

① 《西藏自治区国民经济和社会发展第十个五年计划纲要》确定的西藏六大特色支柱产业分别是旅游业、藏医药业、高原特色生物产业和绿色食（饮）品业、农畜产品加工业和民族手工业、矿业、建筑建材业。

化资源与传统工艺技术优势等。同时，在特殊的地理环境和历史原因下，西藏各族人民对藏医药的独特情感，也让藏医药在西藏具有绝对竞争优势。根据藏医药产业的独特性质，结合新结构经济学产业甄别标准，藏药产业符合追赶型产业标准。

二、藏医药产业发展历程

藏医药历史悠久，早在远古时代，长期生产生活在青藏高原上的各族人民在日常生活中就探索出了用酥油溶液止血等治疗方法，并且在两千多年前就提出"有毒即有药"的认识。根据西藏自治区藏医院占堆、多吉次仁和中南民族大学民族药物研究院梅之南等权威专家研究，藏医药已经拥有 3800 多年的发展历史。在藏医药发展历程中，典籍丰富、传播广泛。8 世纪成书的《敦煌本藏医残卷》收载 53 个药方 133 味药；现能考证的药物有 127 味，其中动物药 66 味（占 52%），植物药 51 味（占 40%），矿物药 12 味（占 18%）；由医僧摩诃衍、毗卢遮那在 8 世纪中叶翻译成书的《月王药诊》收载了 440 种植物类、260 种动物类、80 种矿物类药物，其中 300 多种药物为青藏高原特产，大半为高山植物，绝大部分至今仍然在使用；由玉妥·云登贡布在 12 世纪编著成书的《四部医典》收载药物 1002 种，方剂 400 个；第司·桑吉嘉措 1688 年编著完成的《四部医典蓝琉璃》收载药物 1400 种；1735 年由帝玛尔·丹增彭措编撰完成的《晶珠本草》被誉为藏族《本草纲目》，收载药物 2294 种，其中植物药 1006 种，动物药 448 种，矿物药 840 种，该书收载的药物种类有 75% 为现今所用，其中 30% 属藏医专用；绛久多杰于 18 世纪后叶编著成书的《正确认药图鉴》图文并茂，收载药物 580 多种。

到 14、15 世纪，传统藏医根据不同方法和理念，逐渐形成了南派和北派。在此期间，青海塔尔寺、甘肃拉卜楞寺等地分别成立了专门传授专业藏医药学知识和培养专业藏医药人才的教育机构——曼巴扎仓。

五世达赖时期，摄政王桑吉嘉措创建了药王山医学利众院；18 世纪 20 年代，十三世达赖喇嘛创建了门孜康。这一系列专门机构与组织的设立，推动了藏医药的进一步发展。

藏医药从开始出现到逐步形成、再到完善成熟，其间硕果累累，但受到当时政治体制的影响，藏医药主要为西藏三大领主服务。直到 20 世纪 50 年代西藏和平解放后，随着大批医药学及相关生物学工作者着重对西藏传统藏医药学经典进行搜集和整理，一系列藏医药著作才得以出版发行，如《藏药志》《中国藏药》等现代藏药学专著。并且，近年来在传统藏医药研究的基础上，多家藏医药企业陆续建立并快速发展，并先后在藏区建立了数十家初具规模的现代化藏医药企业，藏医药学以及藏医药产业才迎来了真正的春天。

三、藏医药产业发展现状分析

（一）产业规模不断扩大

根据相关数据显示，截至 2018 年，全国藏医药生产企业已经达到 100 余家，其中西藏最多，超过 50 家，其余分布在青海、四川、云南等地。由于西藏独特的资源禀赋优势，藏医药生产的产业化水平在全国处于领先地位。资料显示，2008 年西藏藏医药工业生产总值已经达到 7.8 亿元，占全国藏医药行业总产值的 45% 左右，实现在优良制造标准（GMP）条件下生产的企业已有 18 家。西藏藏医药生产企业现有国家药品批准文号约 300 个。其中藏药品种 159 种，占 55%；22 个品牌产品获得自治区级著名商标；2 个品牌产品获国家级驰名商标；藏医药研发、剂型改造等居于全国前列。在产业规模方面，西藏的藏医药呈现平稳增长的态势。"十二五"期间西藏藏医药工业发展整体态势良好，西藏藏医药工业生产总值从 7.4 亿元增长到 14.7 亿元，年均增速达到 18.7%；中成药产品产量从 1589 吨增加到 2009 吨，年均增速为 14.5%。西藏共扶持藏医药材生产种植项目多达 10 余个，扶持资金多达 1410 万元，用于种植 10 余种名贵藏医药材，并着手建设藏医药材生产技术公共服务平台。

（二）藏医药产业发展独具特色

"十二五"期间，西藏藏医药产业加快调整产业结构，深度挖掘产业特色，培育壮大龙头企业，全面丰富产品内涵。在发展理念方面，西藏藏医药产业始终贯彻可持续发展理念。西藏开始加大对常用藏医药材和名贵野生藏医药材的人工培育力度，采用"农户＋基地＋公司"的产业化经营模式，一方面增加了种植户家庭收入，另一方面确保了藏医药生产企业药材供应；"保护中开发，开发中保护"的藏医药材利用共识已确立并得到很好落实。在文化传承方面，坚持传承与创新相结合。西藏藏医药产业发展，离不开优秀的藏医药文化的支撑，发展过程中将藏医药特色文化的传承与发展作为持续发展核心议题之一，并纳入行业发展规划中，在传承的基础上不断创新。在药品研发方面，西藏藏医药企业积极开展技术创新研发和国内外认证工作，藏医药生产、中药饮片加工、医用制氧等一系列产业大放异彩，规模企业与中小企业发展齐头并进，剂型品种不断丰富。

四、藏医药产业要素禀赋及比较优势分析

在特定的时间内，一个地区要素禀赋及其结构决定了该地区最具竞争力的产业和技术，产业的生产成本由要素的相对价格决定。选择与要素禀赋结构特性相适应的技术和产业，原材料、人工、税费等成本降低，就会形成比较优势，从而大大提高该经济体的竞争力。西藏发展藏医药产业，独具要素禀赋优势与成本优势，主要表现在以下几方面。

一是自然环境独特。西藏是青藏高原的主体，被称为地球第三极，由于地处高原，常年气候主要以高寒为主，独具"西藏特点"的自然条件、地域结构等为种植高品质藏医药材原材料提供了坚实的自然基础。

二是藏医药材资源丰富。青藏高原地大物博，藏医药材资源含量十分丰富。据相关中药资源普查数据显示，全国各地区共有各种中医药材 1660 多种，其中，藏医药材有 1294 种，占比 78%；药用植物 1461 种，占比 88%；药用动物 154 种，占比 10%；药用矿物 45 种，占比 2.7%。冬虫夏草、川贝母、枸杞、大黄、秦艽、麻黄、红景天、唐古特瑞香、羌活、甘草、川西獐芽菜、短穗兔耳草等著名药材都是青藏高原的特产。

三是技术资源。20 世纪 50 年代西藏和平解放后，大批医药学及相关生物学工作者着重对西藏传统藏医药学经典进行搜集和整理，随后一批中藏药科研机构于 20 世纪 80 年代相继建立。"十二五"期间，在相关政策的扶持下，初步形成了一批集技术、产品、医疗、古籍整理和人员培训于一体的藏医药产业研发机构。藏医药行业内相关专利陆续出现，有力推动了藏医药产业从低技术阶段向高技术阶段升级。

五、藏医药产业发展存在的问题

一是人力资源紧缺。由于西藏地缘偏远，经济发展总体差距大，教育资源紧缺，相关领域高水平专家数量不足、结构不科学；西藏高寒缺氧，地理环境复杂，区外高资质藏医药专业人才不适应本地特殊地理环境，给专业人才引进造成了现实困难；同时，由于藏医药专业人才培养规模和学科分类的限制，加上传统就业观念的影响，致使从事藏医药工作的青年人才较少。因而，藏医药产业内整体上呈现人才不够、创新力不足的现象。

二是创新动力不足。一方面，由于西部地区经济社会发展总体滞后，资源配置不合理，套利空间大，致使部分藏医药企业缺乏长远规划，满足于现状；另一方面，由于创新具有周期长和不确定性，西藏经济实力薄弱，在资金、人力等方面的投资往往不足，进一步导致藏医药产业创新能力不足。藏医药在提取、成型工艺水平上相对于其他地区的其他医药产业还比较落后。目前，"丸药膏丹"仍然是藏医药的主要形式，近些年虽然引入了一些胶囊剂、片剂、颗粒剂等新生产工艺，但与西药和内地中药制剂之间的差距不是一朝一夕能弥补的。另外，有些疗效得到公认的藏医药品种，还没有大面积推广，原因在于藏医药剂型制作工艺落后，患者服用不便，阻碍了藏医药进入国内外市场。众所周知，一个新的研制周期一般长达 10 年左右，而且平均研发费用大概要 10 亿美元，某些特效药研发费用甚至达到百亿美元。新药研发难度之大、成本之高、技术要求之精，导致一些企业不愿承担风险，"不愿"创新。

三是产业配套跟不上。产业配套是产业发展中深刻的一环，是增加产品附加值，延长产业链的重要基础。首先，任何产业的发展离不开便捷的交通。西藏的交通已经得到前所未有的改善，但同内地的交通水平相比仍然存在较大差距，交通成本太大阻碍了藏医药产业的发展。其次，西藏教育、医疗等方面的落后，导致藏医药产业人力资源薄弱。相关科研机构数量少、科研能力有待提高，阻碍了藏医药产业技术创新。

四是产业规模相对较小。藏医药产业初具规模，但缺乏大型现代性龙头企业，有限数量的企业，再加上地理分布又比较松散，难以形成集群效应。藏成药单个产品和同类产品生产水平较低，并且重复生产现象严重，加之松散的企业分布，因而难以形成藏医药产业规模经济。特别是由于种植规模小造成的藏医药材数量供应不足、生产加工工艺落后造成的成药质量不稳定，以及藏医药质量标准不完善等因素，严重影响了藏医药的疗效和产业规模发展。

六、政府政策的因势利导

西藏自治区党委、政府把藏医药产业作为特色优势产业和支柱产业进行大力培育和发展，根据习近平总书记治边稳藏重要战略思想、关于中医药发展的系列重要讲话指示批示精神，以及国务院《关于进一步支持西藏经济社会发展若干政策和重大项目的意见》《关于促进医药产业健康发展的指导意见》《中医药发展战略规划纲要（2016—2030 年)》等文件精神，制定出台了《西藏自治区医药工业发展规划（2017—2025年)》，为藏医药的发展提供了重要政策保障与指导。因此，要充分利用西藏各地（市）医药资源禀赋与区位优势，遵从集中布局、集聚产业、集约用地以及可持续发展的原则，立志打造以"拉萨医药产业圈"与"林芝医药产业圈"作为核心的多个产业基地为支撑的"双核多集群"藏医药产业格局。在政府的政策规划下，出现了一大批具有特色的现代化藏医药生产企业，藏医药产业呈现出前所未有的发展势头。

"十二五"时期，西藏明确了加快藏医药产业发展的战略。即以市场为导向，以创新科技及其体制为动力，加大藏医药材种植基地建设力度，重点保障藏医药药材供给来源，加大对藏医药产业的财政投入比重，加快科技体制创新，加大产品研发开拓力度；加强藏医药人才培养和队伍建设，加速提升企业自身素质；发挥区位优势、资源优势、文化优势，打造藏医药特色，推进西藏藏医药产业更好更快更大发展。

西藏和平解放特别是改革开放以来，随着国家相关政策的制定与完善，藏医药产业发展潜力得以不断释放，激发了各类资本对藏医药产业投资的积极性。而且新时期西藏被党中央纳入"一带一路"建设，大力推动西藏与南亚国家的经贸往来，为区内藏医药企业"走出去"提供了重要机会。政府的相关政策起到了很好的协调促进作用，医药产业生产管理市场得到进一步规范，藏医药产业在人才培养教育、药品创新、高新技术的应用和推广渠道等方面取得了显著成果。

七、藏医药产业发展路径

由于西藏自身的要素优势和政府相关政策支持，藏医药产业发展迅速并初具规模，但在发展过程中还存在着一些短板制约因素，为促进藏医药产业快速可持续发展，我们认为西藏藏医药产业发展路径须聚焦以下 5 个方面，更好发挥政府因势利导作用。

（一）积极营造创新氛围，为产业发展提供创新动力

创新是技术升级的源泉，技术升级是促进经济发展的动力，经济发展是产业转型升级的前提条件。促进藏医药产业相关技术创新，需要从3个方面努力营造良好氛围。首先，应该营造创新氛围、增强藏医药竞争力、打造藏医药品牌；其次，完善《专利法》，保障企业创新成果与动力；最后，着眼长远，制定优惠政策，给予创新企业、科研机构一定的奖励和外部性补偿，帮助企业克服创新周期长和不确定性带来的巨大挑战。

（二）加快配套工程建设，为产业发展做好服务保障

政府要加大扶持力度，加强地方公共服务体系建设。一方面，需要加大硬件基础设施建设力度，基础设施的非排他性与非竞争性要求政府主导完善产业区周围配套设施；另一方面，需要加大软件基础完善力度，着力健全完善法律法规，解决当前藏医药产业痛点、难点，充分发挥政府指引作用，谋划好未来藏医药产业规范问题。建立医药行业信息公开机制，应及时公布行业中相关信息，发挥信息共享优势。此外，还需加大与藏医药产业相关企业管理技术研发力度，推进藏医药产业快速发展。

（三）加强藏医药产业人才培养，为产业发展提供队伍保障

事实证明，人才资源的匮乏已成为制约藏医药产业发展的主要因素。一方面，要加大人才引进力度，吸收外部新鲜血液，为藏医药产业带来新的管理经验，提高西藏本地藏医药企业竞争力；另一方面，要注重人才本地化培养，传承藏医药传统价值。这就要求加大本地藏医教育培训投资，挖掘本地民间藏医专家，合理利用社会资源。

（四）加大药材基地建设力度，为产业发展提供充足原材料

西藏作为藏医药的发源地，独具"西藏特点"的自然条件、地域结构等为藏医药的快速发展提供了坚实的藏药材基础。因此政府要因势利导，制定政策规范藏医药材种植基地建设、引导药材种植、保障药材供应。在基地建设方面秉承可持续发展理念，贯彻落实"保护中开发，开发中保护"要求，加强对常用藏医药材、名贵濒危野生等藏医药材的种

养、推广和保护。

（五）引导产业园区建设，促进产业集群发展

政府积极引导企业集中化、分工化，促进藏医药产业规模化发展，形成产业聚集效应。集群具备资源共享，可以大幅度降低投资资金限制。产业集群具有共生性，多家企业在一起相互依存。集群里可以灵活生产，同一个企业聚集区域内，不同企业可以相互分工、相互外包。因此，需要政府通过制定政策及完善产业区配套，引导藏医药企业走向集群化发展道路。

综述，当前西藏藏医药产业主要依靠传统手工艺进行生产，技术水平低，属于劳动密集型产业，导致藏医药产业价值不高。从改革开放大力发展藏医药产业至今，其产业结构(所处的技术阶段、要素投入比例)与西藏特定的要素禀赋结构基本相适应，这是藏医药产业在这一时间段内快速稳定发展的重要原因。

总之，西藏藏医药产业自然资源、药材资源、技术资源都较为丰富，这也是要素禀赋结构比较优势之所在，而人力资源缺乏、创新动力不足、基础设施落后是制约产业发展的主要瓶颈。虽然人力资源数量与其他地区相比较少，但结合资本存量分析，西藏藏医药产业要素禀赋结构呈现出自然资源和劳动力相对丰富，资本相对稀缺的特点。所以，根据新结构经济学理论，大力发展藏医药产业需要充分发挥自然资源优势和劳动力资源优势，保障高品质藏医药药材，大力吸引资本进入，促进藏医药产业生产工艺、新产品研发等方面的快速发展。

第三节　旅游文化产业

一、西藏旅游文化产业的发展历程

（一）萌芽阶段（1979—1984 年）

1979 年 2 月，迎着改革开放的春风，西藏旅游业蹒跚起步。西藏自治区旅行游览事业管理局筹备处和中国国际旅行社拉萨分社先后成立，负责管理和组织西藏旅游业。1984 年，西藏成立体育旅游公司，积极开展登山及体育旅游的服务。各类旅行社纷纷建立，开启了西藏旅游业发展的起点。

（二）初步发展阶段（1985—1989 年）

1986 年 11 月，西藏自治区正式设立旅游局，全面负责管理旅游事业，西藏旅游发展进入新阶段。1987 年，中国职工国际旅行总社拉萨分社、中国金桥旅游总公司拉萨分公司等旅行社相继成立。1988 年，国家旅游局批准西藏旅游总公司成立，开展国际旅游者接待服务，西藏旅游业的经营规模和范围逐步扩大。在这一阶段，旅游业接待能力、基础配套设施、管理服务水平得到显著提高，旅游收入增长迅速。

（三）持续成长期（1990—2005 年）

1990 年，西藏自治区旅游局与世界旅游组织专家共同制定并出台了《西藏自治区旅游规划》（1991—2005 年），标志着西藏旅游业进入新的科学化、规范化发展时期。以此为指导，西藏自治区旅游局围绕景区景点、旅行社及饭店等涉旅行业颁布了一系列服务管理标准，促使旅游服务质量得到明显改善。

这一时期，西藏旅游业呈持续稳步、先慢后快的增长态势，旅游业总收入占 GDP 的比重由 1991 年的 1.7% 上升到 2000 年的 5.7%。2001 年 2 月，国务院批准立项青藏铁路二期工程格（尔木）拉（萨）段，并于同年 6 月底正式开工建设，为突破进藏交通瓶颈发挥了决定性作用。

（四）快速发展期（2006 年至今）

2006 年 7 月，青藏铁路正式投入营运。同年 9 月，林芝机场通航。天地协同提供了便捷的进藏通路，西藏旅游业进入快速发展阶段。铁路开通后的 5 个月内，西藏共接待海内外旅游者 186 万人次，同比增长 48%，实现旅游总收入 21 亿元，同比增长 40%。2007 年游客达到 402 万人次，青藏铁路通车极大地促进了西藏旅游业的发展。在西藏旅游快速发展时期，2008 年，由于受全球金融危机等事件影响，西藏旅游受到严重挫折，与 2007 年同期相比，游客接待数量和旅游收入下降比较严重。在党中央的大力支持下，2009 年西藏旅游业高速回升，游客接待数量呈明显上升趋势。

二、西藏旅游文化产业现状分析

（一）禀赋结构优势

1. 自然资源

青藏高原是世界面积最大、海拔最高的高原，具有"世界屋脊"和"地球第三极"之称。西藏位于中国西南部，是青藏高原的主体，自然资源丰富，是我国国家战略要地和生态安全屏障。据统计，西藏已发现矿产资源 101 种，已开发的矿种 22 种。西藏平均森林覆盖率为 11.31%，高等植物 6000 多种，野生植物 9000 多种，野生药用植物超过 1000 种，国家重点保护野生植物 39 种。耕地 36 万公顷，净耕地面积 523.43 万亩，牧草地 96934.8 万亩。西藏山峰、河流众多，在世界第一高峰珠穆朗玛峰附近高度在 8000 米以上的高峰就有 4 座，7000 米以上的高峰 38 座，面积大于 200 平方千米的湖泊 24 个，海拔 5000 米以上的湖泊 18 个。西藏已发现野生哺乳动物 142 种，野生脊椎动物 799 种，爬行动物 56 种，鱼类 68 种，鸟类 488 种，两栖动物 45 种，昆虫 2300 多种。此外，西藏还蕴含大量可再生能源，其水能蕴藏量约占全国的 30%，被誉为"亚洲水塔"；西藏各处地热显示点 1000 多处，地热总热流量为每秒 55 万千卡，羊八井地热田为中国最大的高温湿蒸汽热田；太阳能资源居全国首位，年日照时间超过 3000 小时；风能储量居全国第七位，主要集中在藏北高原，其年有效风速在 4000 小时以上。

2. 文化资源

西藏历史人文源远流长，历经千年发展，各族劳动人民在同艰苦的自然环境斗争中，不断创造并形成了具有藏族特色的文化体系。建筑、文学、歌舞、音乐和绘画均体现出独有的藏文化特点，另外，藏医药和天文历算等传统知识同样非常丰富。西藏现有古遗址、古建筑、古墓葬等不可移动文物点 4277 处，其中全国重点文物保护单位 55 处，自治区级文物保护单位 391 处，另有国有文物收藏单位 1295 家。布达拉宫作为西藏的标志性建筑被列入世界文化遗产名录。

藏文古典文献，其入档案馆存有典籍文献 46000 多部，比如《贤者喜宴》《格萨尔王》《吐蕃王统世系明鉴》《大藏经》《四部医典》《萨迦五祖全集》《文成公主》《三十颂》《绘画量度经》等。

藏族舞蹈有民间自娱性舞蹈和宗教舞蹈，而民间自娱性舞蹈又划分为"谐"和"卓"两类，"谐"，即民间集体歌舞形式。"谐"又分为《果谐》《果卓》《堆谐》和《谐》四种，其中以《果卓》，即《锅庄》最为有名。锅庄舞作为一种藏族文化艺术的表现形式，对于体育健身、艺术教育、文化传播均有着重要的意义和价值。

唐卡是一种独具特色的绘画艺术形式，题材涉及藏族的历史、政治、文化和社会诸多领域，唐卡颜料传统上全部采用金、银、孔雀石、珊瑚、朱砂、珍珠、玛瑙等珍贵的矿物宝石和蓝靛、藏红花、大黄等植物，历经百年仍然色泽光鲜，被誉为中国民族绘画艺术的珍宝，也是民间艺术中异常珍贵的非物质文化遗产。除唐卡外，还有藏毯、藏纸和藏香等极具特色的藏族民族工艺。

藏医药是中华医学的重要组成部分，历史有记载的藏医药古籍文献数目超过 5000 种，目前整理出 1060 种，其中实现数字化加工的有 600 多种。国务院将藏医藏药、藏医药浴法等列入国家级非物质文化遗产名录。

藏族天文历算是研究日月星辰等天体在宇宙中分布、运行、结构和发展的科学，其隶属藏族传统文化大小十明（学科）中的小五明之一，是藏族人民同自然交流的智慧结晶。其中关于天文历算的著作有《历算山尘论》《萨迦历书》《粗浦历书》《门孜康历书》等。2008 年 6 月，经国务院批准藏族天文历算被列入第二批国家级非物质文化遗产名录。

时至今日，藏族传统文化进一步得到发展、弘扬，出现了一大批文化综艺节目，比如《说唱格萨尔王》《圣地西藏》《走遍西藏看变化》《魅力西藏》，大型实景剧《文成公主》《金成公主》，歌舞《珠穆朗玛》《魅力西藏》，藏戏《幸福路上 60 年》《金色家园》等。

3. 人力资源结构

西藏有 7 所大学，其中 4 所学校设置了旅游相关专业，比如西藏大学旅游与外语学院，设有旅游管理和旅游酒店管理两个专业，年均招生800 余名学生；西藏民族大学管理学院设有旅游管理本科专业和专科专业，拉萨师范高等专科学校和西藏职业技术学院也有旅游管理专业。这些院校均为西藏旅游文化产业培养和提供了丰富的人力资源。

4. 景区

截至 2018 年 12 月，西藏共有 116 个国家 A 级景区，其中，5A 级景区 4 个，即拉萨市布达拉宫和大昭寺、林芝巴松措和日喀则扎什伦布寺。4A 级景区 12 个，包括南伊沟景区、鲁朗景区、桑耶景区、牦牛博物馆、罗布林卡、珠穆朗玛国家公园、神山圣湖景区、雅鲁藏布大峡谷旅游区、萨迦寺景区、萨迦古城景区等。3A 级景区 54 个，如拉萨娘热民俗风情园、堆龙旭日牧区生态民俗园等。2A 级景区 32 个，如思金拉措湖、擦擦文化展览馆、达普天文历算台等。1A 级景区 14 个，如卓玛拉康、孜东曲德寺等。

此外，由于乡村和边远地区的文化和自然环境保存完好，所以乡村旅游业也日益火爆。近年来，西藏正在大力发展乡村旅游，带动更多农牧民通过开设家庭旅馆、牧家乐和农家乐等方式参与到旅游业。"十三五"期间，全区重点打造拉萨环城休闲文明旅游带、日喀则山南乡野风情旅游带、林芝昌都森林度假休闲旅游带等特点各异的墟落旅游带，同时高标准规划 10 个乡村旅游示范县、50 个乡村旅游风情小城镇和 151 个乡村旅游示范村。

5. 旅行社及酒店

2018 年，全区有旅游企业 1600 余家，全区备案在册的旅行社则为311 家，其中甲级旅行社 20 家。全区星级酒店共 244 家，其中，五星级酒店 3 家，四星级酒店 51 家，三星级酒店 96 家。在携程搜索到的拉萨酒店 859 家，在去哪儿网搜索到的酒店 1351 家，在飞猪上搜索到的酒店 1854 家。由此可见，除备案的酒店之外，全区仍有大量如家庭旅馆、客栈民宿、青年旅社等各类旅店，住宿产业集群不断丰富完善。

（二）存在问题及劣势

1. 基础设施建设较为薄弱

进出西藏的主要交通工具是公路、铁路和航空。航空业近几年在西藏发展良好，极大方便了人们的旅行，但由于受高原地理、气候等因素的影响，开通的国内航线还较为有限。全区各县都有公路连通，但除拉萨至日喀则、山南、林芝和格尔木至拉萨等几条公路属于高等级柏油路外，其他道路仍须提升品质。此外，医疗、通信等基础设施发展不平衡、不充分的问题仍然十分突出。

2. 旅游专业人才匮乏

因为历史、政治和地理因素的影响，西藏仍属于欠发达地区，各方面人才需求也处于紧缺状态，尤其是旅游文化专业人才。过去的旅游从业人员大多均未受过系统的专业培训，缺乏专业理论素养。随着旅游产业由高速发展向高质量发展转变，对旅游从业人员的要求也越来越高。不仅要有丰富的藏文化历史知识和流利的英语水平，还要有较高的职业道德和细致周到的服务精神。虽然目前西藏有 4 所大学具有旅游相关专业，但每年培养的人才有限，无法满足快速发展的旅游市场对人才的需求。区外引进的专业人才数量不足，使得西藏旅游业发展面临高水平专业人才匮乏的情况。

3. 旅游服务体系不健全

西藏旅游资源十分丰富，但由于幅员辽阔，各景点布局分散，相互之间路途遥远，公共交通极为不便。并且，景区海拔基本在3800米以上，氧气稀薄，对游客身体具有极大考验。景区的服务体系仍不健全，接待水平处于初级层次，管理人员的素质亟待提高，尤其是旅游旺季，游客数量增多，景区的接待能力无法满足数量庞大的游客需求，缺乏对各类店铺销售商品质量和价格监督，这对西藏整体旅游形象产生了一定的负面影响。

4. 旅游资源开发程度较低

由于青藏高原特殊的自然条件，旅游产品的数量和类型都十分有限，基本以观光型旅游为主，门票经济成为除拉萨外的大部分旅游目的地的普遍现象，旅游业态单一，尤其是自然风景类景区，旅游资源缺乏深度开发，没有形成产业价值链，休闲度假在旅游总体市场中占比较低。国内旅游发展较好，入境旅游相对受限，仅拉萨和日喀则两座城市的开放度较高，从旅游发展的角度，市场潜力有待进一步开发。

三、政府的因势利导作用

（一）政府高度重视西藏旅游业发展

党的十九大报告指出，要积极推动文化事业和文化产业发展，坚定文化自信，坚持中国特色社会主义文化发展道路。根据《"十三五"旅游业发展规划》，旅游业要全面融入国家战略体系，成为国民经济战略性支柱产业，把旅游业培育成为经济发展的主导产业。积极开展供给侧结构性改革，发挥市场对资源配置的决定性作用，制定更为有利的产业政策，增加有效供给，优化旅游供给结构，带动旅游业转型升级。

与此同时，大力发展特色化、差异化的文化产业，构建结构合理、门类齐全、竞争力强的特色文化产业体系，积极促进文化产业与旅游、民族手工业、体育、建筑等相关产业的融合发展。2015年，西藏文化产业实现引资5.7亿元，年产值30亿元，占西藏GDP的2.8%，年均增长约15.27%，超过全国12%的平均增速，位居全国前列，文化产业对西藏的经济增长的贡献率越来越明显。

（二）因势利导推动"冬游西藏"活动

西藏旅游淡旺季差异较大，为了发掘淡季旅游市场潜力，西藏大力推动"冬游西藏"活动，推出一系列优惠政策，如景点免门票、酒店优惠、旅游车辆优惠、航空优惠，并对旅行社进行包机、专列奖励和旅游组团奖励等一系列措施。比如，除寺庙景区外，全区国有 3A 级（含 3A 级）以上景区免费游览，国有 3A 级以下和非国有 A 级景区门票在淡季价格基础上减半等。

四、西藏旅游文化产业未来发展路径

（一）西藏旅游文化产业发展的 PEST 分析

1. 政治环境

积极有为的外交政策有助于拓展全球旅游市场。我国正努力构建全球伙伴关系网络，提出并推进亚洲基础设施投资银行、"一带一路"倡议等区域合作战略，在此大背景下，旅游作为民间外交，也将迎来更广阔的发展空间。传统文化是一个民族发展的不竭动力，是文明的创造力所在，只有立足于优秀传统文化之根，才能保证中华民族的持续健康成长。文化成为旅游发展的灵魂，旅游成为文化传播的载体，旅游文化产业的发展必将迎来新的机遇。此外，"乡村振兴"战略提出产业兴旺、生态宜居、乡风文明、治理有效、生活富裕的总要求，推进乡村全面振兴，为乡村旅游业的大力发展提供了有力的政策支持。

2. 经济环境

当前，我国经济发展进入"新常态"，为适应这种变化，迫切需要进行结构性供给侧改革，从生产、供给端入手，调整供给结构，提高全要素生产率，增强供给结构对需求变化的适应性和灵活性。随着居民可支配收入增加，人民生活质量不断地提高，对休闲度假需求的增加将进一步推动旅游市场的发展。

2020 年我国人均国内生产总值 72371 元，比 2019 年增长 2.3%，全国居民人均消费支出 21210 元，消费支出结构中，教育文化娱乐占比 9.6%，居于食品烟酒、居住、交通通信之后的第四位。早在 2013 年，国家就出台了《国民旅游休闲纲要（2013—2020 年）》，明确提出大力发展旅游业、扩大旅游消费的措施。

3. 社会环境

当前，我国已进入城镇化的快速发展期，2014 年 3 月，《国家新型城镇化规划（2014—2020 年）》发布，明确到 2020 年我国常住人口城镇化率达到 60% 左右，城乡人口结构改变将促进旅游需求的增长。旅游文化产业的发展将影响就业人员的具体情况，随着老龄化日益凸显，劳动力结构随之改变，面对劳动年龄人口的减少，旅游业的就业人员也将受到影响，老年旅游市场在总体市场中的占比也将不断增大。

4. 技术环境分析

以互联网、云计算、物联网、大数据、人工智能、5G 等为代表的现代信息技术日新月异，标志着我国已进入互联网与传统行业融合发展的新时代。旅游文化产业是一个涉及吃住行、游购娱等诸多行业的综合性产业，以旅游业为核心，将辐射周边相关行业发展，带动整个地区的经济发展。在《国务院办公厅关于进一步促进旅游投资和消费的若干意见》中，明确提出推动"互联网＋旅游"，构建旅游文化产业生态圈，整合各行业线上线下的资源、要素和技术，实现跨产业融合，形成新的产业链。

（二）西藏旅游文化产业发展路径分析

根据 PEST 分析，在政治、经济、社会、技术四方面的背景下，西藏旅游文化产业发展应充分发挥自身存在的优势，利用现有的机遇，改善自身存在的劣势，避免外部的威胁，总体而言，可采取以下发展路径：

1. 加强旅游基础设施建设

基础设施是经济发展的基础，也是经济系统的重要组成部分。因此，加强西藏的基础设施建设尤为重要。在中央政府、对口援藏省市以及中央企业等的支持下，西藏基础设施取得了较大发展，相继建成了公路、铁路、机场、通信、能源等重点基础设施。在公路方面，进藏路线主要有青藏公路、川藏公路、滇藏公路、新藏公路。在铁路方面，目前国家正在大力推进川藏铁路的建设，预计 2026 年建成通车。川藏铁路将是继青藏铁路之后又一条重要的进藏路线，将大大减轻青藏铁路的营运量，并且缩短内地游客进藏时间，加强西藏同内地的联系。不仅如此，滇藏铁路、新藏铁路、甘藏铁路，目前也在规划之中。上述铁路建成之后，西藏与内地的联系更加紧密。在航空方面，拉萨贡嘎机场的航空航线正在逐渐增加，而且正在扩建当中，建成后拉萨贡嘎机场将能满足年旅客吞吐量 900 万人次，是如今旅客吞吐量最高峰时 300 万人次的三倍。而且，拉萨林周机场也在规划建设当中，建成后，将极大方便游客进藏的需求。

2. 加强藏区旅游专业人才培养力度

西藏要打造具有地域特色的"全域旅游"，实现旅游文化产业的跨越式发展，关键在人。而人才的培养，主要是加强旅游职业技术教育，尤其是加强职业教育的师资力量。西藏大学旅游与外语学院于 2017 年开设了职业技术教育专业（旅游服务方向）硕士研究生的培养，由于该专业刚刚起步，招生数量较少，对本土专业旅游人才库的作用有限。因此，一方面要加强旅游职业技术教育的师资力量，根据市场需要，扩大招生规模，培养更多的本土专业人才；另一方面政府要积极地从内地引进人才，提供有力的吸引人才的政策，形成以本地培养为主，外地引进为辅的人才培养模式，为西藏旅游产业注入新的活力。

3. 完善旅游服务体系的管理制度

进一步明确现有的管理主体的职权和职责，行政管理部门要认真执行新修订的《西藏自治区文化市场管理条例》，建立统一、高效、协调的综合执法机制。对旅游文化市场中的价格、产品质量、市场执法等方面进行有效监督，防止宰客现象的发生，部门联合执法机制，实行自治区文化市场执法总队的制度建设和队伍建设。要对景区内的车辆进行合理的规划，引导景区内存在的"黑车"规范化运营，使其成为正规运营的车辆。要加大西藏地区的景区宣传力度，尤其是非知名景区的宣传，这样可以分散游客过于集中于某个景点的客流量，同时，加强景区的宣传教育，提高游客的整体素质，从而提升西藏旅游的整体形象。

4.在维护安全的前提下扩大开放

在坚决反对分裂，保持祖国完整统一的同时，也要扩大开放，促进经济社会发展。加强与内地省份的经济合作，充分利用对口援藏资源，扩大国内旅游市场。积极推动面向南亚大通道建设，扩大与周边国家的合作形式，形成全方位、宽层次、多领域的开放格局。以"推进西藏与尼泊尔等国家贸易和旅游文化合作"作为基本定位，夯实南亚大通道建设，内外共同发力，打造开放的西藏、包容的西藏，引领西藏旅游迈上新台阶。

第四节　民族手工业

西藏民族手工业是适合西藏发展的主要产业之一。历史上，青藏高原上的居民除了从事农牧业生产，不少生活时间被手工艺生产实践所占据，他们创造和生产出了具有丰富精神内涵的产品，并将精湛的技艺流传至今。在当前西藏的产业体系中，民族手工业占有重要位置，并且对西藏旅游业的发展和民族文化保护传承等也起到积极作用。

一、西藏民族手工业基本情况

西藏民族手工艺产品品种丰富，具有突出的区域特色。西藏富饶的矿产资源和野生动植物资源为品种繁多的民族手工艺品生产奠定了有利基础。据不完全统计，西藏民族手工艺品花色品种达 2000 余种，包括唐卡、藏香、邦典、氆氇、藏毯、卡垫、挂毯、民族家具、民族服饰和鞋帽、金银铜木铁石器皿、藏刀等。西藏民族手工业生产有较明显的地域特征，各地（市）主要生产的产品不同，许多民族手工艺已列入非物质文化遗产。截至"十二五"时期末，全区非遗四级名录中有89项国家级项目，多数以民族手工业传统技艺为载体。随着生产规模逐步扩大和经济效益不断提升，西藏民族手工业已成为西藏工业经济的重要组成部分。据不完全统计，截至2015年年底，全区注册的民族手工业企业约200家，2015年西藏民族手工业实现工业总产值11亿元，占自治区工业总产值的6.14%。西藏民族手工业对其他产业发展和就业起到良好的辐射带动作用，与旅游业发展相互促进。截至2015年年底，自治区常年性、季节性和副业性从事手工业的人数约为7万人，民族手工业企业直接带动就业人数达7778人。[①]

二、西藏民族手工业发展历程及现状

民主改革前西藏经济发展极为缓慢，民族特色手工业未能成为推动经济发展的主要动力。改革开放以来，西藏传统民族手工业在工艺传承、产品生产、企业发展、人才培养等方面取得了长足进步，已呈现品种丰富、区域特色突出、行业效益稳步提升的发展态势。

基于西藏的自然禀赋和民族文化禀赋，民族手工业在西藏有天然发展优势。在西藏民族手工业发展过程中，优质的原材料、独具特色的工艺技术、天然的自然地理标识以及政府因势利导等都发挥着重要作用。拉萨、日喀则、山南、那曲等地（市）已有近百家藏毯、藏式服装生产企业，2015年实现工业产值3.48亿元，出口创汇约300万美元。[②] 有研究（唐亚军和汪丽，2017）对西藏藏毯产业及其政策演进进行了总结，

---

① 《西藏自治区"十三五"时期民族手工业发展规划》。
② 《西藏自治区"十三五"时期民族手工业发展规划》。

以此为例对西藏民族手工业发展历程进行讨论。

藏毯起源于青藏高原，凝聚了藏族人民千百年来的智慧和创意。藏毯多以羊毛、牦牛绒为原料，以天然植物、矿物质颜料着色，经过近千年的生产实践，形成了一整套独特的生产工艺。藏毯在视觉上展现出立体鲜明、错落有致的风格，拥有别具一格的民族风格。

西藏于 1953 年成立了第一家国营藏毯企业——拉萨地毯厂，标志着藏毯生产从家庭作坊式进入了企业规模化阶段。1954 年，中共江孜分工委给卡垫生产者发放 10 多万元的无息贷款，组织民间手工艺人参与卡垫生产制作，刺激了藏毯生产者的积极性，生产规模和经营范围进一步扩大，当年卡垫生产能力达到 1000 平方米的规模。民主改革后西藏民族手工业也得到快速发展，参与藏毯生产的企业和人员越来越多，生产规模和范围不断扩大。1974 年和 1977 年相继成立江孜地毯厂、山南乃东地毯厂。由于藏毯编制手艺散落民间，编制机器简单，基本人人都会编制，这一时期大量的以家庭作坊式生产的藏毯迅速被推向市场，以满足当地农牧民家庭和部分寺庙所需。1980 年召开第一次西藏工作座谈会，当年西藏地毯产量为 6182 平方米，随着西藏工作座谈会精神的推进，藏毯产业稳步增长。1994 年第四次西藏工作座谈会，确立以经济建设为工作重心的全国全面援藏总方针，确定以个体和集体经济为主的工商业发展模式，藏毯产量急剧增加，当年藏毯产量达到 80000 平方米，是 1980 年的 13 倍。

20 世纪 90 年代中期，市场需求导致藏毯生产厂家迅速增加，一些藏毯企业因市场竞争而退出。政府和企业积极转变战略，不断扩大生产规模，提升产品质量，维护藏毯声誉。政府扶持下成立了帮锦镁朵、藏之梦两家藏毯企业，利用优势资源完成藏毯产业战略部署，同期拉萨地毯厂也完成公司制改革。为增加藏毯产能，2005 年山南等 4 个地市的 8 个县政府与企业合作开展了 10 个藏毯编织点的建设，藏毯产量得到迅速提升。西藏自治区商务厅通过招商引资鼓励国内外藏毯企业在西藏投资建厂。在该阶段，新引进的藏毯企业带来了产品生产、交易过程、商业模式等的变化，在竞争过程中带动，甚至迫使本土藏毯企业改进产品生产工艺和技术。

21世纪初期，劳动力短缺、成本上涨现象在制造业中表现特别突出。从2006年开始，藏毯产业内的工人工资进入快速增长期。拉萨市2005年工人月平均工资950元，2006年上升到1126元，2013年增长到2557元。工资水平的快速增长使藏毯企业的用工成本大幅上升，传统生产利润空间不断被挤压。2008年的国际金融危机使大量以外销为主的藏毯企业开始转向国内市场，加剧国内市场的竞争。新的市场形势迫使藏毯产业必须进行产业升级和品牌创新，先后形成江孜地毯厂的"宗山牌"藏毯、拉萨地毯厂的"雪域圣毯"、拉萨市城关区藏毯厂的"雪毯花"等国内外知名品牌，藏毯的品牌影响力得到提升，取得良好的品牌效应和经济效益。

2000年，拉萨地毯厂发起并成立了西藏地毯出口企业协会（后更名为西藏藏毯协会）。自2007年起，协会先后组织日喀则市地毯厂、山南贡嘎县杰德秀地毯厂、拉萨色拉地毯厂等16家小型地毯厂组建企业集团，统一提供编织材料、集合订单、统一研发、统一质量标准和产品价格，在规模上进行藏毯产业集群构建。此后，在相关政府部门的促进下，以拉萨地毯厂为核心，对西藏范围内的其他地毯生产厂家实施兼并重组，整合优势资源进一步发挥产业集群功效。西藏先后建立了拉萨"一园三区"、日喀则民族手工业园区、扎囊民族手工业园区，吸引国内先进的藏毯企业产业转移，通过减税、项目支持等优惠政策吸引全国各地藏毯企业向西藏集聚。为充分发挥藏毯产业网络优势，拉萨地毯厂2012年投资1460万元在拉萨经济技术开发区建设藏毯产业园，集藏毯销售、博物馆、协会活动为一体，为藏毯产业化发展提供高水平、高质量、高品位的现代化技术，设施和原辅料等物资支持与配送基地；还投资1200万元建设集旅游观光、藏毯编织和样品展览为主的藏文化传播基地。在大力改善基础设施的同时，协会积极创建藏毯行业标准。2008
年，国家质检总局颁布了《关于批准对藏毯实施地理标志产品保护的公
告》，2014 年西藏检验检疫局技术中心成为藏毯（西藏产区）地理标志
产品的检验机构，有效地促进了对藏毯实施地理标志产品保护，极大地
提升了藏毯的西藏区域品牌地位。

通过学者对藏毯产业及其政策演进的总结可以看出，藏毯作为西藏
最重要的传统手工业产品之一，产业发展能够取得目前的成绩是禀赋结
构和政府推动共同作用的结果。政府通过国有企业主导、主动招商引
资、扶持龙头企业发展、建设产业园区、推进品牌建设与保护等举措，
充分发挥当地禀赋结构特色，将藏毯产业打造成西藏民族手工业的支柱
之一。

三、西藏民族手工业发展面临的挑战

西藏民族手工业目前的发展也面临一些挑战，如尼泊尔、印度的产
品因拥有成本优势对西藏本地产品的销售带来压力，在区域品牌影响力
方面受到来自青海等地的有力竞争者，民族手工业小规模、分散发展的
低产业竞争力模式特点依然突出等。

第一，行业内企业的规模竞争力不足。西藏民族手工艺行业的企业
规模不大，多数企业生产较少品种甚至单一的旅游纪念品等，民族手工
艺产品自身应有的鲜明特点也未得到较好体现。在这种相对"散"的生
产模式下，企业资金投入有限，管理科学性不够高，导致企业的规模优
势难以形成，也容易导致客户流失。

第二，市场化水平不高。提高产品市场化程度首要是进行准确市场
定位，其次是做好市场营销。西藏民族手工艺产品，最大特点是藏文化
的宗教和民俗特色，但一些产品更注重流程化生产而忽略了其内在特
色。同时，西藏民族手工艺产品在营销拓展时也缺乏渠道创新，商业模
式落后，难以让更广大受众更深刻地了解和欣赏产品及其衍生品。

第三，品牌知名度不广。虽然西藏民族手工业品牌建设已取得一些成绩，但品牌的知名度依然不高，这也成为制约产业发展上台阶的因素。以唐卡为例，西藏唐卡产业并没有特别的品牌，不少消费者仅知晓西藏唐卡，但是唐卡的品牌却几乎无人知晓。也就是说，这些手工艺产品的受众范围很窄，不利于产品的市场推广。

第四，产业发展的人才支撑不强。人口就业和劳动力流动有其特定规律。在多重因素的共同作用下，西藏民族手工业企业因高学历员工流动性大、城镇青年多不愿意从事手工业导致用工不足、部分行业对技艺要求较高而普遍性缺乏人才等。民族手工艺的传承也面临挑战，如唐卡绘制需要极其专业的技艺，培养既能够熟练掌握这些传统技艺又愿意长期从事手工业的青年也并不容易。

第五，产业发展创新难度大。一些西藏传统民族手工艺产品可被相对简单的工艺模仿，这是民族手工业创新动力不足的原因之一。西藏民族手工艺产品中蕴含的传统文化元素是其最大特色，如何在保护和传承传统文化的同时予以创新，也需要进一步探索。

第六，产业发展抵御外部冲击的能力不够。虽然西藏自治区政府曾专门出台推进非公有制经济发展的政策，但民族手工业中中小企业融资难的问题依然较普遍地存在。在生产成本上升的情况下，小微企业的发展与国内外竞争对手相比不占优势。并且，金融危机带来的不利影响依然存在，复杂的国际形势也对西藏民族手工业发展带来更大的挑战。

四、政府的因势利导作用

西藏民族手工艺行业虽然有一定基础，但其发展仍离不开政府的因势利导。20世纪80—90年代西藏政府的一系列举措，推动民族手工业迅速发展。20世纪80年代初期，西藏制定了关于手工业、民族手工业发展的有关政策，从1988年起先后又通过税费减免、原材料纳入国家计划、资金支持、优惠贷款等方式支持民族手工业发展。1996年6月，西藏自治区政府发文要求加快发展民族手工业，自此西藏传统民族手工业得到了迅速的发展。

21 世纪初以来，西藏政府采取进一步举措推动民族手工业发展。"十五"期间，民族手工业被定位为西藏六大特色产业和支柱产业之一，《西藏自治区"十一五"时期国民经济和社会发展规划纲要》明确提出要壮大民族手工业。2009 年西藏自治区经济社会发展调研小组提出民族手工业应抓住机遇，采取有力措施，实现产业优势和产品优势，用五年的时间实现民族手工业跨越式发展。2010 年中央第五次西藏工作会议指出，西藏未来的发展应把特色优势产业作为重点。西藏自治区重点培育具有比较优势的地方特色产业，作为特色优势产业之一的民族手工业成为发展重点。2011 年《西藏自治区"十二五"时期国民经济和社会发展规划纲要》制定了西藏"一产上水平、二产抓重点、三产大发展"的经济发展战略，强调鼓励民族手工业大发展。"十二五"期间，专门制定了《西藏自治区民族手工业发展专项规划》。2016 年《西藏自治区"十三五"时期国民经济和社会发展规划纲要》指出要改造提升民族手工业，要"推进民族手工业与旅游、文化产业融合发展……发挥各地传统技艺优势，适应消费需求，大力发展唐卡、藏香、藏毯、金属制品加工等民族手工业。鼓励企业和民族手工业者加大技术改造……建立健全手工艺品技术标准……发现、培育一批手工艺传承队伍……"2018 年，发布《西藏自治区"十三五"时期民族手工业发展规划》，对西藏民族手工业发展进行再部署。

除自治区级的政策举措外，地区也采取相应措施助力民族手工业发展。拉萨市采取了财政扶持、政策引导、培养龙头企业、狠抓技术改革等措施，对促进民族手工业快速发展起到重要作用。如税收减免、设立专项产业扶持资金、给予园区重点手工艺企业资金或贷款优惠、增强企业研发创新能力、打造知名商标等。拉萨市通过财税政策与各项优惠措施的相互配合，对当地民族手工业的健康运行起到关键作用。

未来，自治区和各地方政府仍应继续加强支持，引导西藏民族手工业持续健康发展，至少可从以下几个方面着手：

第一，加强对非物质文化遗产的传承与发展。推动建立生产工艺标准及产品标准体系，引导提高现代化技术装备水平，重视对民族手工业示范基地和园区的建设；挖掘补救濒临失传的工艺，制订手工艺传承艺人培养计划；对拥有古老技艺的企业，在招投标项目方面能给予倾斜。

第二，推动产业集群构建。合理科学地促进民族手工业专业化分工，推动产业集群构建，细化产业园区功能，充分发挥现有资源的利用效率，包括根据产品生产流程对工业园区的企业进行分工、解决工业园区内企业生产原材料的集中供应问题等、完善工业园区基础设施、优化工业园区企业融资服务和土地供给等。

第三，积极推进传统产业加互联网战略。鼓励构建西藏特色民族手工艺产品网络营销平台。可以采用多渠道布局，即基于产品种类建立官方销售平台，将西藏生产合格的该产品的企业全部纳入；通过定制化和电子商务创新商业模式，入驻国内外主要电子商务销售平台；建立主要城市直营点，扩大西藏民族手工艺产品市场认知和认可程度。

第四，积极推动西藏民族手工艺产品出口。积极对接和推进"一带一路"建设，充分利用各类国际展会，进一步促使相关贸易国家和地区深入了解西藏民族手工业的发展和产品特色，推动相关品牌、产品国际知名度的提升，努力拓宽国际市场上西藏特色民族手工艺产品销售渠道。

第五，强化品牌管理和市场建设。在市场定位和营销中将民族手工艺产品和民族文化紧密结合；进一步吸收最新现代科技成果，将虚拟现实、数字技术等高新科技引进产品保护和开发过程中；积极鼓励民族手工艺产品题材创新；打击假冒伪劣产品，强化质量和品牌，推动精品化和品牌化。

第十二章

西藏典型企业发展案例分析

第一节 食（饮）品企业

青藏高原平均海拔 4000 米以上，这里海拔高，空气稀薄，降水量少，日照充足，风速大，这种独特的地理位置和气候特点造成了西藏人民独特的膳食习惯。糌粑、酥油茶、甜茶、牛羊肉、青稞酒等便成了他们的传统食品。

藏族的饮食大体分为两种类型：农民一般以青稞、小麦为主粮，其次还有玉米和豌豆，日常最主要的食物是炒熟的青稞和豌豆粉做成的糌粑，藏族人爱喝酥油茶，吃糌粑时往往加上茶和酥油、奶渣，浓郁可口，营养丰富。蔬菜有萝卜、油菜、葱头、水芹菜等。沿拉萨河一带，有桃、杏、梨、枣、核桃、葡萄等。牧民则以牛、羊肉和奶类为主要食物。牧民们一般在初冬牲畜肥壮的季节大量宰杀牛羊，制成干肉，供一年食用。奶制品有酥油、酸奶、奶渣、奶酪，都是极富营养的食物。由于牧民多食肉类，油腻较大，所以需要饮用浓茶，除了茶以外，还有普遍饮用青稞酒。青稞酒用煮熟的青稞酿制而成，其酒精度数低，类似米酒，色淡、味酸甜，清凉可口，略有后劲。

一、西藏食（饮）业发展的优势——以奇圣公司为例

西藏牦牛肉选用海拔 3800 多米的世界屋脊——青藏高原出产的牦牛，具有高蛋白、低脂肪、低热量、富含多种氨基酸等特点，营养价值是普通牛肉的十倍，入口有弹性、肉味更香浓。牦牛肉被誉为"牛肉之冠"，属半野生天然绿色食品，富含蛋白质和氨基酸，以及胡萝卜素、钙、磷等微量元素，脂肪含量特别低，热量特别高，对增强人体抗病力、细胞活力和器官功能均有显著作用。

奇圣公司是 2003 年成立的一家民营股份制企业，2006 年入驻拉萨经济技术开发区，位于开发区博达路。注册资金 1000 万元，占地 50.06 亩，是一家集牦牛肉、藏香鸡、藏香猪、青稞食品研究、开发及深加工为一体的综合型企业。公司涉及地产、旅游、商场、食品加工等行业。

2006—2007 年，奇圣公司投资 8000 多万元，兴建了五条现代化的牦牛肉加工生产线，全年可加工牦牛肉 1200 余吨、藏香鸡 200 余吨、藏香猪 200 余吨。奇圣公司现已开发牦牛肉成熟产品 83 个，开发青稞特色产品 5 个。

2007 年，奇圣土特产品有限公司生产的"奇圣"牌牦牛肉干、风干牦牛肉系列产品深得当地老百姓和进藏游客的信赖和认可。2007 年公司注册了"藏原素"商标，主要上市产品为藏香鸡、藏香猪系列产品 18 个，已树立了良好的市场口碑。

2014 年 12 月 10 日成立分公司西藏奇圣电子商务有限公司，经营范围包括预包装食品，食用农副产品的网上销售、批发及进出口业务，虫草、藏红花、民族手工艺品、土特产品、服装鞋帽、针纺织品、藏香、中药材的销售，计算机领域内的技术服务与技术咨询，商务信息咨询，图文与网页设计制作等。

二、政府对西藏食（饮）业的贡献——以奇圣公司为例

奇圣公司通过对农畜产品深加工生产线的改扩建和技术改造，每年在当地采购新鲜牦牛肉 1200 余吨、藏香鸡 200 余吨、藏香猪 200 余吨。奇圣公司共解决当地农牧民子女和下岗职工 600 多人就业。公司产业辐射带动面积 60 余万亩，带动 5000 户农牧民增收致富。

奇圣公司认真贯彻国家和西藏自治区政府有关发展畜牧业产业化的指示精神，拟定了"公司＋农牧户"及畜牧业养殖、深加工与销售一体化经营的农牧业产业化新思路，在西藏农牧业产业化建设进程中，充分发挥公司自身优势，带动和影响更多的农牧民加入农畜产品特色加工中，以达到不断优化农牧业产业结构，为地方经济的发展，为更多的农牧民脱贫致富发挥积极的作用。公司秉承"企业与时代共同前进、企业与客户共创价值、企业与员工共同发展"的价值观。争创西藏农牧业龙头企业、明星企业、先进企业，争创中国绿色食品名牌。

三、西藏食（饮）业未来的发展规划——以奇圣公司为例

奇圣公司是一家集牦牛肉、藏香鸡、藏香猪、青稞食品研究、开发及深加工为一体的综合型民营企业。公司生产"奇圣"牌牦牛肉干系列产品 136 个，经营藏香鸡、藏香猪系列产品，市场份额较大。公司立足区内市场，不断开拓外地市场，利用"互联网＋"加强产品宣传力度，提高品牌在区内外知名度，就牦牛肉产品销售分析，电商销售占到公司总销售的 20%，公司已建立了覆盖全国的网络销售市场，为充分展示公司品牌形象，首先在四川成都双流国际机场和云南昆明长水国际机场设立了"西藏奇圣牦牛肉专营店"。公司各部门管理层细化并建立了严格的管理制度，始终保持严格的内部管理，确保产品质量，提高企业信誉。公司销售部专门有针对网上销售的业务部，负责拓展区外产品销售，并取得了良好的业绩。

公司自成立以来近 10 年，共解决西藏近 500 户农牧民就业问题，员工中藏族员工占 50% 以上，多数为农牧民子女，从事生产车间手工加工，包装等工作，经常组织农牧民子女参加区内外技能培训，提高他们的工作效率，签订长期的劳动合同，为企业为员工购买养老保险，解决后顾之忧，防止员工流失。作为西藏地区特色农产品食品加工厂，既注重环保、效益，还积极促进当地老百姓就业，增加老百姓的收入，目前正式员工平均月工资在 4000 元以上，加上奖金、福利和其他补助，年收入可达五六万元。青稞是西藏地区特有的农作物，其种植面积超过西藏总耕地面积一半以上。过去青稞大丰收但缺乏深加工转化，其价值得不到有效提升，青稞产品附加值低，自从成为奇圣等特色农产品公司青稞产品原料以来，青稞价格每公斤上涨了约一元，增加了农牧民纯收入，成为农牧民脱贫的直接渠道。"十三五"期间，国家实施精准扶贫，精准脱贫计划，作为西藏特色农产品加工的龙头企业，对于农牧民脱贫有重要的意义。

第二节　藏医药企业

企业是市场活动最基本、最重要的主体，作为一个窗口，企业的发展状况充分地反映出整个行业的发展状况。为了深入了解西藏藏医药产业的整体发展情况，本节将以西藏南伊藏医药发展有限公司和西藏奇正藏药股份有限公司为例，通过研究两家公司的发展状况，深入分析目前西藏藏医药企业的运营状况。

一、公司介绍

（一）西藏南伊藏医药发展有限公司

西藏南伊藏医药发展有限公司（以下简称"南伊藏医药"）经过近三年的筹备，于 2017 年 1 月 16 日正式成立，总部位于拉萨市当热路以北、色拉路以西的甘露大厦内，注册资本 1000 万元，目前拥有 9 家分支机构，是一家立足西藏、面向全国的传统藏医药康养产业综合发展的自筹性民营企业。公司在成立之初就以传承西藏特色民族文化、传承藏医药地道炮制工艺、传承积淀了 1300 多年的秘制古方为己任。其经营范围主要包括：藏医药诊疗治疗服务，藏药浴疗、藏医药理疗服务，特色藏药制剂生产和销售，藏药销售，藏药饮片生产和销售，中药饮片生产和销售，冬虫夏草加工和销售，土特产品加工和销售，预包装食品、散装食品、保健食品销售、餐饮服务，藏医药文化咨询与传播以及藏药相关边缘健康服务业务。公司坚持根据每位患者（或顾客）的不同情况量身定制治疗预防方案，确保"私人定制"药品调制；坚持聘用知名藏医，始终要求其严格选用药材、以身试药，确保诊疗高质量和藏医业务高水平；坚决克服西藏当前没有成规模藏药材市场的困难，坚持做好藏药材原材料筛选与采购，确保生产高品质藏药。公司致力于打造西藏名片企业、打造全国知名藏医药品牌，主动借助《西藏日报》等报纸媒体进行整版的品牌推广，目前已经拥有藏药材种植、加工与生产基地在内的藏医药产业链，在此基础上发展了"甘露曲秘"连锁加盟事业部、"甘露曼庄"连锁事业部，开发了系列"西藏食药材套装"康养产品，同时利用线上平台与传统线下渠道互相融合的营销模式进行销售，并按计划分步向全国一、二线城市进军。① 在充分调研市场定价的基础上，将产品定价在 200—450 元，其中，到店消费一般 428 元／次、会员消费一般 300 元／次。据悉，公司凭借高品质的产品、合理的定价区间以及优质的服务，开业第一个月就实现了 30 万元营业额，目前，南伊藏医药正在蓬勃发展，其利润也在不断增加。

　　自开业以来，公司始终秉承"极致创新，价值即市场"的理念，在消费升级的时代大背景下致力于挖掘传统"藏医药学"这一国家级非物

_____

① 资料来源于对西藏南伊藏医药发展有限公司李园春总经理的访谈。

质文化遗产的巨大发展潜能，坚持开展创新性研究，专业调理亚健康问题，使之适用于现代人类健康保养和调理需求，从而实现传统藏医药康养升级，产生不可估量的市场价值，同时弘扬民族文化。

（二）西藏奇正藏药股份有限公司

西藏奇正藏药股份有限公司于 1995 年在西藏自治区林芝市"诞生"①，原名西藏林芝奇正藏药厂（有限公司），后变更为西藏奇正藏药股份有限公司并在 2007 年 10 月 9 日取得企业法人营业执照②，是一家国内知名的藏药生产企业。其主要从事新型藏药研发、生产和销售，现拥有 GMP 药厂、GSP 营销公司等全资及控股子公司 16 家，拥有 72 个药品批准文号，产品涵盖心脑血管、呼吸系统、消化系统、泌尿生殖系统、神经系统、骨骼肌肉系统、妇科疾患等领域。自成立起，奇正藏药就扎根民族地区，截至 2019 年企业营业收入同比增长 15.62%，实现 14.03 亿元，上市公司股东的净利润达 3.64 亿元，同比增长 14.27%，仅在西藏纳税就达 2.01 亿元。③ 奇正牢记责任与使命，戒骄戒躁，稳扎稳打，始终致力于民族地区的人才培养，藏医药产业的现代化研究，藏医药原材料环境的开发与保护；始终专注于构建可持续发展的商业生态系统，践行可持续供应链的管理等。

在对传统藏药的传承方面，奇正藏药明确将文化传承作为企业可持续发展的核心议题之一，纳入公司可持续发展规划中，把传承藏药文化作为企业文化的重要组成部分，企业使命定位于"弘传健康智慧，回归身心自在"（林玟，2011），立志做对人类和社会有益的事。奇正藏药依托西藏独特的资源禀赋优势、深厚的藏药文化底蕴，一直致力于藏药研制，努力提升藏医药技术。为了更好地传承和发扬藏医药文化，奇正在 2004 年捐款建设了免费向藏族残疾、贫困的青少年招生的"贡布曼隆

---

① 资料来源于西藏奇正股份有限公司官网，见 http://www.cheezheng.com.cn/。

② 资料来源于西藏奇正股份有限公司百度百科。

③ 资料来源于西藏奇正股份有限公司官网，见 http://m.cheezheng.com.cn/。

宇妥藏医学校"，并且招聘拥有丰富经验和高尚品德的藏区教师进行教学。2007 年成立"西藏文化保护与传承"专项基金，用于促进社会文明进步，以及建设西部地区的医疗、经济、文化、教育、卫生等社会公益事业。2008 年实施"百家藏医诊所计划"，不但为当地贫困民众治病救助，而且还积极传播藏医药文化。另外，还开展建设了那兰扎寺五明文化学院，西藏藏药产业科技文化展厅等多个项目。[①]

在创新方面，奇正拥有前沿的藏医药研发技术和高科技人才。其作为藏医药产业"首批国家创新型企业"，积极构建经皮给药系统研究平台，引领外用制剂剂型创新的先导以及不断进行人工种植技术研究。在产品方面，奇正消痛贴膏一问世，就被相关领域专家评为"外用膏药史上的一次革命"，1997 年入列"国家二级中药保护品种"，1998 年荣获"第 26 届日内瓦国际发明与新技术展览会金奖"，2001 年荣获国家科技进步二等奖。2001 年其产品二十五味松石丸荣获国家重点新产品称号，2014 年其产品红花如意丸斩获民族医药科技奖励科技进步一等奖。在技术培育方面，截至 2019 年年底企业拥有 109436 亩藏药材野生抚育基地，52 种人工种植技术研究的藏药材品种。[②]

在企业文化建设，企业家精神的践行方面，奇正藏药在长期坚持践行"向善利他，正道正业"核心价值理念的过程中，积累总结形成了《奇正文化纲要》（马锦和乔鹏程，2015），开拓了藏医药产业创新发展新道路，探索出了民族药企业和谐经营新模式，并连续数年成为政府表彰的纳税诚信企业。奇正藏药一直致力于将创造更多、更好的工作岗位，培养更多优秀本土骨干藏医药人才等视为现实社会中最大的"向善利他"的企业行为。尤其在培养人才方面，奇正藏药创办了奇正小学，为偏远地区贫困的农牧民孩子提供学习机会，努力提升其就业技能，更

---

① 资料来源于西藏奇正股份有限公司官网，见 http://www.cheezheng.com.cn。

② 资料来源于西藏奇正股份有限公司官网，见 http://www.cheezheng.com.cn/。

加致力于将藏医药推向全国（胡睿，2014）。奇正藏药在生产经营中也十分注重对高原生态环境以及生物多样性的保护，积极推行节能降耗与保护生态环境等措施。2019 年企业协同 WTO 经济导刊发表了《金蜜蜂全球 CSR2030 倡议进展报告》，以期推动高原生物多样性等各方面的保护。奇正藏药在发展的过程中不忘回报社会，身体力行投入传统文化保护、社会公益与扶贫活动当中。同时奇正藏药充分利用企业专长，积极提供高效、持续、针对性的救援与帮助，截至 2019 年年底，企业投入藏区和西部教育、医疗、扶贫等各种公益事业上的资金已达 1.2 亿余元。2020 年奇正藏药获得"行业标杆企业奖"、"中国上市公司社会责任奖"、第四届"最佳年度 CSR 品牌"与"最佳 CSR 战略奖"等多项荣誉。①未来奇正藏药将肩负着保护藏医药药材以及提高藏医药质量的责任心，不断前行。

二、企业发展资源禀赋分析

（一）原材料资源

藏医药产业的稳定发展离不开丰富的高原动植物、矿物质等藏医药药材原材料。而西藏作为藏医药的发源地，独具"西藏特点"的自然条件、地域结构等为藏医药的快速发展提供了坚实的藏医药药材基础。无论是南伊藏医药还是奇正藏药均诞生于西藏这片拥有丰富藏医药药材原材料的神圣土地。因此，二者在生产藏医药相关产品、炮制藏医药浴时拥有较为丰富的藏药材资源，与其他地区的藏医药企业比较来说，拥有较高的藏医药药材资源禀赋。另外，西藏藏医药药材培育基地建设着正在稳步进行，秉承可持续发展理念和"保护中开发，开发中保护"的绿色发展理念，全区医药行业陆续开展对常用藏药材、名贵濒危野生等藏医药药材的培植、推广和保护。政府也积极支持藏医药药材的培育项

---

① 资料来源于西藏奇正股份有限公司官网，见 http://www.cheezheng.com.cn/。

目，整合资金 1410 万元，扶持 11 个藏医药药材生产种植项目，种植波棱瓜、白花秦艽、藏木香、螃蟹甲、枸杞、大花红景天、独一味、喜马拉雅紫茉莉、灵芝以及桃儿七等 10 余种藏医药药材，建设完成 1 个藏医药药材生产技术公共服务平台。

（二）劳动力资源

南伊藏医药与奇正藏药扎根西藏，充分利用西藏较为充足的劳动力。当前，西藏藏医药产业发展拥有较丰富的劳动力资源，但是，劳动力结构矛盾突出，文化程度高的劳动者占比较少。由于西藏地缘偏远，经济发展总体差距大，教育资源紧缺，相关领域高水平专家数量不足、结构不科学；西藏高寒缺氧，地理环境复杂，区外高资质藏医药专业人才不适应本地特殊地理环境，给专业人才引进造成了现实困难；西藏高校藏医药专业较少，西藏大学仅有 1 个药学本科专业、1 个药学硕士专业，西藏民族大学医学部仅有 1 个团队专攻藏药药化分析及标准化制定研究，西藏藏医药大学拥有 5 个藏医药实验室、开设藏药学、藏药学（市场营销）2 个本科专业、拥有中医药（藏医药）专业硕士学位 1 个学位点，本土藏医药专业人才培养不足。同时，由于藏医药专业人才培养规模和学科分类的限制，加上传统就业观念的影响，致使从事藏医药工作的青年人才较少。奇正藏药创办的贡布曼隆宇妥藏医学校，为藏医药产业培育和输送了一部分技术人才，但是还远远不够。目前，藏医药产业内整体上呈现人才数量不够、人才创新力不足、人才结构失衡、培养力度不够的现象。面对这一系列现实困境，需要政府切实加大对藏医药人才培养的重视程度和支持力度，着力构建西藏藏医药人才现代化培养模式，推动区内高校藏医药教学的转变，逐步为藏医药企业输送大量高质量藏医药人才。

（三）土地资源

土地资源作为农、林、牧业以及其他产业发展的重要资源之一，是人类生存、生产以及发展的基本资料和劳动对象，也是各项发展的财富之母。而西藏属于典型的地广人稀区域，其土地面积广，可为南伊藏医药与奇正藏药在人工培育藏药材以及建立分公司或是相关生产加工提供较为充足的可利用土地资源。因为青藏高原高寒缺氧的限制，土地利用也存在一定困难，特别是藏医药药材种植挑战大。

（四）技术资源

南伊藏医药高薪聘请本地具有深厚的藏医学技术、丰富的实践经验、从事多年藏医药相关行业的老专家作为技术担当，全程负责炮制藏医浴，主要推广拥有1300历史的年古方藏医药浴，该企业具备一定的技术支撑。

奇正藏药作为藏医药行业的"前辈"企业之一，被评为首批国家创新型企业，被选为国家"十一五"科技支撑计划重点项目的实施单位。其作为国家火炬计划重点高新技术企业和国家级企业技术中心，拥有多项专利技术和超新的思维（李长海，2014）。比如初次使用国内领先的工艺技术和质控指标处理粒度超标与杀菌等藏药生产技术桎梏，率先引进先进的薄膜包衣技术等用于生产制造。另外，奇正藏药拥有的机电一体自动化连续制贴技术，湿敷贴剂技术，全粉自动制丸技术等大大丰富了藏药产品制作的技术内容。[①]

（五）资本资源

资本是人类创造物质与精神财富的各种社会经济资源的总称，可分为制度资本、社会关系资本等，在社会政治思想等方面的变革后可以实现提升或增值。资本作为企业经营活动的基本要素之一，为企业创建、生存以及发展提供了必要条件。南伊藏医药以及奇正藏药在不断发展过程中，积累了雄厚的资金链支撑、探索出了符合公司发展的企业经营之道，为藏医药企业发展开辟了一条道路。《西藏自治区医药工业发展规划（2017—2025年）》专门编写了"保障措施"章节，指明要健全产业

---

① 资料来源于西藏奇正股份有限公司百度百科。

发展组织体系、强化政策扶持力度、加大财税金融支持、优化产业发展环境、发挥行业协会作用，这一系列政策支持，为区内藏医药企业"走出去"创造了更多的机会。

三、企业发展优势与劣势分析

（一）西藏南伊藏医药发展有限公司

第一，发展优势。首先，政府对藏医药产业发展的日益关注与重视，为公司的发展提供了契机。其次，随着社会生活节奏加快，大众亚健康问题日益凸显，人们养生意识的逐步提高以及养生需求的不断增加也为其发展提供了重要机遇。再次，公司成立时间虽然较晚，但是拥有包含建设药材种植、加工与生产基地在内的比较完整的藏医药产业链，相关藏医药食品、药品等种类繁多。与此同时，该公司以藏医药浴为主打产品，创新发挥藏药的医学价值，积极开展创新活动，推动提升创新能力。并且，该公司十分注重广纳优秀藏医药人才，拥有专业藏医药老专家且使用独具西藏特色的炮制工艺制作藏药浴。复次，企业所使用的原材料多数属于西藏土生土长且供给充分的藏药材，因而对陷入瓶颈的藏医药以及濒临灭绝的藏药材具有一定的保护和传承作用。最后，该公司并非故步自封，其在传承民族文化的同时更追求在创新中发扬，立志将藏医药发扬光大，为解决人类亚健康问题而努力。

第二，发展劣势。由于该公司成立时间短，属于企业发展的中早期，首先，其企业文化建设和企业家精神践行有待加强。其次，公司相对其他"老"企业来说规模较小，竞争能力和资源整合能力较弱，应对风险能力有待加强。最后，该公司原材料一般是直接从农牧民手中购买，没有形成自己独有的专业购货渠道。

（二）西藏奇正藏药股份有限公司

第一，发展优势。公司于2007年10月9日成立，拥有多年的市场经验与企业积累。首先，企业成立时间久，基础牢固，拥有较强的市场竞争能力，应对市场风险能力较强且具有一定的品牌影响力，尤其是以奇正消痛贴膏为代表的外用止痛药物系列已畅销多年，影响较大。其次，公司经营组织体系完善，生产销售渠道通畅，产品类型齐全。再次，公司"向善利他，正道正业"的核心文化、设立的专业培训学校，凝练了一批专业技能人才，拥有发展藏医药的人才优势。最后，公司积极妥善处理资源利用和生态保护之间的矛盾，主动弘扬西藏特色藏医药文化，扩大了品牌影响力，赢得了市场口碑优势。

第二，发展劣势。公司作为藏药生产企业，其主要从事新型藏药研发、生产和销售，主要目的是解除人类病痛，属于传统行业，对亚健康调理产品、保健品方面关注较少。

四、企业发展之路

（一）因势利导，积极发挥资源优势

青藏高原地域辽阔，独特的自然条件造就了神奇而丰富的动植物资源。我们发现，青藏高原所生长的药用植物的有效成分和生物活性高于其他地区所种植的同类药用植物，所以藏药也具有更高的药用价值和治疗功效。两家企业均以西藏为依托，在消费升级的时代大背景下致力于挖掘传统"藏医药学"精华，不断进行创新性研究，从而实现传统藏医药的康养升级，在产生和实现市场价值的同时，也弘扬了优秀传统民族文化。

南伊藏医药"出生"在西藏，"成长"在西藏，"发展"也在西藏。作为藏医药发源地的西藏，藏医药应用历史悠久，本地种类繁多、珍贵的藏药材，为公司发展藏医药产业提供了资源优势。虽然起步较晚，是行业里实实在在的"年轻人"，但是，创业团队成员都是从事藏医药工作多年的"老人"，拥有丰富的从业经验，为公司的进一步发展打下了坚实的人才基础。公司聘用当地知名藏医进行坐诊，为藏药浴原材料的选择、炮制等提供专业的医学支持。另外，本地拥有大量富余劳动力，

为公司发展提供了劳动力支持。

奇正藏药依托西藏资源禀赋，立足本土文化，积极发挥本土藏医药人才优势和文化优势。一直以来，公司积极培育优秀藏医药人才，创办贡布曼隆宇妥藏医学校，为偏远地区贫困的农牧民孩子提供学习的机会，提升就业技能。作为推动民族和地区深入交流的杰出代表，该公司在传承和发展传统藏文化的基础上，充分利用先进医学技术，研发藏医药产品，将藏医药不断推向世界，帮助人类回归亲近大自然的养生之道。

（二）加大研发力度，促进产业升级

当前生活节奏快，人群亚健康问题日益凸显，市场需求对传统藏医药的生产及应用提出了重大挑战，需要藏医药充分发挥其在医用治疗、日常保健等方面具有与众不同的功效。

南伊藏医药以藏医药特色养生保健作为重点服务方向，着力打造独具特色的新型体验式藏医药科学养生综合平台。公司以《四部医典》为代表的藏医科学体系为基础，践行具有藏医特色的"食治""药治""外治""行治"综合体验，使之更适合现代人的养生保健需求。以治未病为侧重点，将藏医药外治体系中的藏药浴疗深度开发、创新、改良，将专业药浴养生治疗与中医经络理疗、香道心疗及舒适的环境相结合，实现患者身心全方位调理。公司斥资5000余万元于拉萨"甘露大厦"成功打造了8000余平方米的中国首家藏医药康养文化体验综合体——"甘露曼庄"，包含"甘露曲秘·藏药浴疗藏式康养SPA"中心、"南伊名老藏医门诊"民族医疗机构、"甘露曼庄·西藏食药材精选超市"三大业务样板平台。

奇正藏药从利用低温真空冷冻干燥技术制成湿敷贴剂，打破以前糊状黑膏药带来的携带与使用困境，并始终致力于藏药的研发制作，励志在传承的基础上不断创新，以期推动产业升级，促进企业的可持续发展。奇正藏药下属林芝制造中心"基于自主核心智能装备的藏药外用制剂智能工厂建设项目"的改建与扩建在 2019 年顺利完结。该工程主要目的是为了建成由管理、调度、生产自动控制以及经营决策等各个环节构成的藏药外用制剂智能工厂。在不久的将来，林芝制造中心有望成为藏医药企业的智能化与数字化转型升级的典范。[1]

（三）勇于担当，树立正确的企业文化

南伊藏医药一直以来坚持"顾客即是上帝"的经营理念，聘用知名藏医，生产过程中，坚持凡是药材达不到标准的绝不炮制，坚持以身试药，所有汤饮自己先喝、测试药效，坚持选用最上等品质的藏药原材料，担负起了应尽的职责。

奇正藏药始终坚守"向善利他，正道正业"核心价值理念，打造了独特藏医药品牌，走出了产品创新路子，探索出民族药企业发展模式。

（四）政府积极引导，鼓励社会资本参与

为促进藏医药产业发展，西藏自治区政府编制了《藏医药事业发展"十三五"规划》《"十三五"藏医药重大科技专项规划》和《西藏自治区医药工业发展规划（2017—2025 年)》，印发了《关于藏药材保护和利用的意见》等，将发展藏医药产业作为一项重要内容进行安排部署，明确当前和今后一个时期的卫生与健康工作总要求，要求正确把握好加强重点人群健康服务、传承发展藏医药业等重大问题。2017 年 4 月初印发《西藏自治区基层藏医药服务能力提升工程"十三五"行动计划实施方案》，取消对社会办藏医医疗机构的具体数量、类别和地点的限制，对社会办藏医药医疗机构设置审批实行属地化管理，简化审批程序，放宽了社会资本进入藏医药领域的政策。这一系列重要举措为南伊藏医药、奇正藏药等藏医药企业创新发展"藏药浴疗"等藏医药特色产业，助力健康西藏，振兴藏医药起到了积极作用。

---

[1] 资料来源于西藏奇正股份有限公司官网，见 http://www.cheezheng.com.cn/。

五、展望未来

综合来说，纵观整个藏医药行业，两家公司都面临着愈演愈烈的市场竞争压力，自身不断增加的运营和研发成本，但是，同样也迎来了逐渐向好的政策环境以及日益扩大的市场需求。只要企业、政府、社会通力合作，直面挑战，及时有效抓住机会，就一定能够促进企业进一步发展壮大，将藏药推向世界。

首先，在企业层面上，两家企业都各有所长，在以后的发展过程中应该着力提升自身竞争力，加强对品牌保护与市场开拓的意识，树立互补合作的良性竞争意识，提升对外开放包容度。

其次，在政府层面上，需大力宣传民族医药，加强社会对民族医药的认可度，加强区内高校藏医药及农学学科建设，积极与区外高校合作，大力培养藏医药原材料种养、药理分析、药物研发等领域的优秀人才，积极推动药品检验检测机构的设立，丰富检验检测资源，制定相关法律法规，建立健全藏药材交易体系。

最后，在社会层面上，要积极引导消费者正确地认识藏药，了解其独特的功效和优势，摒弃对其不如西药见效快等偏见，加深对其的了解度和认可度。

第三节 旅游文化企业

一、域上和美集团有限公司简介

域无疆，和生美。域上和美集团有限公司（以下简称"域上和美集团"）于 2012 年 3 月在四川成都成立，旗下拥有 40 余家分子公司和单位，包括域上和美文化旅游股份有限公司、域上和美文化旅游产业规划设计院等。现有员工近 3000 人，90%以上员工为大专、本科及以上学历，技术骨干人员均为研究生及以上学历。域上和美集团以"文化自信"

为根本指引，秉承文化的保护与传承以及"走出去"的理念，专注于文化旅游创意产业，并重实现经济效益和社会效益。

域上和美集团旗下投资及控股公司致力于文化与旅游产业的创意策划，跨界影视综艺、游戏动漫、竞技赛事及文创 IP 产品的研发、制作和经营等多项业务。近年来，域上和美集团及旗下公司将文化和旅游深度结合，保护和传承优秀的传统文化，打造了多个大型文旅项目。《尺尊公主》历史舞台剧项目和《梦幻吴哥》主题剧项目顺应国家"一带一路"倡议，被国家商务部等五部委公布为 2018 年度国家文化出口重点项目，助力实现大型文化"走出去"。

域上和美集团以"轻重并举、跨界融合、国际拓展"为战略方向，调整优化产品结构，促进产品升级和业态创新，与各地党委政府紧密合作，在社会和市场上都获得了高度认可和赞扬。域上和美集团荣获 2018 年全国文化企业 30 强提名，以及中国文化产业创新型企业、四川省旅游投资领军企业、四川省"万企帮万村"精准扶贫行动先进企业、成都市新经济百家重点培育企业等多项称号。

域上和美集团控股的拉萨市和美布达拉文化创意产业发展有限公司（以下简称"和美布达拉公司"），是西藏文旅产业的龙头企业。和美布达拉公司 2013 年正式开业，2016 年实现盈亏平衡。截至 2017 年年底，共演出 808 场，接待游客 160 万余人次。依托演绎项目，和美布达拉公司积极完善旅游服务配套，开发了藏式风情的商业街，业态涵盖了餐饮、购物、住宿、娱乐、观景等，为游客提供吃、住、行、游、购、娱全方位旅游服务。和美布达拉公司秉承总部的发展理念，结合西藏资源的独特性和稀缺性，致力于文化旅游项目全产业链创意策划、规划设计、投资建设、运营管理、品牌推广，以及非物质文化遗产的保护、提升和传承，打造了藏文化大型史诗剧《文成公主》及慈觉林古村落保护开发项目、西藏文化旅游创意产业园区暨《金城公主》室内历史舞台剧项目、拉萨达东村精准扶贫综合（旅游）开发项目等，树立起行业标杆地位。

二、旅游文化市场发展现状

（一）全国市场增长迅速

近十年来，随着我国经济社会长足发展，旅游文化产业也迎来高速发展期，2007—2016年，年均旅游业总收入增长率均达到10%以上，除2008年受金融危机、汶川大地震等事件影响有所下滑，其余年均增长率超过同期GDP增长率，成为经济发展的新动能。

人均GDP达3000美元以上，旅游文化产业消费需求将呈现普遍化、大众化趋势，2017年我国人均GDP已达6100美元以上，因此，国内旅游文化消费需求快速释放。在人民追求美好幸福生活需要的新时代背景下，我国"旅游＋演艺"行业也进入高速发展期。2016年全国旅游演出场次7.21万场，票房收入43.03亿元。旅游演艺的演出形式大体可分为剧场演出类、实景演出类和主题公园演出类三种，如《印象刘三姐》《文成公主》属于实景旅游演出类，宋城集团的"千古情"系列则属于主题公园演出类。以印象丽江、平遥古城等为代表的"旅游＋演艺"的新模式，实现了旅游产业和文化产业的有机融合，把旅游发展与弘扬优秀传统文化及非物质文化遗产相结合，创新业态和产品，不仅带动了旅游文化市场的发展，还成为城市的文化名片。

（二）西藏市场潜力巨大

2017年，西藏旅游总接待量为2561.4万人次，实现旅游收入379.4亿元，2012—2017年，西藏游客接待量和旅游收入复合增长率分别达到15.87%和20.09%。其中，旅游文化演艺市场发展迅速，涌现出《共同家园》《六弦情缘》等一批优秀文艺作品，获得多个国家级奖项。大型实景剧《文成公主》是西藏旅游文化市场上最为耀眼的明珠，在民族大团结和文化大繁荣思想指引下，实景剧以西藏历史文化为原创素材，充分展现汉藏历史渊源、民族风俗、自然景观，综合大唐歌舞和西藏流传久远的藏舞、藏戏、佛号念唱等艺术文本，运用激光投射等高科技手段呈现非物质文化遗产。游布达拉宫、转八廓街、观《文成公主》，已然成为进藏拉萨游的标配。《文成公主》实景剧旅游与演艺相结合，延长了旅游产业链，拓展了旅游消费，促进了当地的社会经济发展。

三、域上和美资源禀赋分析

（一）文化资源结构

西藏历史人文源远流长，历久弥新，各族劳动人民在同艰苦的自然环境的斗争中，不断创造并逐步形成具有藏族特色的文化体系，产生了十分丰富的西藏非物质文化遗产。

藏戏，藏语名为"阿吉拉姆"，是藏族戏剧的统称，被誉为藏文化的"活化石"。西藏藏戏是藏戏艺术的母体，通过僧侣和朝圣群众远播青海、甘肃、四川、云南四省和印度、不丹等国的藏族地区与聚居地。因严格的宗教神规制约和缜密的表演形式，藏戏从表演内容到形式都保留了原始风貌，在戏剧学等领域具有极高学术价值。2006年被列入第一批国家级非物质文化遗产名录。

藏族民歌，包括牧歌、情歌、诵经调等，在西藏民间文学中占据重要地位。藏民歌的发展过程映射出西藏民族社会历史、文化艺术、风土人情和民众生活演变的基本情况。古时藏族人民常通过民歌的方式进行语言交流，"歌必舞，舞必歌"已成为藏族人民自娱的一种独特民间歌舞艺术表达形式。2008年藏族民歌被列入第二批国家级非物质文化遗产名录。

藏舞有民间自娱性舞蹈和宗教舞蹈，而民间自娱性舞蹈又划分为"谐"和"卓"两类。"谐"，即民间集体歌舞形式。"谐"又分为"果谐""果卓""堆谐"和"谐"四种，其中以"果卓"，即"锅庄"最为有名。锅庄舞作为一种藏族文化艺术的表现形式，对于艺术教育、体育健身、文化传播有着重要意义和价值。2006年锅庄舞列入第一批国家级非物质文化遗产名录。

藏族服饰，起源于公元前 1 世纪，目前现存最久远的藏族服饰是昌都卡若遗址出土的少量装饰品。已发现的藏族服饰类型有 200 多种，居各少数民族之首。藏族男性服饰有勒规（劳动服饰）、赘规（礼服）、扎规（武士服）三种，而妇女服饰的差异主要体现在生活中的重大事件、节庆、仪礼上，在这些场合，服饰较平时更加富丽盛重，2008 年被批列入国家级民俗类非物质文化遗产。

除此之外，西藏还有日喀则扎什伦布寺羌姆、唐卡、藏族邦典、卡垫织造技艺、拉萨甲米水磨坊制作技艺、藏族造纸技艺、风筝制作技艺、藏医药、雪顿节等非物质文化遗产 380 余项，国家级非物质文化遗产 57 项，自治区级非物质文化遗产 326 项。

（二）人力资源结构

域上和美集团现有员工近 3000 人，90%以上员工为大专、本科及以上学历，技术骨干人员均为研究生及以上学历，集团高管兼任重点大学相关学院执行院长及研究生、博士生导师。和美布达拉公司现有管理人员 200 多名，演出人员 800 余名，本地藏族群众占比达 95%以上，其中有 300 多名贫困户。演出人员多为兼职，每年 4—10 月参加演出。"文成公主"一期项目以参与建设、参加演出和提供创业平台等方式，直接吸纳和间接带动就业 3000 人以上。

（三）物质资源结构

资金方面。域上和美集团于 2012 年 3 月 29 日成立，注册资本5000 万元。自进入西藏发展以来，对"文成公主"一期项目实际投资13 亿元。"文成公主"二期项目预计总投资 10 亿元，其中，《金城公主》历史舞台剧预算投资 2 亿元。另外，域上和美集团还参与了拉萨达东村精准扶贫综合（旅游）开发项目，截至 2018 年共投资 2 亿元，致力于打造"乡村振兴的西藏模板"。

土地方面。域上和美集团在拉萨打造了占地面积 600 余亩的文创园，旅游配套覆盖全面，包括餐饮、住宿、观景、舞台剧等全要素。"文成公主"一期项目占地约 300 亩，由文成公主剧场和慈觉林藏院风情街组成。慈觉林藏院风情街占地 162.5 亩，建筑面积约为 23000 平方千米，可售或可租面积约为 20000 平方千米，该风情街包括面积约 3400 平方千米的东区商业和面积约 19865 平方千米的西区商业。域上和美还在西藏旅游文化创意园区内打造了"3650space 拉萨创新创业园"，和"文成公主"一期项目形成了全方位的良性辐射，进一步带动了该地区的文旅产业发展。

"文成公主"二期项目占地 230 余亩，包括 2 个区域。其中 A 区占地 173.5 亩，以西藏非物质文化遗产为核心，B 区则为非物质文化遗产研发区，占地 58.2 亩，是西藏拉萨"双创"空间的新成长基地，有利于形成规模效应，集合发展，打造高质量文化园。此外，拉萨达东村精准扶贫综合（旅游）开发项目规划面积达 5.6 平方千米。

设备设施方面。在西藏旅游文化创意园内，慈觉林藏院风情街以西藏传统聚落空间形态依山而建，以传统藏式建筑风貌融合现代设计概念，形成丰富多彩的院落空间，街区已建成集民宿客栈、餐饮休闲、观光摄影、民俗文化展示、民族工艺品产销和生活服务于一体的文旅街区。

"3650space 拉萨创新创业园"，集民俗展示区、艺术创意区、风情酒吧区、风味美食区及客栈休憩区等五大功能为一体，不仅满足了游客全方位全要素的旅游体验，还为创业青年提供了大量创业就业的机会。

"文成公主"二期项目的两大片区，A 区由《金城公主》室内历史舞台剧场、泛喜马拉雅文化国际交流中心、泛喜马拉雅文化休闲体验街区、非物质文化遗产实训展演中心、非物质文化遗产大师工作室、项目配套服务设施等功能组成。通过打造唐卡、藏香、藏茶、藏纸、文字、服饰、民族建筑等体验馆集群，提供国际交流中心、手工艺村落、商业配套等设施服务，实现对传统藏地文化、人文风俗及手工技艺的保护与传承。B 区由非物质文化遗产研发中心、非物质文化遗产交流中心两大部分组成，以研发功能为核心，旨在为非物质文化遗产传承者、艺术名家和创业创新者提供一个交流、传承、研发的服务平台。

拉萨达东村精准扶贫综合（旅游）开发项目保留了当地的传统文化元素，区域内有两座近千年的古寺庙和 300 多年前仓央嘉措居住过的贵族庄园遗址，规划了房车营地、自驾车俱乐部、滑雪体验场、摄影俱乐部、婚纱摄影基地等特色旅游体验项目。

四、域上和美集团 SWOT 分析

（一）优势分析

一是西藏得天独厚的资源及"文成公主"品牌优势。西藏拥有丰富而独特的自然资源、历史资源、文化资源，而非物质文化遗产具有鲜明的民族性和地域性，是西藏传统文化中的精髓。公司以西藏历史故事为原创素材，利用自然山水，融合藏舞、藏戏、藏服等几十种非物质文化遗产，打造出规模宏大的大型史诗剧《文成公主》。利用品牌优势和产业运营优势，公司又打造了室内历史舞台剧项目《金城公主》，启动运作《文成公主》《藏地密码》舞台剧全球巡演及驻演，在尼泊尔加德满都规划推进《尺尊公主》喜马拉雅文化旅游创新发展项目，具有强大的市场发展潜力。

二是打造一体化产业链，提供全方位旅游服务。在演出基础上，公司大力完善旅游配套服务，为游客提供吃、住、行、游、购、娱全方位旅游服务，延长旅游价值链，有效提高了经济效益。公司通过招商引资，对入住商家进行优选，开发"域上生活"系列创意产品，注重文创园区的文化氛围、生活方式与业态的协调。同时，为入驻商家提供工商服务、财务管理、政策扶持、法务咨询、品牌包装、营销推广、培训实践、投资融资等管理咨询配套服务。

三是发展速度较快，风险把控意识强。和美布达拉公司 2012 年成立，2013 年正式开业，2016 年盈亏平衡，2017 年实现盈利，发展速度十分迅速。公司严格把控风险，按照"轻重并举、两轮驱动"的原则运营管理重资产投资和轻资产品牌输出。两轮驱动有机融合、协同发展，一方面是演艺剧、产业园区等重资产投资，另一方面是品牌、IP 研发、策划、规划、品质管理、推广、衍生品、演艺等八大块轻资产输出。在投资方面，公司会进行专业化的市场评估，考虑资源的稀缺性、政府支持、市场基础和规模等多种要素，利用轻资产输出等方式与合作伙伴分摊经营风险。

（二）劣势分析

一是自然条件限制，公司运营成本较高。西藏氧气稀薄，海拔较高，日温差大，尤其是冬季夜里气温很低。由于特殊的气候条件，《文成公主》实景剧无法在冬季夜晚演出，每年仅 4—10 月可以演出。在演出暂停期，依托于演艺的吃、穿、住、行、购、娱的一体化产业链也会受到很大的影响，导致运营成本增加。

二是专业人才缺乏，影响公司可持续发展。目前，公司的规模较大，每次演出需 800 余名演员，但是大部分演员都是兼职。由于农牧民的文化程度偏低，契约意识缺乏，常常存在无故旷工和临时旷工的情况，使得公司经常面临突发情况，临时找人替补缺席的演员。不仅增加了公司的用工成本，而且不利于制度化、规范化管理。

三是配套公共服务设施有待完善。文成公主剧场远离城中心，相对偏远，晚上演出结束以后，没有进城的公交专线，散客交通极为不便，夜间要价高、半路加价等现象时有出现，使得游客美好体验大打折扣。

（三）机遇分析

一是重视传统文化的继承与发扬。西藏传统文化作为中华民族传统文化的重要组成部分，其保护与传承的重视度也日益提高。《文成公主》集自然、历史、文化要素于一体，演绎出自古以来藏汉团结的民族精神，迎合了中国特色社会主义文化发展的大趋势。

二是"一带一路"倡议助推西藏文化走出去。西藏作为建设面向南亚大通道的桥头堡，迎来了经济社会发展的新机遇。公司在"一带一路"倡议背景下，在尼泊尔加德满都规划推进《尺尊公主》喜马拉雅文化旅游创新发展项目，该项目被商务部等五部委公布为国家文化出口重点项目，成为优秀传统文化保护传承与文化走出去战略的重要载体。

三是政府为旅游文化产业发展提供政策保障。《西藏自治区"十三五"时期国民经济和社会发展规划纲要》中指出，要做强做精旅游业，坚持"特色、高端、精品"的导向，大力实施特色鲜明、功能完备、国际标准、融合发展的"旅游转型升级"工程，推动旅游业由数量增长向质量效益转型，建设重要的世界旅游目的地。自治区政府对《文成公主》创新项目给予高度重视，提供了土地价格优惠政策、税收优惠政策、融资担保等相关支持，将域上和美集团视为西藏旅游文化产业的龙头企业。

（四）威胁分析

一是旅游文化市场竞争激烈。近年来，随着"文化＋旅游"的需求增加，我国旅游演艺行业进入高速发展期，广西、云南、四川等地方的旅游演艺发展得尤其快。内地的《宋城千古情》《九寨千古情》等演艺剧设计新颖、设备高端、情景多样，性价比优于《文成公主》。《九寨千古情》中有一场演出是《汉藏和亲》，歌颂的也是文成公主和松赞干布联姻的千古佳话。这些同行企业已经或正在进入西藏，争夺旅游文化市场。

二是文创产品创新风险较大。《文成公主》实景剧虽然取得较好的市场反响，但作为演艺项目，由于内容的重复性，游客往往是一次性消费。随着时间的推移，《文成公主》对目标客户的吸引力会逐步下降。但创新开发一台新的实景剧，不仅耗资巨大，并且市场风险较大。

（五）SO 发展战略

通过 SWOT 分析，域上和美集团可充分发挥自身的优势，利用外部的良好机遇，实施 SO 发展战略，实现公司的可持续发展。首先，公

司可充分利用已有的西藏名片，在西藏自治区政府的大力支持下，开发
更多的文化资源优势，挖掘新的特色亮点，开创新的业态产品。其次，
迎合国家"一带一路"倡议和建设面向南亚大通道背景，将《文成公主》
《尺尊公主》等文创项目带出国门，输出旅游文化一体化产业发展模式，
开发南亚新市场。

五、政府的因势利导作用

文化兴则国兴，文化强则国强。文化具有强大的感召力和凝聚力，
是构建人民精神家园、增进思想认同的基础。在社会文化多元化发展的
背景下，更需要发挥社会主义核心文化价值的引领作用。发展社会主义
文化，推动社会主义文化大发展大繁荣。

（一）西藏政府大力推动招商引资政策

2016年11月，中共西藏自治区第九次代表大会指出，要推进智慧
城镇、智慧旅游、智慧家庭建设，大力发展旅游文化产业，打造全域旅
游精品线路和无障碍旅游区，加快建设具有高原特色和民族特色的世界
旅游目的地。2018年1月，西藏自治区政府工作报告再次明确要加快
推进旅游文化建设，丰富拓展旅游资源。2018年2月，自治区下发《西
藏自治区人民政府办公厅关于进一步激发民间有效投资活力促进经济
持续健康发展的实施意见》，切实提高对激发民间投资活力重要性的认
识，深入推进"放管服"改革，不断优化营商环境、清理核查投资项目
报建审批情况、提高审批效率、加大支持引导力度，推动民间投资创新
发展、创新投融资模式，支持民间资本参与PPP项目、细化政策措施、
降低企业经营成本、强化金融支撑、破解融资难题、推进政务诚信建
设、提高依法办事水平、构建"亲""清"新型政商关系、增强政府服
务意识、强化宏观政策导向，提振投资信心等重要举措。

2018年8月，西藏自治区政府发布《西藏自治区招商引资优惠政
策若干规定(试行)》，规定分别从税收政策、金融政策、产业扶持政策、

土地政策、工商服务等方面对企业进行招商引资活动，具有措施包括：投资高新技术、双创、扶贫等 14 类项目，在藏企业按照 9% 的税率缴纳企业所得税；吸纳西藏常住人口达到职工总数 50% 以上的企业和在西藏的营业收入占全部营业收入比重 40% 以上的企业，按照 12% 的税率缴纳企业所得税。来藏的投资者在藏获得金融机构人民币贷款均享受中央赋予西藏的优惠贷款利率政策，执行全国各类贷款基准利率水平低 2 个百分点的政策。拉萨市政府为引导规模以上企业建创新平台、促进科技创业企业发展，还设立了 2000 万元的百家科技企业培育工程专项资金，对采用先进设备实施智能化技术改造，并实际智能设备及技术投资达 150 万元以上的，给予设备投资额 25% 的补助，最高不超过 500 万元的奖励措施。这些政策措施，为西藏旅游文化产业的发展提供了良好的政策保障。

（二）西藏旅游文化产业的发展归根结底是人才

市场竞争归根结底是人才的竞争，西藏自治区高度重视西藏人才的培养。2016 年西藏自治区人民政府出台了《西藏自治区中长期人才发展规划纲要（2010—2020 年）》，坚持把人才资源作为第一资源，人才优先、以用为本、创新机制、培引并举、整体开发。提出人才素质提升工程、农牧区急需人才培养工程、特色优势产业人才培养工程、高层次急需紧缺人才引进工程、宣传文化系统"五个一批"人才培养工程等重大人才工程。

（三）西藏旅游文化产业必须坚持绿色可持续发展

西藏旅游文化产业必须坚持绿色可持续发展方向。西藏自治区第十一届人民代表大会常务委员会第六次会议修订了《西藏自治区环境保护条例》，对生态环境、珍稀动植物、耕地、林地、草地、湿地、河流、湖泊、水库等采取了一系列措施、进行了严格的保护，构筑了生态安全的屏障。推进了生态文明和美丽西藏建设，促进了西藏自治区经济社会可持续发展。

六、《文成公主》实景剧的成功经验

（一）继承与发展西藏非物质文化遗产

西藏非物质文化遗产是西藏各族人民千百年来留下的宝贵财富，具有鲜明的民族性和地域性，拥有丰富的历史资源、文化资源和经济资源，是西藏传统文化中的精髓，是中华民族文化的有机组成部分。对西藏非物质文化遗产保护与传承，对其充分合理地利用，对于促进文化繁荣发展具有重大意义。推进西藏民族文化的创新，必须对西藏非物质文化遗产保护与继承。域上和美集团"文成公主"项目充分结合当地文化，尊重文化的原生性，对非物质文化遗产集中展示，不仅收获了本地人的肯定，而且作为一种西藏非物质文化遗产继承方式促进了文化繁荣发展。

（二）助力脱贫攻坚全面建成小康社会

企业社会责任包括企业的经济责任、法律责任、道德责任和慈善责任。企业不仅要有商业逻辑，在创造经济价值的同时，更要彰显社会责任。域上和美集团做的是真善美的文化的传播。"用产业表达文化，用市场展现自信"是域上和美集团不变的理念。《文成公主》实景剧按照"以人民为中心、以市场为导向"的原则，坚持以人为本、面向市场，针对西藏旅游文化市场的短板和旅游文化产品供给的不足，满足游客对文化体验和全时旅游的需求，项目通过详细的市场调查研究，把握西藏旅游文化产业良好的发展态势。

域上和美集团发挥西藏作为世界级文化旅游目的地的优势，实施旅游文化扶贫战略，以"产业牵引、项目集聚"的方式，输出先进扶贫理念，孵化优质扶贫项目以及"授渔式"的观念扶贫，在民族地区实现了精准扶贫和可持续发展。"文成公主"项目以参与建设、参加演出和提供创业平台等方式为本地群众提供了上千个演艺职位，还为村民提供保安保洁、服务接待等上百个就业岗位。此外，项目带动票务销售、交通接送等关联就业数千人。村民还可通过土地流转、房屋租赁等获得多渠道的收入来源。项目通过对贫困群众职业技能和职业素养的培训，转变"等、靠、要"思想观念，既扶贫脱贫，又扶智扶志，增强他们的就业能力和社会适应能力，做到"既富口袋又富脑袋"，激发内生动力，实现"输血"向"造血"的转变，巩固扶贫成效。随着项目的建设，完善了项目所在区域内供水供电、排污排水、交通出行等基础配套设施建设，极大地改善了当地农牧民的生产生活水平，共享发展成果，成为产业带动区域协调发展的典范。

（三）打造吃住行游购娱一体化文创园

为满足游客全要素、多维度的旅游体验，域上和美集团还精心打造了慈觉林藏院风情街暨"文成公主"主题园项目。区域以西藏传统聚落空间形态，依山而建，以传统藏式建筑风貌融合现代设计概念，形成丰富多彩的院落空间。街区不仅为《文成公主》实景剧提供了完善的配套，同时也是旅游文化产业"创新创业"双创孵化基地。区域依托域上和美平台，为拉萨旅游文化产业的企业和个人提供包括工商服务、财务管理、政策扶持、法务咨询、品牌包装、营销推广、培训实践、投资融资等全流程的创业孵化服务。打造吃住行游购娱一体化文创园是旅游文化产业内部、旅游文化产业与周边产业不断融合的一个过程，构建完备的"吃、住、行、游、购、娱"要素体系，在资源、设施、管理、客源、信息等各个方面合作与共享，最终实现产业一体化发展，形成竞争优势，提高整体竞争力。

（四）轻资产输出重资产投资有机融合

域上和美集团围绕旅游文化产业发展的深耕细作已初具规模，形成了自己独具特色的产品体系。公司奠定了"中国文化旅游创意产业先锋企业"的品牌基础，形成了IP研发、创意策划、精准规划、演艺输出、品质管控、运营管理、品牌包装和衍生开发的全产业链运营模式。利用公司已建立的品牌基础和运营能力，按照"轻重并举、两轮驱动"的原则，公司已在全国范围内积极开展轻资产输出业务。

重资产投资是指投资演艺剧加园区的建设，轻资产输出是指文化演艺的输出。域上和美集团轻资产输出重资产投入采用两轮驱动的方式协同发展，公司负责人表示轻资产品牌输出和重资产投资是文化产业发展的必然。其主要分为八大板块，分别是品牌、IP研发、策划、规划、品质管理、推广、衍生品、演艺推出。在长期的经营中，域上和美集团还总结出投资的三个必要条件：第一，资源的稀缺性和垄断性。第二，项目需要自治区党委政府的高度支持。第三，是市场基础和市场规模。以有效投资为原则，以两轮驱动为路径，域上和美集团在西藏这片文化旅游沃土创造了非凡的价值，充分展现出企业强大的生命力。

第四节　民族手工艺企业

一、西藏帮锦镁朵工贸有限公司简介

西藏帮锦镁朵工贸有限公司（以下简称"帮锦镁朵"）成立于2004年7月，注册资金2000万元，2005年建厂，2007年开始投产。帮锦镁朵占地338亩，建筑面积1.2万多平方米，整个厂区投资达7000多万元，是西藏民族手工艺品的专业生产厂家、行业龙头企业，属拉萨市政府重点招商引资项目。秉承"苏醒的藏毯密码"的理念，帮锦镁朵对藏毯的制作运营注入全新的品牌理念与营销模式，以挖掘西藏传统民族手工艺资源、打造民族品牌、引领民族优秀文化为主导，品牌旗下系列纯手工制品受到国内外越来越多用户的青睐。

帮锦镁朵位于拉萨市曲水县聂当乡工业开发区，在拉萨市八一路藏游坛城、色拉寺、宇拓路和自治区会展中心有多处销售网点。落户西藏16年来，帮锦镁朵坚持以保护民族非物质文化遗产为理念，一直以"公司＋基地＋农户"模式运行，继承发扬民族传统文化，打造具有西

藏艺术价值的特色工艺产品。帮锦镁朵主要以传承创新、弘扬西藏优秀文化，努力发展地方经济为目标，经营帮锦镁朵牌系列藏毯、地毯、挂毯、哈达、坐垫、卡垫等各种纺织品的生产与销售，兼营羊毛出口业务。帮锦镁朵是集研发、设计、生产、加工、销售为一体的手工藏毯、哈达专业生产企业，具有国内外先进的哈达制造设备和专业的民族手工藏毯编织团队并享有外贸出口经营权，生产的产品具有极高的欣赏价值、珍藏价值和使用价值，产品远销美国、德国、法国、日本、土耳其等国家。帮锦镁朵作为拉萨三大藏毯企业之一，坚持把具有民族特色的产品打造成精品，取得了经济效益与社会效益的双赢。

二、发展路径

藏毯是青藏高原上的一种民族传统手工艺品，其历史可追溯到2000多年前开始编织的一种叫"毛席"的原始地毯，后来在藏区特殊的社会文化环境中逐渐形成了具有鲜明艺术风格的工艺品。藏毯以其古朴、粗犷、原始、自然的工艺风格，迎合了现代人返璞归真的心理要求，满足了都市人追求时尚、休闲、回归自然的普遍心理，能满足各界人士的不同需求，愈来愈受到国内外用户的青睐。

由于受独特的宗教影响和传统的民族文化传承，藏区家庭对于藏毯等产品的需求量巨大。藏毯自然、古朴、粗犷的民族风格及图纹所寓意的美好表情达意，有丰富的色彩表现。

在藏族传统艺术基础上，藏毯吸收、融合了汉族及印度、尼泊尔宗教艺术，形成具有独特民族艺术风格的工艺。除了艺术表达，在功能方面藏毯有隔潮御寒、保温取暖的作用。因此，藏毯有很强的市场竞争力，也很受国外市场欢迎。但现阶段生产工艺上还有一定的缺陷，手工毯子的人工成本高、效率低，熟练工人一个月仅能够生产1.5平方米150道（藏毯密度）或者2.5平方米60道的产品。机器制品质量不高且使用寿命短，远达不到手工制品的要求。

帮锦镁朵主要生产地毯、卡垫、挂毯、哈达等，其中哈达纺织车间的组建投产结束了西藏没有哈达生产厂家的历史。藏毯主要采用纯羊毛、纯手工制作，原料来自平均海拔4336米的阿里"藏细绵羊"羊毛和那曲羊毛，羊毛染色所用染料从瑞士进口（一克300多元），泡水里一年不掉色。藏毯的染色颜料取材于大自然中的植物，经过独特的染色加工工艺染制而成，而且随着时间的推移，藏毯的颜色还会变得更加亮丽。哈达产品价格从6元到20元不等，均采用密度400×400/175×175/50标准，独特的"上浆"工序以保证丝线的硬度。包括哈达在内的部分产品在生产加工过程中会加入产自江苏的真丝原料，以保证产品质量。

作为西藏唯一一家拥有羊毛清洗生产线的企业，帮锦镁朵斥资300万元建设了污水处理厂，洗好的羊毛80%出口，20%自用，出口产品充分凸显"帮锦镁朵"品牌效益。据了解，帮锦镁朵编织藏毯所需要的羊毛都来自那曲和阿里。由于高原地区海拔高，草原草质好，无污染，这里生长起来的藏细羊毛纯净、毛质极好、绒毛厚，其具有纤维粗壮、富有光泽、不易黏结、光泽较强、耐酸碱性好，冬暖夏凉等特点，是编织藏毯的最佳原材料被誉为"锦缎样的软浮雕"。并且在用工上，企业专门从国内外聘请专业技师开展技能培训及指导。

为推动藏毯企业发展和产业增长，西藏自治区发挥政府行政主管部门的引导作用，针对民族手工业的重点问题出台了一系列扶持政策。由西藏自治区文化厅主办、帮锦镁朵承办的"西藏藏毯产业博览会"已连续举办多届，有力地推动了藏毯产业的健康发展。拉萨市从税收、技术改造等方面对藏毯产业发展予以支持，引导藏毯产业向园区集中实现企业集约化发展，采取建设藏毯博物馆、组织国际藏毯展览会等措施营造良好的藏文化投资发展环境，并在出口退税、产品原生地标识认证管理、延伸产业链方面发力。2010年，拉萨的藏毯产量约为10万平方米，产品包括挂毯、长垫、手工编制品等，占整个西藏产量的80%以上，藏毯销售产值近 5000 万元。

帮锦镁朵在政府政策的支持下，紧抓市场机遇，积极开拓包括高端文化生活用品在内的海内外市场。以脱脂羊毛为例，2013 年公司出口额为 6.7 万美元，到 2018 年增长到 200 余万美元。近年来，帮锦镁朵在各类项目上获得国家民贸扶持资金 178 万元，如藏毯市场推广项目、产业基地改扩建项目等，对于缓解资金周转困难起到了重要帮助作用。帮锦镁朵还多次参加西藏自治区组织的文化产品博览会、展销会等，提升了产品知名度，产品的品牌化效益逐渐凸显。

三、未来展望

作为西藏民族手工艺品的专业生产厂家，帮锦镁朵对民族手工业行业发展持乐观态度，企业在继续保持传统优秀的工艺基础上，其产品形式、外观图案、规格颜色等方面不断进行现代化创新。目前，还有一些要克服的困境，如在招聘方面遇到的难题，原因在于藏毯编织、修剪等岗位需要一定的技术，新手需要学习 1—2 个月才可以独立完成工作。广大农区、牧区居民受传统思想观念的影响和工作时长的问题，愿意从事该工种的人员数量较少。考虑到人力成本、产品质量把控等因素，现阶段帮锦镁朵的藏毯编织、修剪等生产项目均主要在尼泊尔完成。在发展过程中，政府给予帮锦镁朵必要支持，包括资金支持、技术培训支持等，未来公司的发展仍需要政府在产业政策、人才政策、科技政策、人才等方面予以支持，克服劳动技术工人招聘、企业运营周转贷款额度等方面的困难。

手工艺行业既需要进行文化传承，也需要培养"工匠精神"。帮锦镁朵从事的民族手工艺行业对于促进就业的潜力巨大——目前年产销量大约在 3 万平方米藏毯等产品，藏毯编织、修剪技术成熟，所提供的工资水平普遍高于平均水平。如今，西藏自治区传统、原始的手工藏毯工厂作坊数量越来越少，坚守在这项古老手工技艺上的从业者们也在逐渐减少。随着相关行业工业化水平越来越高，需要在保持文化特色和艺术传统的前提下创新，让这古老而又灿烂的藏地文化更好地传承下去。

参考文献

[1] 边巴拉姆:《依法治藏:西藏现代化治理转型的法治保障》,《中国藏学》2016 年第 4 期。

[2] 蔡荣鑫:《"包容性增长"理念的形成及其政策内涵》,《经济学家》2009 年第 1 期。

[3] 曹水群:《西藏饮食文化资源的特点及其旅游开发》,《云南财经大学学报(社会科学版)》2010 年第 2 期。

[4] 车明怀:《改革开放时期西藏"一个转折点"的形成与经验总结》,《中国藏学》2009 年第 3 期。

[5] 陈华、索朗仁青:《西藏人口、资源、环境与可持续发展》,《人口研究》2002 年第 1 期。

[6] 程珊等:《PPP 模式在精准扶贫中的应用研究》,《劳动保障世界》2017 年第 11 期。

[7] 达瓦次仁:《民主改革以来西藏交通建设与成就》,《西藏研究》2019 年第 2 期。

[8] 德吉:《西藏优势矿产资源及其开发对策》,《资源与产业》2012 年第 1 期。

[9] 德吉卓嘎:《西藏青稞食品企业发展问题研究》,硕士学位论文,西藏

民族学院，2011年。

[10] 狄方耀、曹佛宝：《光辉的历程巨大的成就——西藏改革开放 30 年的巨大变化与宝贵经验》，《西藏民族大学学报（哲学社会科学版）》2009 年第 1 期。

[11] 杜恩社、郑有业：《西藏自然资源产业化开发战略探讨》，《资源科学》2008 年第 7 期。

[12] 尕藏才旦：《试论西藏特色产业发展现状及途径》，《西藏大学学报（社会科学版）》2015 年第 4 期。

[13] 格日力：《中国高原医学研究回顾》，《青海医学院学报》2005 年第 1 期。

[14] 耿香玲：《对西藏地区自然资源经济价值的成本收益分析》，《西藏民族学学院学报》2005 年第 5 期。

[15] 关雪莲：《新疆塔什库尔干县发展开放型经济刍议》，《实事求是》2017 年第 1 期。

[16] 郭佳欣：《西藏美食》，《西部大开发》2011 年第 11 期。

[17] 韩庆军：《改革开放以来中央对西藏经济政策的发展和演变》，《西藏大学学报》2004 年第 4 期。

[18] 贺新元：《透过六十年历史客观看待西藏经济社会发展的曲折性——纪念建党 90 周年与西藏和平解放 60 周年》，《西藏研究》2011 年第 4 期。

[19] 贺新元：《中央"援藏机制"的形成、发展、完善与运用》，《西藏研究》2012 年第 6 期。

[20] 胡睿：《做藏药是件奢华的事》，《医药经济报》2014 年 3 月 31 日。

[21] 黄清哲、黄菊英：《西藏教育扶贫的困境与对策分析》，《产业与科技论坛》2019 年第 6 期。

[22] 靳薇：《西藏的受援与可持续发展》，《西北民族研究》2016 年第 2 期。

[23] 库姆斯等：《经济地理学：区域和国家一体化》，安虎森等译，中国人民大学出版社 2011 年版。

[24] 拉琼、尼玛扎西：《发挥西藏人文资源优势促进农牧民增收》，《西藏

科技》2008 年第 6 期。

[25] 李宝海等：《发展中的西藏绿色食品》，《农业环境与发展》2012 年第
1 期。

[26] 李宝海等：《西藏绿色食品发展现状及对策》，《农产品质量与安全》
2011 年第 5 期。

[27] 李国政：《资源诅咒与新型资源观视角下的西藏矿业开发》，《矿业研
究与开发》2018 年第 5 期。

[28] 李梅英：《西藏特色产业发展：以"特"致胜兴产业》，《西藏日报》
2018 年 5 月 8 日。

[29] 李养弟：《党的三代领导核心关于西藏工作的重要论述与决策回顾》，
《当代中国史研究》2001 年第 4 期。

[30] 李长海：《奇正藏药：民族药企发展启示录》，《WTO 经济导刊》2014
年第 12 期。

[31] 里昕：《西藏产业升级与政府作用：基于新结构经济学的分析》，《西
藏研究》2013 年第 4 期。

[32] 梁琦：《2008 年度诺奖得主克鲁格曼学术成就评述》，《国际经济评论》
2008 年第 6 期。

[33] 林玫：《正道正业　成就人生与事业——访西藏奇正藏药股份有限公
司董事长雷菊芳》，《中国医药科学》2011 年第 1 期。

[34] 林毅夫、张鹏飞：《后发优势、技术引进和落后国家的经济增长》，《经
济学（季刊）》2005 年第 4 期。

[35] 林毅夫、张鹏飞：《适宜技术、技术选择和发展中国家的经济增长》，
《经济学（季刊）》2006 年第 3 期。

[36] 林毅夫：《产业政策与我国经济的发展：新结构经济学的视角》，《复
旦学报（社会科学版）》2017 年第 2 期。

[37] 林毅夫：《从 70 年发展看经济学理论创新》，《经济日报》2019 年 6
月 13 日。

[387] 林毅夫:《我们为何能预测中国增长的奇迹?》,《光明日报》2014 年 12 月 11 日。

[39] 林毅夫:《新结构经济学、自生能力与新的理论见解》,《武汉大学学报（哲学社会科学版)》2017 年第 6 期。

[40] 林毅夫:《新结构经济学：反思经济发展与政策的理论框架》,北京大学出版社 2012 年版。

[41] 林毅夫:《新结构经济学》,北京大学出版社 2014 年版。

[42] 林毅夫:《新结构经济学与中国产业政策》,《决策探索》2014 年第 10 期。

[43] 林毅夫:《制度、技术与中国农业发展》,上海三联书店 1992 年版。

[44] 林毅夫:《中国经济专题》,北京大学出版社 2012 年版。

[45] 林毅夫等:《新结构县域发展战略管理》,新结构经济学智库与案例研讨班第一期内部讨论资料,2018 年。

[46] 刘刚、沈镭:《1951—2004 年西藏产业结构的演进特征与机理》,《地理学报》2007 年第 4 期。

[47] 刘明:《新疆塔什库尔干塔吉克自治县经济发展研究》,《新疆职业大学学报》2011 年 6 月。

[48] 刘倩茹:《一份漂亮的成绩单》,《西藏日报（汉)》2017 年 10 月 20 日。

[49] 卢鑫:《截至目前西藏 695 个乡镇已通公路》,《西藏商报》2018 年 11 月 9 日。

[50] 罗布、朗杰:《六十二项工程,为藏民百姓造福》,《中国西藏》1996 年第 2 期。

[51] 罗莉:《也谈新时代藏族文化产业的发展》,《中国藏学》2018 年第 2 期。

[52] 马锦、乔鹏程:《西藏中小企业内部控制环境缺陷研究——基于"奇正藏药"的案例分析》,《商业会计》2015 年第 18 期。

[53] 《帕米尔高原铸辉煌》,《新疆日报》2014 年 8 月 3 日。

[54] 任学琴:《浅析西藏地区绿色食品法律保护》,《法制博览》2016 年第

10 期。

[55] 芮明杰等:《中国新型产业体系构建与发展研究》,上海财经大学出版社 2017 年版。

[56] 石硕:《如何认识藏族及其文化》,《西藏民族大学学报(人文社会科学版)》2015 年 12 期。

[57] 世界银行:《2009 年世界发展报告:重塑世界经济地理》,清华大学出版社 2009 年版。

[58] 宋月红:《集中力量失去西藏实现跨越式发展》,《中国民族报》2010 年 3 月 26 日。

[59] 谭继文:《促进雪域高原经济社会环境协调发展推进能源绿色革命,保障国家能源安全——西藏水电发展历程和发展展望》,《水力发电》2019 年第 2 期。

[60] 唐亚军、汪丽:《西藏藏毯产业动态演进及政策研究》,《西藏研究》2017 年第 4 期。

[61] 汪德军:《新时期西藏经济发展历程及主要经验》,《西藏民族学院学报》1999 年第 2 期。

[62] 王美今、林建浩:《计量经济学应用研究的可信性革命》,《经济研究》2012 年第 2 期。

[63] 王鹏:《PPP 模式在助推精准扶贫中的应用性分析》,《北方经济》2018 年第 8 期。

[64] 王小娟、曾文清:《西藏绿色食品产业发展的现状及对策研究》,《劳动保障世界》2018 年第 15 期。

[65] 王永刚:《阳光照耀帕米尔 高原明珠更璀璨》,《喀什日报》2010 年 6 月 28 日。

[66] 伍骏骞:《经济集聚对农民增收与农村减贫的直接影响和空间溢出效应研究》,博士学位论文,浙江大学,2014 年。

[67] 西藏研究丛论编委会:《藏学研究论丛》第 2 辑,西藏人民出版社

1990 年版。

[68] 西藏自治区人民政府:《西藏自治区"十三五"时期国民经济和社会发展规划纲要》,见 http://www.xdrc.gov.cn/index.php?m=Show&a=index&cid=141&id=151。

[69]《西藏"十大工程"绘就未来五年新蓝图》,《西藏日报》2018 年 1月 25 日。

[70]《西藏自治区"十三五"时期(2016—2020 年)国民经济和社会发展规划纲要》。

[71]《西藏自治区教育事业发展"十三五"规划》。

[72]《西藏自治区矿产资源总体规划(2000—2010 年)》。

[73]《西藏自治区矿产资源总体规划(2016—2020 年)》。

[74]《西藏自治区天然饮用水产业发展规划(2015—2025 年)》。

[75]《西藏自治区土地利用总体规划(2006—2020 年)》。

[76]《西藏自治区中长期科学与技术发展规划纲要(2006—2020 年)》。

[77]《西藏自治区中长期人才发展规划纲要(2010—2020 年)》。

[78]《西藏自治区综合交通运输"十三五"发展规划》。

[79] 习近平:《决胜全面建成小康社会 夺取新时代中国特色社会主义伟大胜利——在中国共产党第十九次全国代表大会上的报告》,人民出版社 2017年版。

[80] 习近平:《全面贯彻新时达党的治藏方略 建设团结富裕文明和谐美丽的社会主义现代化西藏》,2020 年 8 月 29 日,见 http://www.xinhuanet.com/politics/-leaders/2020–08/29/c_1126428830.htm。

[81] 夏一川:《西藏传统节日庆典文化中的体育旅游人文资源内涵探析》,《西安体育学院学报》2007 年第 6 期。

[82] 徐国宝:《藏文化的特点及其所蕴涵的中华母文化的共性》,《中国藏学》2002 年第 3 期。

[83] 徐敏娜:《西藏教育在脱贫攻坚中的成效与机制研究》,《时代金融》

2019 年第 5 期。

[84] 徐倩：《习近平精准扶贫思想探究》，硕士学位论文，江南大学，2018 年。

[85] 杨丹等：《建成和谐绿色开放现代化的世界第三极核心区》，《西藏日报（汉）》2019 年 4 月 29 日。

[86] 杨丹等：《拉萨市农牧区民生发展调查报告（2017）》，人民出版社2018 年版。

[87] 杨明洪、孙继琼：《中央财政补助对西藏经济发展和收入分配的影响分析》，《西南民族大学学报（人文社科版）》2009 年第 7 期。

[88] 杨僧宇、杜燕飞：《西藏将大力发展藏医药产业》，2017 年 12 月 13 日，http://gongyi.people.com.cn/n1/2017/1213/c151132-29703455.html。

[89] 杨文凤等：《基于产业演进的西藏产业发展路径分析》，《农业现代化研究》2015 年第 5 期。

[90] 杨亚波：《西藏和平解放以来特别是改革开放 30 年以来社会经济的巨大变迁》，2010 年 2 月 9 日，见 http://www.xzass.org/html/news997.html。

[91] 杨玉美：《浅析西藏绿色食品产业发展》，《全国商情（理论研究）》2011 年第 6 期。

[92] 玉珍：《发展新理念澎湃新动力》，《西藏日报（汉）》2017 年 10 月 6 日。

[93] 袁义浩：《安第斯山的古文明》，《历史教学问题》1990 年第 1 期。

[94] 占堆等：《对口援藏政策变迁研究》，《西藏大学学报（社会科学版）》2018 年第 2 期。

[95] 张纪：《基于要素禀赋理论的产品内分工动因研究》，《世界经济研究》2013 年第 5 期。

[96] 张京品：《西藏天然饮用水工业总产值去年超 15 亿元》，2018 年 7 月 8 日，https://baijiahao.baidu.com/s?id=1605414550529503849&wfr=spider&for=pc。

[97] 张平、李秀芬：《产业技术选择与要素禀赋耦合效应研究》，《工业技

术经济》2017 年第 2 期。

[98] 张裔炯:《贯彻好西藏工作的重要原则》,《求是》2015 年第 21 期。

[99] 郑梦君、王明吉:《新时代运用 PPP 模式支持精准扶贫的路径选择》,《现代商贸工业》2018 年第 5 期。

[100] 中共西藏自治区委员会:《中共西藏自治区委员会关于制定"十三五"时期国民经济和社会发展规划的建议》,《西藏日报(汉)》2015 年12 月 31 日。

[101] 中国西藏网:《西藏教育事业全面发展进步——庆祝中华人民共和国成立 70 周年》,2019 年 9 月 29 日,见 http://www.tibet.cn/cn/edu/201909/t20190929_6687672.html。

[102] 中华人民共和国国务院新闻办公室:《西藏的发展与进步》,人民出版社 2013 年版。

[103] 中华人民共和国国务院新闻办公室:《西藏和平解放 60 年》,人民出版社 2011 年版。

[104] 周晶:《西藏医药工业产值在 2025 年将达到 45 亿元》,2017 年 12月 20 日,见 http://www.tibet.cn/cn/news/yc/201712/t20171220_5277677.html。

[105] 朱尔茜:《西藏经济中长期可持续发展的战略选择》,《西藏大学学报(社会科学版)》2017 年第 1 期。

[106] 朱玉福、尼玛扎西:《西藏饮食文化及其历史流变——兼论青藏铁路通车对西藏饮食文化习俗变革的影响》,《西藏民族学院学报(哲学社会科学版)》2008 年第 6 期。

[107] 庄严:《第四届藏博会西藏高高原经济高峰论坛主旨演讲》,2018 年。

[108] 宗刚、孙东涛:《西藏经济发展面临的主要问题及其对策研究》,《特区经济》2010 年第 5 期。

[109] Aghion, P., Howitt, P., "A Model of Growth through Creative Destruction", *Econometrica*, Vol.60, No.2 (1992), pp.323–351.

[110] Quah, Danny, "The Global Economy's Shifting Centre of Gravity",

Global Policy, Vol.2, No.1（2011）, pp.3–9.

[111] Easterly, W. R., *The Elusive Quest for Growth: Economists' Adventures and Misadventures in the Tropics*, Cambridge: MIT Press, 2001.

[112] Friedrich August von Hayek, "Economia e Conhecimento", *Mises*, Vol.3, No.1（2015）.

[113] Harrison, A., Rodríguez-Clare, A., "Trade, Foreign Investment, and Industrial Policy for Developing Countries", *The Netherlands: North-Holland*, Vol.5, 2010.

[114] Jacobs, *The Economy of Cities*, NewYork: Random House, 1969.

[115] Jones, C.I., Romer, P. M., "The New Kaldor Facts: Ideas, Institutions, Population, and Human Capital", NBER Working Paper Series, 2009.

[116] Jorgenson, D.W., "Surplus Agricultural Labour and the Development of a Dual Economy", *Oxford Economic Papers*, New Series, Vol.19, No.3（1976）.

[117] Jorgenson, D.W., "The Development of a Dual Economy", *Economic Journal*, Vol.282, No.71（1961）.

[117] Krugman, P. R. , "Increasing Returns and Economic Geography", *Journal of Political Economy,* Vol.99, No.3（1991）.

[119] Krugman, P., "Space: The Final Frontier", *Journal of Economic Perspectives*, Vol.12, No.2（1998）, pp.161–174.

[120] Kuznets, S., "Modern Economic Growth:Findings and Reflections", *American Economic Review*, Vol.63, No.3（1973）.

[121] Kuznets, S., "Quantitative Aspects of the Economic Growth of Nations: II, Industrial Distribution of National Product and Labour Force", *Economic Development and Cultural Change*, V Supplement, 1957.

[122] Lewis, W.A., "Economic Development with Unlimited Supplies of Labour", *Manchester School*, Vol.22, No.2（1954）.

[123] Lucas, R. E., "On the Mechanics of Economic Development", *Journal*

of Monetary Economics, Vol.22, 1988, pp. 20–22.

[124] Marshall, A., *Principles of Economics*, London:Macmillan, 1920.

[125] Milton Friedman, "Monetary Trends in the United States and the United Kingdom", *The American Economist*, Vol.61, No.1（2016）.

[126] N. Myers, et al., "Biodiversity Hotspots for Conservation Priorities", *Nature*, No.403（2000）, pp. 853–858.

[127] Ottaviano, G. I. P., et al., "Agglomeration and Trade Revisited", *International Economic Review*, Vol.43 No.2（2002）, pp. 409–435.

[128] Paul, C., et al., "Growth, Development and Innovation a Look Backward and Forward", *Regional Science*, Vol.83, 2004, pp.249–267.

[129] Ranis, G., John, C. H. F., "A Theory of Economic Development", *American Economic Review*, Vol.51, No.4（1961）.

[130] Rodrik, D., "Industrial Policy for the Twenty-First Century", 2004, http: // ksghome. harvard. edu/ ~ drodrik/ unidosep. pdf.

[131] Rosenstein-Rodan, P. N., "The Economics of 1960", *International Affairs Review Supplement*, Vol.19, No.10（1942）.

[132] Rosenthal, S. S., Strange, W. C., "Evidence on the Nature and Sources of Agglomeration Economies", *Handbook of Regional and Urban Economics*, Vol.4, 2004.

[133] Schmutzler, Armin, "The New Economic Geography", *Journal of Economic Surveys*, Vol.13, No.4（1999）, pp.355–379.

[134] Schumpeter, J., *The Theory of Economic Development*, Cambridge, MA: Harvard University Press, 1934.

[135] Solow, R. M., "Technical Change and the Aggregate Production Function", *The Review of Economics and Statistics*, Vol.39, No.3（1957）, pp.312–320.

[136] Brakman, Steven, Garretsen, Harry, "Rethinking the'New' Geographical Economics", *Regional Studies*, Vol.37, No.6（2003）, pp.637–648.

[137] Williamson, J., "What Washington Means by Policy Reform in Latin American Adjustment: How Much has Happened? ", Institute for International Economics, 1990.

责任编辑：曹　春

封面设计：汪　莹

图书在版编目（CIP）数据

高高原经济发展理论与实践／杨丹等　著 . — 北京：人民出版社，2021.11

ISBN 978 - 7 - 01 - 023662 - 9

I.①高…　II.①杨…　III.①高原 - 地区 - 区域经济发展 - 研究 - 西藏

　IV.① F127.74

中国版本图书馆 CIP 数据核字（2021）第 163727 号

高高原经济发展理论与实践

GAOGAOYUAN JINGJI FAZHAN LILUN YU SHIJIAN

杨　丹　等　著

人民出版社 出版发行

（100706　北京市东城区隆福寺街 99 号）

北京盛通印刷股份有限公司印刷　新华书店经销

2021 年 11 月第 1 版　2021 年 11 月北京第 1 次印刷

开本：710 毫米 × 1000 毫米 1/16　印张：19.75

字数：275 千字

ISBN 978 - 7 - 01 - 023662 - 9　定价：98.00 元

邮购地址 100706　北京市东城区隆福寺街 99 号

人民东方图书销售中心　电话（010）65250042　65289539